工业和信息化普通高等教育
"十三五"规划教材立项项目

高等院校"十三五"
电子商务系列规划教材

U0734203

ELECTRONIC
COMMERCE

电子商务
安全与支付

微课版 第2版

祝凌曦 ◎ 编著

人民邮电出版社

北 京

图书在版编目（CIP）数据

电子商务安全与支付 : 微课版 / 祝凌曦编著. -- 2
版. -- 北京 : 人民邮电出版社, 2019.10（2024.1重印）
高等院校"十三五"电子商务系列规划教材
ISBN 978-7-115-50343-5

Ⅰ．①电… Ⅱ．①祝… Ⅲ．①电子商务－安全技术－
高等学校－教材②电子商务－支付方式－高等学校－教材
Ⅳ．①F713.36

中国版本图书馆CIP数据核字(2018)第277914号

内 容 提 要

本书是编者长期从事电子商务安全、电子支付与网络银行等课程教学的成果总结。本书系统地介绍了电子商务在交易过程中所涉及的安全问题，以及电子商务交易的支付方法和这些支付方法中的安全问题。

全书共分为 9 章，在对我国电子商务安全现状、采用的主要技术等进行介绍的基础上，讲述了数字证书的原理、技术以及基于数字证书的常用的电子商务安全协议——SET 协议、SSL 协议，以及 PCI-DSS 协议的原理和应用情况。本书结合实际应用，以丰富的实例讲述了电子支付的主要应用形式，包括 ATM、POS 系统、支付宝、拉卡拉、首信易支付等；同时，介绍了大额电子汇兑系统的基本概念和内容，包括中国现代化支付系统 CNAPS，国外著名的汇兑系统 SWIFT、CHIPS 及 FedWire 等。

本书可作为高等院校电子商务专业本科生的教材，也可作为对电子商务在应用中的安全以及电子支付感兴趣的工程人员、技术人员的参考书，还可作为对电子商务交易和支付感兴趣的读者的操作手册和使用指南。

♦ 编　　著　祝凌曦
　　责任编辑　孙燕燕
　　责任印制　焦志炜

♦ 人民邮电出版社出版发行　　北京市丰台区成寿寺路 11 号
　　邮编　100164　电子邮件　315@ptpress.com.cn
　　网址　http://www.ptpress.com.cn
　　固安县铭成印刷有限公司印刷

♦ 开本：787×1092　1/16
　　印张：15.25　　　　　　　　　　2019 年 10 月第 2 版
　　字数：381 千字　　　　　　　　2024 年 1 月河北第 13 次印刷

定价：49.80 元

读者服务热线：(010)81055256　印装质量热线：(010)81055316
反盗版热线：(010)81055315
广告经营许可证：京东市监广登字20170147号

前　言

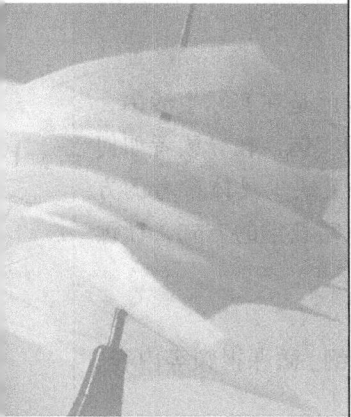

在 21 世纪的今天，中国的电子商务已经处于世界领先水平，不论是用户人数、市场容量、覆盖范围，还是应用领域，都达到甚至超过了世界平均水平。特别是在移动支付的应用方面，中国可谓一枝独秀，将其他国家远远地甩在身后。在这种形势下，人们最为忧心的安全问题和最为熟悉的支付问题，就成为目前电子商务高等教育中至关重要的一环。

本书作为电子商务、信息管理等电子商务相关专业主干课程的教材，深入贯彻党的二十大报告精神，创造性地将电子商务中最为重要的安全和支付两方面的内容有机地整合在一起，形成了一门单独的课程，符合目前教学改革中的大课堂、长课时的要求，并具有以下主要特色。

1. 相辅相成，相生相长

本书面对的不是网络安全专业的学生，也不是计算机专业的学生，而是电子商务相关专业的学生。因此，在内容的选择上，安全的重点在于保证支付安全的技术，而支付的内容侧重于如何确保支付的安全。本书中的安全和支付问题没有相互割裂，而是相辅相成、相生相长。

2. 内容全面，覆盖面广

本书横跨安全和支付两大领域，但无法也不能囊括安全和支付的全部甚至是大部分的内容。本书精选了安全与电子商务中最为密切的部分，也是适合电子商务的内容，包括了电子商务对安全要求的五性以及在电子商务中最常用的安全五协议；在支付方面，本书讲解了目前最常用的支付手段，如 ATM、POS 系统、第三方支付、网络银行，以及一般接触不到但又是支付中很重要的电子汇兑系统。

3. 内容新颖，数据更新

在第一版的基础上，编者对全书的内容进行了重新修订，在保留了第一版的重视技术原理、强调实际应用特点的基础上，尽力做到紧跟时代发展。全书纳入了新的电子商务安全和支付方面的内容，如 PCI-DSS、HCE、ApplePay、CNAPS、网商银行、微众银行、国际汇款、移动支付等。在数据方面，本书尽量采用新数据，如 CNNIC 的第 41 次《中国互联网络发展状况统计报告》。

4. 逻辑清楚，深入浅出

考虑到电子商务专业的特殊性及本书的使用范围，本书在对技术进行讲解时，主要讲述技术的基本原理和应用逻辑，而不是深入地讲解技术的具体实现。对于更多的读者来说，了解密码学的基本原理，并知道如何应用这些基本原理实现在互联网商务应用中的基本技术，如 PKI、数字信封、数字签名、双重数字签名、数字证书、认证机构等就足够了，而不必纠结于具体的加密算法以及如何实现这个算法。

5. 面向应用，实操性强

本书的内容在一定的理论基础之上，更多地强调具体的应用。也就是在实际生活中，如何应用各种安全技术来保障自己的资金和财务安全。书中有大量的实例，教导读者如何具体对一项技术进行应用。特别是针对一些目前有着很多需求但是又缺少具体参考的方面，如进行国际汇款。本书通过西联汇款这个实例，以图文结合、攻略教学的方式，让读者可以轻松地掌握这项技术。

6. 教学支持，内容完善

我们为使用本书的教师提供了与本书配套的的电子教案、教学大纲、微课视频等内容，如有需要，请登录人邮教育社区（www.ryjiaoyu.com）免费下载。

在使用本书的过程中，读者如有任何问题，都可以通过电子邮件与编者交流，编者一定会给予答复。E-mail 地址如下：zhulingxi@139.com。

本书由祝凌曦担任主编。本书在编写过程中，参考了与电子商务安全与支付相关的书籍，在此对这些作者表示感谢。由于编者水平有限，书中难免存在疏漏和错误之处，敬请各位读者批评指正。

编　者

目　录

电子商务安全概述 | 第1章

【学习目标】

- 了解日常生活中多种多样的电子商务形式。
- 了解我国电子商务安全现状。
- 深入掌握电子商务基本安全要求的内涵及其具体表现。
- 能够初步鉴别电子商务交易过程中的潜在风险。

【引导案例】

用少数几个数据来识别信用卡用户

据新的报告披露，人们只需用少量的信息就能在一组匿名信用卡元数据中将你的信息重新识别出来，这些信息包括你周一在哪里买了咖啡，或周二你在哪里退了一双鞋等。亚历山大·德蒙鸠耶（Yves-Alexandre de Montjoye）和同事发现，他们只需要4个对这些时间和地点的观测数据就足以在这样一个数据库中独一无二地识别90%的个体。多一个数据（如某一特定交易的价格），再鉴识的风险会增加22%。为了研究匿名能多有效地保护信用卡用户的隐私，研究人员对3个月的数据进行了观察。这些数据是生活在某个名字没有披露的"经济合作与发展组织"（Organization for Economic Cooperation and Development，OECD）国家中的110万人的财务踪迹。该数据集只是被"简单地匿名化"，即任何的名字、账号或其他明显的标识都被抹掉。即使当数据不太具体时（如在某特定地理区域内购物，而不是说在某特定商店内购物；或在15天内购物而不只是说在一天内购物等），辨识具体的人只需多用几个外加的数据点就能办到。德蒙鸠耶和同事还指出，之所以女性及在较高收入范围内的人更容易通过这种方法被识别，可能是因为他们在其所去商店的时间分配上有着独特的模式。研究人员说，这些结果表明，人们可能需要更高级的技术才能保护这些只是匿名化的数据。

……

在电子商务发展如火如荼之际，网上欺诈、黑客攻击、计算机病毒等各种网络威胁也依旧存在。案例中的风险也许曾经就存在于你的身上，那么，如何识破这些电子商务的安全风险呢？通过本章的学习，你将全面了解典型的电子商务安全风险，揭开骗局的神秘面纱，真正体验安全便捷的电子商务新生活！

1.1 电子商务安全与支付现状

随着计算机网络的迅速发展，"电子商务"已经成为家喻户晓的名词，而它为人们带来的生活便利也随处可见。

1.1.1 电子商务在身边

电子商务，通俗而言，就是"电子+商务"，或是将传统的商务活动"移植"到网络环境。随着数字化、网络化技术的不断发展，社会信息化的步伐越来越快，社会信息化的程度也越来越高。随着互联网在我国的日益普及，Internet 已经深入我们生活的方方面面。伴随着电子商务各方面条件的不断成熟，包括信息基础设施、人们的消费观念、各大 IT 公司的努力，电子商务已经深入人心。

在我们的日常生活中，随处可见电子商务的踪影，网上购物、网上支付、电子账户、网上银行等时刻陪伴着我们。现在人们在网络上可以进行各种商务活动，大到企业和企业之间的商务合作、国际间贸易的发展，小到个人生活的各个方面。大到房屋、汽车的购买，小到购买音像制品、图书和日常用品；实体的如购买电视、冰箱等家用电器，虚拟的如购买音乐、电影。金额数量从 B2B 的几十万元上百万元，到购买一篇论文的三五角钱。

举例来说：以前如果我们需要购房，一般都需要到售楼实体店进行咨询，先不说交流的效果如何，单就来回往复的奔波就已经让人难以消受了。而且，由于不同公司的宣传方案不同，要进行不同楼盘的横向对比就更难了，因此，在真正购房之前，消费者所花费的时间成本与精力成本都是很高的。租房者由于信息获取不全面，也往往面临各种问题。但随着电子商务的发展，这种情况得到了很大的好转，现在的购房者，只需要轻松坐在计算机前，登录一些租房或者售房门户网站，就可以在第一时间获取全面的、高可比性的交易信息，如自如寓（见图 1-1）、链家网或安居客等。

图 1-1　自如寓主页

对于汽车购买来说，问题同样变得非常简单，无论你买新车还是二手车，都有很多选择。买新车可以上买车网、淘车网，买二手车的选择更多，如瓜子二手车直卖网（见图 1-2）、优信二手车、人人车等；如果需要购客户电用品，你还一定要去大卖场吗？答案是否定的。国内许多大型家电制造商，现在都已经建立起了自己的电子商务门户网站，这些网站弥补了企业在电子商务时代纯实体营销的不足，有力促进了消费者与商户的互动交流，知名宗申企业，如格力电器，已经建立了自己的电子商务交易平台（见图 1-3），现在已经实现完全的个性化。苏宁易购现在已经将业务范围扩展到了日用百货。同样，如果需要在外住宿，通过爱彼迎（见图 1-4）、途家、小猪短租预订一个民宿，也逐渐成为一种便捷、个性的旅行方式。

图 1-2　瓜子二手车直卖网主页

图 1-3　格力电子商城主页

图 1-4　爱彼迎主页

在电子商务浪潮的推动下，书店也早早被搬上了互联网，现在买书你还需要在书店里费劲地翻阅查找吗？这已然成为过去，现在的你可能更愿意登录当当网（见图 1-5），在搜索栏中输入目标关键词，尽情享受丰富的书目一览表，然后轻松下单了吧。当然，诸如此类的营销网站还有很多。这些网站在智能时代也变得越来越人性化，通过大数据分析和人工智能的支持，不仅可以帮助客户做好销售交易的分析，而且还可以为不同价格需求的客户进行推式营销、进行不同产品的全面综合对比，使客户真正足不出户便能掌握丰富、全面的信息。

图 1-5　当当网主页

当我们需要办理银行业务时，也不必去银行排长队了，只需要通过个人网上银行（见图 1-6），就可以轻松实现银行业务的在线处理，体验到其便利与快捷。

图 1-6　个人网上银行业务办理

1.1.2　电子商务安全现状

电子商务发展至今，基本已经覆盖了人们生活的方方面面。我国的电子商务整体发展水平这几年突飞猛进，已经跻身世界电子商务先进行列，无论在电子商务的覆盖面、成熟度还是电子商务的成交量和成交额方面，都已经居于世界前列。我国的电子商务再也不是什么高新产物，也不再是相关专业人士或高学位人员的专属工具，它已经彻底"飞入寻常百姓家"。

2018 年 1 月 31 日，中国互联网络信息中心发布第 41 次《中国互联网络发展状况统计报告》。报告表明，截至 2017 年 12 月，我国网民规模约 7.72 亿人，普及率达到 55.8%，超过全球平均水平（51.7%）4.1 个百分点，超过亚洲平均水平（46.7%）9.1 个百分点，如图 1-7 所示。

在我国，更为显著的特点是手机网民规模庞大，截至 2017 年年底，我国手机网民规模约7.53 亿，网民中使用手机上网人群的占比由 2016 年的 95.1%提高至 97.5%，网民在线下消费使用手机网上支付比例由 2016 年年底的 50.3%提高至 65.5%，如图 1-8 所示。

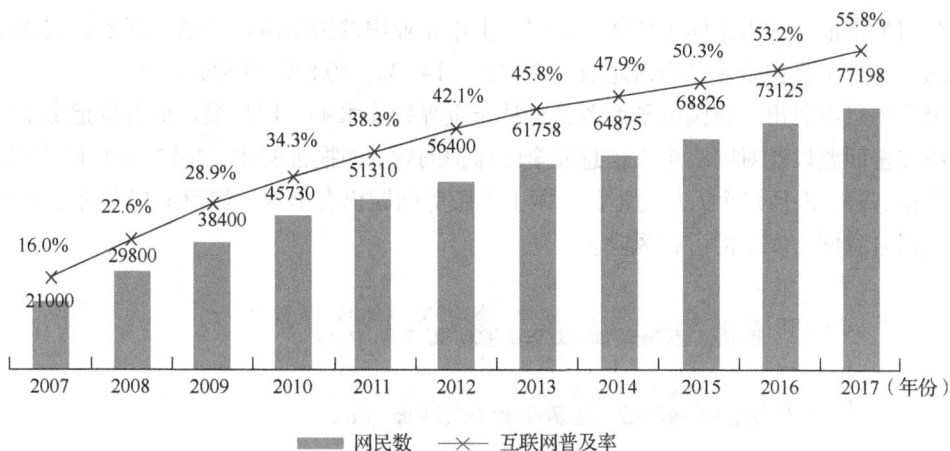

图 1-7　2007 年至 2017 年我国网民规模和互联网普及率

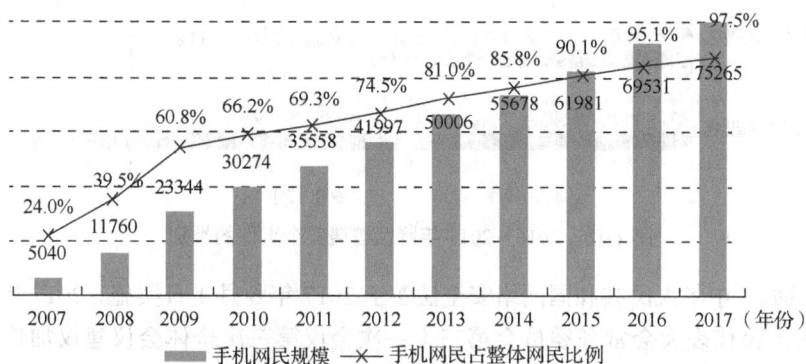

图 1-8　中国手机网民规模及其所占网民比例

　　同时,我国的数字经济繁荣发展,电子商务持续快速增长。截至 2017 年 12 月,我国网络购物用户规模达到 5.33 亿人,较 2016 年增长 14.3%,占网民总数的 69.1%。手机网络购物用户规模达到 5.06 亿人,同比增长 14.7%,使用比例由 63.4% 增至 67.2%。与此同时,网络零售继续保持高速增长,全年交易额达到 71 751 亿元,同比增长 32.2%,增速较 2016 年提高 6 个百分点,如图 1-9 所示。

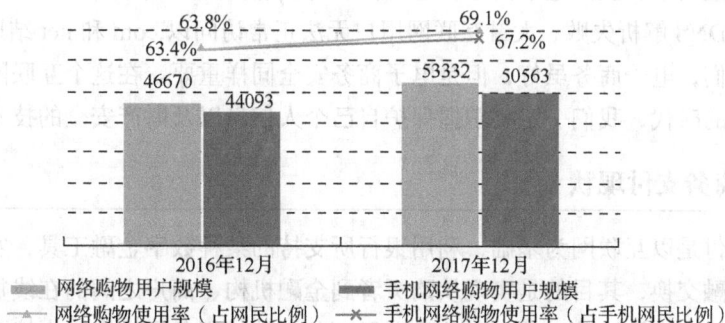

图 1-9　2016—2017 年网络购物/手机网络购物用户规模及使用率

　　数据显示,2017 年电子商务、网络游戏、网络广告收入增速均在 20% 以上,发展势头良好。其中,1～11 月电子商务平台收入 2 188 亿元,同比增长高达 43.4%。截至 2017 年 12 月,我国境内外上市互联网企业数量达到 102 家,总体市值为 8.97 万亿元人民币。其中腾讯、阿里巴巴和百度公司的市值之和占总体市值的 73.9%。上市企业中的网络游戏、电子商务、文化传媒、网络金融和软件工具类企业分别占总数的 28.4%、14.7%、10.8%、9.8%和 5.9%。

从报告中可以看出，我国电子商务已经处于世界领先水平。但是报告也着重指出了目前存在的网络安全问题以及对网络个人信息安全的保护问题。如报告所述，2017 年我国网络安全整体保持平稳态势，但用户个人信息泄露、网上诈骗等问题仍有出现，如图 1-10 所示，使政企机构越加重视自身网络安全的潜在风险。

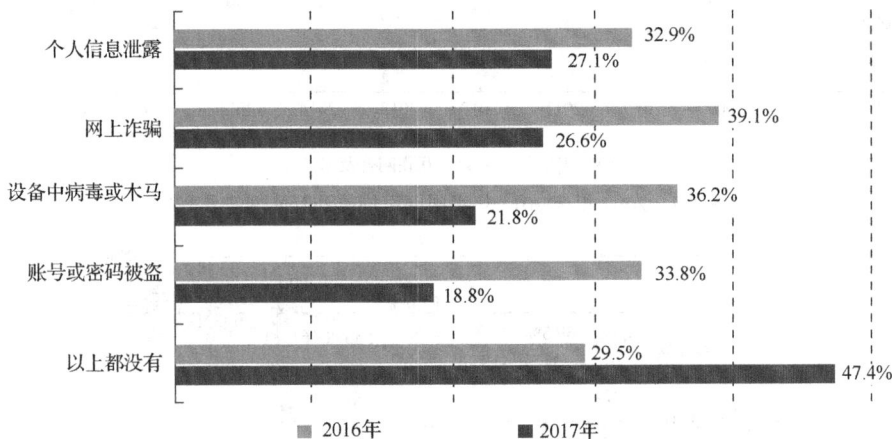

图 1-10 2016—2017 年网民遭遇安全事件的类别

在政策层面，《中华人民共和国网络安全法》于 2017 年 6 月 1 日实施，2017 年 12 月 24 日第十二届全国人民代表大会常务委员会第三十一次会议第三次全体会议建议加快个人信息保护、关键信息基础设施保护等网络安全法配套法规的立法进程。这标志着信息安全行业将由合规性驱动过渡到合规性和强制性驱动并重，为此后开展的相关工作提供了切实的法律保障。

2017 年各相关部门不断加大网络安全防护检查和网络威胁治理力度，对电信诈骗、信息泄露、内容侵权等问题采取相应措施进行整顿，尤其对互联网信息和内容服务领域给予了高度重视。国家互联网信息办公室先后发布多项管理办法和规定，对于规范互联网内容和信息的传播、净化网络舆论空间、形成积极健康的网络文化氛围具有重要意义。

而在我们的生活中发生的电子商务安全事件也有发生。2014 年，我国出现的 DNS 事故，造成 2/3 的网站 DNS 解析失败，大量互联网用户无法正常访问以.com 和.net 结尾的网站等。这些都在提醒着我们，电子商务虽好，但是电子商务安全同样重要。在这个互联网高度发展、电子商务无处不在的时代，我们一定要掌握保护自己个人信息以及财产安全的技术和方法。

1.1.3 电子商务支付现状

电子商务支付是以互联网为基础，利用银行所支持的某种数字金融工具，发生在购买者和销售者之间的金融交换，其目的是实现从购买者到金融机构、商户之间的在线货币支付、现金流转、资金清算、查询统计等过程，由此为电子商务和其他服务提供金融支持。

在电子商务中，银行作为连接上游生产企业和下游消费者的桥梁，其重要作用不容忽视，银行是否能实现电子支付已成为电子商务发展的关键因素。在互联网的电子商务系统中，支付过程对支付系统提出了更高的标准，要求从发出支付信息到最后完成资金转账的全过程都是电子形式。

电子支付的历史可以追溯到 1995 年，这一年，美国安全第一网上银行（SFNB）成为第一家对公众开放的网上银行，开创了全球性银行在线金融交易的先河。VISA 集团早在 1996 年亚特兰大奥运会期间就发行了 30 万张智能卡。芬兰银行 1997 年 5 月在欧洲进行了网络购物付款试验。2005 年第一季度，欧洲 10% 的 VISA 零售支付通过互联网进行，比 2004 年同期增长 50%。到 2010 年，欧洲 VISA 网络的互联网支付率已达到 30%。在移动支付方面，法国的 Orange、西班牙的 Telefonica 移动公司、德国的 T-Mobile 和英国的沃达丰为了联合推动移动支付业务的发展，建立了移动支付服务协会，旨在促进各国运营商移动支付业务的互操作。作为协会会员的各国运营商均可采用这一系统，通过手机提供一种开放的、不同品牌间交互操作的界面，向他们的用户提供统一品牌、统一使用界面的跨国界的移动支付业务。

在国内，受到电子商务发展的有力拉动，中国电子支付的市场规模增长迅速。2009 年，我国已经有各类电子支付企业 300 多家。电子支付主要应用于五大领域：商业流通领域，公用事业和行业支付，城市医疗卫生、公交、旅游，文化教育事业，以及电子政务、税收和财政非税收入。由于目前我国电子支付参与主体较多，因而出现市场多方竞争的态势，既有不同支付方式内部的竞争，又有不同支付方式之间的竞争。银行、运营商、第三方支付企业、银联之间竞争激烈。

网上支付作为电子支付的一种特殊形式，发展势头更加迅猛。艾瑞（IResearch）咨询统计数据显示，2016 年中国第三方互联网交易规模达到 19 万亿元，同比增长 62.2%；第三方移动支付交易规模达到 38 万亿元，同比增长 215.4%。

值得一提的是中国的第三方支付产业，在整个国内电子支付业务中，第三方支付占据了很大的份额。2009 年，我国第三方支付市场交易规模到 5 845 亿元，同比增长 133%。2009 年 7 月支付宝注册用户数正式突破 2 亿大关，中国成为全球最大的第三方支付市场。根据比达咨询（BigData-Research）发布的《2016 中国第三方移动支付市场研究报告》可知，2016 年中国第三方支付总交易额为 57.9 万亿元，相比 2015 年，其增长率为 85.6%。其中，移动支付交易规模为 38.6 万亿元，约为美国的 50 倍。中国第三方支付企业的身份得到了正式的认可，这一事件进一步推动了中国电子商务的发展。图 1-11 所示为中国网上支付监管进程图示。

| 中国人民银行发布《电子支付指引》2005年10月 | 中国人民银行发布《支付清算组织管理办法》2005年10月 | 中国支付清算协会筹备会召开2009年4月 | 中国人民银行对支付企业登记报备2009年4月 | 中国人民银行公布《非金融机构支付服务管理办法》2010年6月 | 中国人民银行遴选首批第三方支付牌照，17家企业入围2010年12月 | 中国人民银行正式发放第三方支付牌照2011年5月18日 |

图 1-11 中国网上支付监管进程

电子支付的类别有很多，按照支付形式可以分为：电子支付方式，如储值卡型电子货币、电子支票支付方式、银行卡支付方式等；第三方支付方式，如支付宝、首信易支付、贝宝、拉卡拉等；现金支付，如电子现金。按照支付金额的大小可以分为大额支付系统、脱机小额支付系统、联机小额支付系统和电子货币。按照支付载体可以分为电子信用卡系统、电子支票系统和数字现金系统。

1.2 电子商务安全的基本要求

一般而言，电子商务安全的要求主要集中在以下几个方面：交易的认证性、交易的保密性、交易的完整性、交易的不可否认性以及一些其他附加要求。只有真正满足这些要求的电子商务才可以称得上是安全的电子商务。在现实生活中，往往发生很多电子商务安全事件，主要都是违背了最基本的安全要求。之所以这样，还是因为我们对网络风险的防范意识不足。因此，我们有必要对电子商务的安全要求再一次厘清，从其具体内容、典型风险、应对策略等方面进行深入解读，力争为读者塑造一个系统的电子商务安全要求架构，同时真正用之于实践，使网上交易行为更加安全。

电子商务安全的
基本需求

1.2.1 交易的认证性

1. 交易认证性的基本内容

交易的认证性是指在交易开始之前，买卖双方能够认证对方的身份，即可以识别对方的身份。

电子商务是在网络上进行的电子交易，买卖双方实际上都是在和虚拟的对方进行交易。在这种情况下，可能存在以下风险：对方的身份是否与其在网络上声称的一致，是否存在着诈骗的可能。在现实社会中我们都无法避免诈骗现象，而在网络中，买卖双方可能相距千里，甚至在不同的国家（或地区），在这种情况下，辨别交易双方的实际身份就显得尤为重要。虽然我国电子商务的发展已经十分成熟，但是依然存在着网购陷阱，如图1-12所示。

图1-12 网购陷阱

身份认证是证实对方身份是否真实的过程。身份认证一般包含识别和认证两个方面。识别是向系统申明身份的过程，一般通过用户名、账户等完成。认证比识别更高一层，认证主要是提供一种方法验证其申明的正确性，交易的认证性类似现实社会中的"中间人"或者"担保人"，交易的双方都可能对对方不信任，但是只要他们都信任"中间人"——CA（Certificate Authority）认证中心。而由CA认证中心来确认双方的身份，那么买卖双方就可以取得彼此的信任。这种认证是需要一定的手段来进行保证的，一般通过数字证书进行身份的验证，而数字证书有良好的安全性，有些时候还可以要求有硬件，如集成电路卡（Integrated Circuit Card，IC卡）、USB KEY等来进行验证。

2. 典型风险——钓鱼网站

（1）认识钓鱼网站。钓鱼网站是一种网络交易欺诈行为，通常是指不法分子利用各种手段，伪装成银行及电子商务等网站，或者利用真实网站服务器程序上的漏洞在站点的某些网页中插入危险的 HTML 代码，主要危害是窃取用户提交的银行账号、密码等私密信息。

钓鱼网站在全球的频繁出现，严重地影响了在线金融服务、电子商务的发展，危害了公众利益，动摇了公众应用互联网的信心。钓鱼网站通常伪装成为银行网站或者正规的交易网站，窃取访问者提交的账号和密码信息。钓鱼网站一般通过电子邮件传播，此类邮件中有一个经过伪装的链接可以将收件人链接到钓鱼网站。钓鱼网站的页面与真实网站界面基本一致，它会要求访问者提交账号和密码。一般来说，钓鱼网站的结构很简单，只有一个或几个页面，URL 和真实网站也有细微差别。

用户在上网的时候需要谨防钓鱼网站，但如何来鉴别呢？我们来看一个例子：图 1-13 所示为"伪淘宝"钓鱼网站，乍看该网站，你根本无法看出它与正规的淘宝网站到底有什么区别，粗心的用户往往看到这个页面后，便直接输入自己的账户密码等保密信息，期望就此完成支付。但实际上，此时用户的支付金却通过其他渠道转入了不法分子的腰包。如果仔细观察这个网站，就会发现一些区别，最主要的就是 URL，也就是网址，这也是专业人士区分钓鱼网站与正规网站的关键点。通过比较我们可以发现，图 1-13 中的淘宝登录 URL 与正规的淘宝登录网址是有不同的，这显然有问题。所以，相关专家提醒：网民在查找信息时，应该特别小心由不规范的字母数字组成的 CN 类网址，最好禁止浏览器运行 JavaScript 和 ActiveX 代码，不要登录自己不太了解的网站。

（2）钓鱼网站的骗术揭秘

① 短信诈骗法。不法分子会向用户发送提醒中奖的短信，诱使用户上网操作，使他们"中套"。

② 邮件诈骗法。不法分子发送电子邮件，以虚假信息引诱用户"中套"。不法分子大量发送欺诈性电子邮件，多以中奖、对账等内容引诱用户在邮件中填入银行账号和密码，或是以各种紧迫的理由要求收件人登录某网页提交用户名、密码、身份证号、信用卡号等信息，继而盗窃用户资金。

图 1-13　"伪淘宝"钓鱼网站

③ 心理诈骗法。不法分子往往会利用某些用户贪图小便宜的心理，利用虚假的电子商务网站进行诈骗。例如，在知名电子商务网站发布虚假信息，以所谓"大甩卖""免税""秒杀""慈善义卖"等名义出售商品，要求受骗者先行支付货款，以达到诈骗目的。

④ 病毒窃取。利用"木马"和"黑客"技术窃取用户信息。不法分子在发送的电子邮件中或在网站中隐藏"木马"程序，若用户在感染"木马"的计算机上进行网上交易，则"木马"程序即以键盘记录方式获取用户账号和密码。

⑤ 口令破解法。不法分子利用部分用户贪图方便、在网上银行设置"弱口令"的漏洞，从网上搜寻到银行储蓄卡卡号，进而登录该银行网上银行网站，破解"弱口令"。

⑥ 连贯转账操作。不法分子通过在一系列账号中的快速转账操作迅速转移不法所得。

（3）钓鱼网站的防范办法。

① 查验"可信网站"。通过第三方网站身份诚信认证辨别网站真实性。目前不少网站已在网站首页安装了第三方网站身份诚信认证——"可信网站"，可帮助用户判断网站的真实性。"可信网站"验证服务，通过对企业域名注册信息、网站信息和企业工商登记信息进行严格交互审核来验证网站真实身份，通过认证后，企业网站就进入中国互联网络信息中心（CNNIC）运行的国家最高目录数据库中的"可信网站"子数据库中，企业网站的诚信级别全面提高。用户可通过单击网站页面底部的"可信网站"标识辨别网站的真实身份。用户进行网络交易时应养成查看网站身份信息的使用习惯，企业也要安装第三方身份诚信标识，加强对用户的保护。

② 核对网站域名。假冒网站一般和真实网站有细微区别，用户有疑问时要仔细辨别其不同之处。例如在域名方面，假冒网站通常将英文字母 I 替换为数字 1，将 CCTV 替换成 CCYV 或者 CCTV – VIP 这样的仿造域名。

③ 比较网站内容。假冒网站上的字体样式不一致，并且模糊不清。仿冒网站上没有链接，用户可单击栏目或图片中的各个链接看是否能打开。

④ 查询网站备案。用户通过网络内容提供商（Internet Content Provider，ICP）备案可以查询网站的基本情况、网站拥有者的情况。相关部门对没有合法备案的非经营性网站或没有取得 ICP 许可证的经营性网站，根据网站性质，将予以罚款，严重的令其关闭网站。

⑤ 查看安全证书。目前大型的电子商务网站都应用了可信证书类产品，这类网站网址都是以"https[安全套接字层超文本传输协议（Hyper Text Transfer Protocol over Secure Socket Layer，HTTPS）]"开头的，如果用户发现其不是以"https"开头的，应谨慎对待。

1.2.2 交易的保密性

交易的保密性也称交易的隐私性，是指交易双方的信息在网络传输或者存储中不被他人窃取。交易保密性是在交易信息可用的情况下保障信息安全的重要手段。

传统的商务交易中，敏感性的数据，如商务合同、信用卡号码、交易机密等可以通过文件的封装或者其他可靠的途径来传递，以此来保证数据的安全。而在开放的 Internet 上，由于传输控制协议/因特网互联协议（Transmission Control Protocol/Internet Protocol，TCP/IP）采用 IP 报文交换方式，因而存在数据被窃取的可能。所以，电子交易过程中保证交易数据的隐秘，就显得尤为重要。

电子商务的保密性主要是通过"数据不被窃取、窃取不可破译"的思路来设计的。具体来说，"数据不被窃取"可以通过防火墙、互联网协议安全（Internet Protocol Security，IPS）等手段实现；而"窃取不可破译"则主要通过各种加密手段来实现，如采用 DES、RSA 加密等方法。

在交易的隐私性中还包括交易的不可跟踪性。也就是在进行电子交易的时候，其他人无法通过对用户所用支付手段的分析发现用户的身份，这在数字现金等领域尤为重要。

影响交易的保密性的因素有很多，如木马病毒、黑客窃取、意外泄露等，下面重点介绍木马病毒及其危害。

1．认识木马病毒

木马病毒主要是指利用计算机程序漏洞侵入后窃取文件的程序，它是一种具有隐藏性的、自发性的可被来进行恶意行为的程序，一般不会直接对计算机产生危害，而是以控制为主。

木马病毒和常见的传统病毒不同，传统意义下的病毒一般都是出于破坏性目的。例如，破坏计算机里的数据资料，肆意删除计算机数据，甚至是破坏计算机的运行程序，使之无法正常运行。但木马病毒的作用是偷偷监视别人和盗窃别人的密码、数据等，如盗窃管理员密码-子网密码搞破坏，偷窃上网密码用于它用，盗窃游戏账号、股票账号，甚至网上银行账户等，如图 1-14 所示，达到偷窥别人隐私和得到经济利益的目的。木马病毒为什么现在赢得了如此大的关注？一方面，很多计算机黑客们集结成地下产业链，专门从事研究新型的木马病毒；另一方面，众多高尖端信息技术（Information Technology，IT）人才也在不断致力于研究木马病毒的破译程序，实际上这就是一个互相博弈的过程。

所以，木马病毒比早期的计算机病毒更加有用，更能够直接达到使用者的目的。许多别有用心的程序开发者大量地编写这类带有偷窃和监视别人计算机功能的侵入性程序，这就是目前网上木马病毒泛滥成灾的原因。鉴于木马病毒的这些巨大危害性和它与早期病毒的作用性质不一样，木马病毒虽然属于病毒中的一类，但是要单独地从病毒类型中剥离出来。

图 1-14　木马病毒

2．木马病毒的传播途径

木马病毒的传播方式主要有两种：一种是通过 E-mail，控制端将木马病毒程序以附件的形式夹在邮件中发送出去，收信人只要打开附件，系统就会感染木马病毒；另一种是软件下载，一些非正规的网站以提供软件下载的名义，将木马病毒捆绑在软件安装程序上，当用户下载并运行这些程序后，木马病毒就会自动安装。

3．木马病毒的防范措施

对于木马病毒，常见的预防措施如下。

（1）安装杀毒软件和个人防火墙，并及时升级。

（2）把个人防火墙设置成高安全等级，防止未知程序向外传送数据。

（3）用安全性比较好的浏览器和电子邮件客户端工具。

（4）如果使用 IE 浏览器，应该安装卡卡安全助手或 360 安全浏览器，以防止恶意网站在计算机上安装不明软件和浏览器插件，避免木马病毒趁机侵入。

1.2.3　交易的完整性

1．交易完整性的基本内容

交易的完整性是指交易信息未经授权不能进行改变的特性，即交易数据在传输或存储过程中不发生恶意或意外删除、改变、伪造、乱序、重放、插入等损坏。

交易的保密性固然能够保证交易数据在传输过程中不被窃取，但是不能保证传输过程中可能发生某种意外或者非授权情况下的破坏，同时也难以保证数据传输的顺序统一。而完整性对交易中的敏感数据是非常重要的。由于各种原因可能导致的交易各方信息的差异，将影响交易各方的决策。例如，在交易的扣款过程中，我们需要在双方的账号上进行操作，如果交易不完整，只在一方账号上进行了操作，那么产生的后果是难以预料的。因此，交易的完整性是电子商务应用的基础。完整性一般通过消息摘要、数字签名等技术实现。

2．典型风险——重放攻击

（1）认识重放攻击。交易信息的完整性意在保证交易过程中的数据是正确、有效、新鲜的，新鲜的意思主要是指有效信息只需经过一次交易认证即可。在我们的生活中有时会发生这样的事情，我们会收到多次的交易认证信息，进而导致多次的划账转账操作，这其实就是重放攻击。重放攻击（Replay Attacks）又称重播攻击、回放攻击或新鲜性攻击（Freshness Attacks），是指攻击者发送一个目的主机已接收过的包，来达到欺骗系统的目的，主要用于在身份认证过程中破坏认证的正确性。

重放攻击会不断恶意或欺诈性地重复一个有效的数据传输。重放攻击可以由发起者或由拦截并重发该数据的一方进行。攻击者利用网络监听或者其他方式盗取认证凭据，之后再把它重新发给认证服务器。从这个解释上理解，加密可以有效防止会话劫持，但是却防止不了重放攻击。重放攻击在任何网络通信过程中都可能发生。重放攻击是计算机世界黑客常用的攻击方式之一，它的书面定义对不了解密码学的人来说比较抽象。

（2）重放攻击与 cookie。攻击者通过监听超文本传输协议（Hyper Text Transfer Protocol，HTTP）数据传输而截获的敏感数据大多数是存放在 cookie 中的数据。其实在 Web 安全中通过其他方式（非网络监听）盗取 cookie 与提交 cookie 也是一种重放攻击。攻击者有时候可以复制别人的 cookie 直接获得相应的权限。

（3）防范措施。

① 时间戳。时间戳是在系统中指示当前时刻的标记。一般而言，重放攻击所发的信息包与有效发送的信息包具有不同的时间戳，如果系统时间窗过大，虽然能够允许更大的传输延迟，但是重放攻击得以实现的概率也大大增加。所以，我们通过将系统时间窗调小，可以有效防止重放攻击的发生。

② 序号确认。通信双方可以实现商定信息序号识别标准，然后在传输的过程中通过协定的序号则可以有效防范重放攻击所发来的无效信息包。

1.2.4 交易的不可否认性

1．不可否认性的基本内容

不可否认性也称不可抵赖性，主要指交易的双方不能否认彼此之间所进行的信息交流。

在传统的交易过程中，就算双方并不见面（如邮购过程），双方对交易的行为也是很难抵赖的，因为有足够的证据（如邮购中的单据、凭证等）来证明客户或者商户的行为。而网络上的交易，由于采用的是电子化的信息，如果没有相关的手段进行保证的话，确实很难证明某笔订单是来自某个客户的，如常见的网络购物中的"送货上门、货到付款"。

电子商务中的抵赖行为主要有以下 4 种。

（1）发信者事后否认曾经发送过某条信息或内容。

（2）收信者事后否认曾经收到某条信息或内容。

（3）购买者下单后不承认。

（4）商户卖出商品后却不承认原有的交易等。

电子商务交易的不可否认性无法像传统交易那样通过签订"白纸黑字"的合同、盖章来加以确认，但是可以采取类似的思路，通过使用数字签名来加以确认。我们通过数字签名，将具体用户信息与对应操作和交易信息进行绑定，使用户必须为他们的行为负责任，同时也为法律提供了可信证据。

2．风险——交易抵赖

（1）认识交易抵赖。交易抵赖主要指交易双方在交易过程中，由于事先没有确认对方身份的合法有效性，从而导致的在交易之后出现一方否认交易存在的现象。

（2）交易抵赖的防范措施。在电子商务交易过程中，我们主要通过身份认证和数字签名来避免对交易行为的抵赖，通过数字时间戳可以避免对交易行为的抵赖。身份认证就是在电子商务交易过程中由交易双方都信赖的权威第三方——认证授权机构（Certificate Authority，CA）来确认双方交易的合法身份，这主要是通过颁发相应的证书来实现的。

数字签名（又称公钥数字签名、电子签章）是一种类似写在纸上的普通的物理签名，但是使用了公钥加密领域的技术来实现，用于鉴别数字信息有效性的方法。一套数字签名通常定义两种互补的运算，一种用于签名，另一种用于验证。我们通过数字签名，一方面可以验证对方身份的合法性，另一方面也可以保证自身身份的合法性，使交易双方能够公平安全地进行。

1.2.5 其他安全要求

除了以上主要的安全要求之外，电子商务安全的要求还包括以下内容。

1．有效性

有效性指交易信息、数据在约定的交易期限内是有效的。交易信息的有效性是整个交易进行的重要基础。在传统的商业贸易中，我们通过各种合同条文及纸质单据来保证交易的有效性，在整个交易过程中，有效性为保密性提供了基本条件。在网上交易的过程中，由于没有了纸质单据对有效性的长效证明，而交易的双方又处于不同的时空点，所以，交易的有效性往往成为制约交易进行的重要问题。例如，A 给 B 发送了一份报文："请在 2009 年 12 月汇款叁万元，A"报文在传递过程中经过 C 的手，C 将 12 月改为 8 月，这样，整个报文信息就失去了有效性。

2. 可用性

可用性是指当用户需要使用硬件、软件、数据等方面的资源时，这些服务是可用的。可用性一般用系统正常使用时间和整个工作时间之比来度量。影响资源可用性的原因主要是由硬件故障、软件缺陷、病毒及拒绝服务攻击等恶意行为引起的运行中断事件。所以，为确保资源的可用性，工作人员必须清楚资源不可用的原因，并通过对中断事件的合理分析，最大限度地减少对运营的影响。

3. 合法性

合法性保证各方的业务符合可适用的法律法规。法律法规是对一切事物的标准规约，在法制社会里，只有符合法律法规的行为才能得到执行与落实，网上交易也是如此。相比于传统的交易方式，网上交易的合法性更加难以确保。这一方面是由于网上交易本身具有时空异质性，另一方面是网上交易的相关立法现在还有待进一步完善。因此，保障网上交易的合法性就成为发展电子商务的重要制度保障。只有建立起健全的电子商务法律法规体系，用户及商户在进行网上交易时才能明确什么是合法的、什么是非法的，才能在交易矛盾发生时有章可循。

1.3 电子商务的安全交易标准

在涉及电子商务安全问题的标准时，一般会提到电子商务安全五协议，也就是安全套接层（Secure Sockets Layer，SSL）协议、安全电子交易（Secure Electronic Transaction，SET）协议、安全超文本传输（Secure Hyper Text Transfer Protocol，S-HTTP）协议、安全交易技术（Secure Transaction Technology，STT）协议和支付卡行业[Payment Card Industry（PCI）Data Security Standard，PCI-DSS]数据安全标准。它们都是在电子商务活动中常用的电子商务系统中保证交易安全的标准或协议。在实际工作中，充分深入地了解这些安全交易标准和协议各自的主要用途是很重要的。

电子商务的
安全标准

1.3.1 安全套接层协议

安全套接层（Secure Sockets Layer，SSL）协议是 Netscape 公司推出的安全通信协议。SSL协议采用公开密钥技术，其目标是在服务器和客户机两端同时实现支持，保证两个应用之间通信的保密性和可靠性。目前，SSL 协议已经成为 Internet 上保密通信的标准。现行的 Web 浏览器普遍将 HTTP 协议和 SSL 协议相结合，从而实现安全通信。图 1-15 所示为 SSL 协议的基本结构，它处于 TCP 层和应用层之间，完成数据的加密传输。

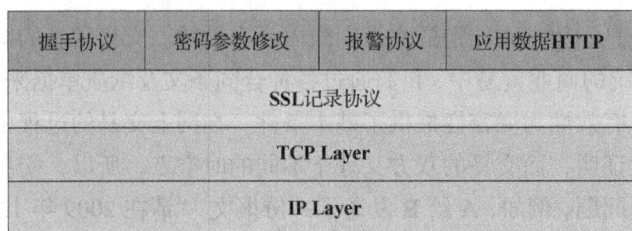

握手协议	密码参数修改	报警协议	应用数据HTTP
SSL记录协议			
TCP Layer			
IP Layer			

图 1-15   SSL 协议的基本结构

SSL 协议是在 Internet 基础上提供的一种保证机密性的安全协议，它能使客户机/服务器应用之间的通信不被攻击者窃听，并始终对服务器进行认证，还可以选择对客户机进行认证。SSL 协议要求建立在诸如 TCP 这样的可靠传输层协议之上。SSL 协议的优势是它独立于应用层协议。高层的应用层协议，如 HTTP、文件传输协议（File Transfer Protocol，FTP）、远程登录（Telecommunication Network，Telnet）能透明地建立于 SSL 协议之上。SSL 协议在应用层协议通信之前就已经完成加密算法、通信密钥的协商，以及服务器认证工作，在此之后，应用层协议所传输的数据都会被加密，从而保证通信的私密性。

1.3.2　安全电子交易协议

安全电子交易（SET）协议是由 MasterCard 和 VISA 以及其他一些业界的主流厂商设计发布的一种基于信息流的协议。它主要用于保证在公共网络，特别是 Internet 上进行银行卡支付交易的安全性，并能够有效地防止电子商务中的各种诈骗。它是目前已经标准化并且被业界广泛接受的基于信用卡的安全支付机制。

SET 协议是在 B2C 上基于信用卡支付模式而设计的，它保证了开放网络中使用信用卡进行在线购物的安全。SET 主要是为了解决用户、商户、银行之间通过信用卡进行交易而设计的，它具有保证交易数据的完整性、交易的不可抵赖性等种种优点，因此它成了目前公认的信用卡网上交易的国际标准。

SET 协议主要通过使用各种密码技术对交易数据及支付信息进行加密，以确保信息的保密性，并使用数字证书来验证参与交易各方的身份，因而保护了进行交易的各方（包括持卡人、商户、银行）的交易安全。SET 协议还通过证书机制以及数字签名、双重数字签名等技术手段，不但可以为不可否认性提供重要证据，而且还保证了商户无法看到持卡人的相关信息而银行无法看到订单信息等功能，较好地保护了各方利益。1997 年 5 月，SET 规范 1.0 版正式发布，它是面向 B2C 模式的，是针对使用信用卡（包括借记卡）来进行网络支付而制定的，涵盖了信用卡在电子商务交易中的交易协定、信息保密、资料完整性等各个方面。

SET 支付系统主要由持卡人（Card Holder）、商户（Merchant）、发卡行（Issuing Bank）、收单行（Acquiring Bank）、支付网关（Payment Gateway）、认证中心（Certificate Authority）6 个部分组成。相应地，基于 SET 协议的网上购物系统至少包括电子钱包软件、商户软件、支付网关软件和签发证书软件。

SET 协议主要应用于企业对个人（Business to Customer，B2C）模式，保障支付信息的安全性。SET 协议比较复杂，设计严格，安全性高，它能保证信息传输的机密性、真实性、完整性和不可否认性。SET 协议是 PKI 框架下的一个典型实现，同时也在不断升级和完善，如 SET 2.0 支持借记卡电子交易。

1.3.3　安全超文本传输协议

安全超文本传输（S-HTTP）协议利用密钥对文本进行加密，通常只用于 Web 业务，保障 Web 站点之间进行交换信息传输的安全性。S-HTTP 是针对 HTTP 扩充安全特性、增加报文的安全性而产生的，它是基于 SSL 技术的。该协议向 Internet 的应用提供完整性、可鉴别性、不可抵赖性及机密性等安全措施。

HTTP 是一个客户端和服务器端请求和应答的标准。客户端是终端用户，服务器端是网站。

通过使用万维网（World Wide Web，Web）浏览器、网络爬虫或者其他的工具，客户端发起一个到服务器上指定端口（默认端口为 80）的 HTTP 请求。我们称这个客户端为用户代理（User Agent）。应答的服务器上存储着一些资源，如 HTML 文件和图像。我们称这个应答服务器为源服务器（Origin Server）。在用户代理和源服务器之间可能存在多个中间层，如代理、网关，或者隧道（Tunnel）。事实上，HTTP 可以在任何其他互联网协议上，或者在其他网络上实现。HTTP 只假定其下层协议提供可靠的传输，任何能够提供这种保证的协议都可以被其使用。

浏览器通常利用 HTTP 协议与服务器通信，但收发信息均未被加密。对安全敏感的事务，如电子商务或在线财务账户等信息，浏览器与服务器必须加密。统一资源标识符（Uniform Resource Identifier，URI）Scheme 与 S-HTTP 二者在 20 世纪 90 年代中期均已被定义来满足这一需求，不过占据浏览器市场的网景及微软公司更倾向于支持 https，这使 https 成为万维网安全通信的事实标准。

1.3.4 安全交易技术协议

安全交易技术（STT）协议是由 Microsoft 公司提出的，STT 协议将认证和解密从浏览器中分离开来，用以提高安全控制能力。Microsoft 在 Internet Explorer 中采用了 STT 技术。

由于 MasterCard、Netscape、IBM 在之后开发了 SEPP（安全电子支付协议），使两大信用卡组织 MasterCard 和 VISA 分别支持独立的网络支付解决方案。几个月后，这些机构联合开发了安全电子交易协议。

1.3.5 支付卡行业协议

支付卡行业（PCI-DSS）协议是一组全面的要求，旨在确保持卡人的信用卡和借记卡信息保持安全，而不管这些信息是在何处以何种方法收集、处理、传输和存储的。

PCI-DSS 协议是由 PCI 安全标准委员会的创始成员（VISA、MasterCard、American Express、Discover Financial Services、JCB 等）制定的，旨在使国际上采用一致的数据安全措施。

PCI-DSS 协议对于所有涉及信用卡信息机构的安全方面做出标准的要求，其中包括安全管理、策略、过程、网络体系结构、软件设计要求的列表等，全面保障交易安全。PCI-DSS 协议适用于所有涉及支付卡处理的实体，包括商户、处理机构、购买者、发行商和服务提供商及储存、处理或传输持卡人资料的所有其他实体。PCI-DSS 协议包括一组保护持卡人信息的基本要求，并可能增加额外的管控措施，以进一步降低风险。

1.4 电子商务发展的法律保障

法律是一种规范化的制度约束，对于电子商务而言亦是如此。随着世界掀起电子商务发展的浪潮，各国也相继出台了很多有关电子商务的法律法规。在健全发展的文明社会里，任何经济活动都应该受到法律的保护，而电子商务又是一种新的商务形式，要人们接受它、建立规范的秩序就需要靠法律和法规的支撑。由于电子商务是在虚拟市场环境下交易双方进行的一种不谋面的商务活动，这种虚拟市场的特性决定了要保障这种活动规范和有序，法律体系的基本框架至少应包括以下几个方面的内容。

（1）数字签名法规；

（2）电子凭证法规；

（3）电子文件公证法规；

（4）电子商务商户法规；

（5）网上经营和服务法规；

（6）网上个人隐私和消费者权益保护法规；

（7）网上知识产权保护法规；

（8）电子商务安全法规。

这些法律和法规的建立是电子商务正常、健康发展的基本保证，这是建立全社会对电子商务的信誉和人们接受它的基本条件。在电子商务建设之初，在这种经济活动还未被全社会接受时，出现的任何经济损失由谁来仲裁、谁来赔偿又由谁来保证其实施和执行呢？这一切都要靠法律来加以界定并保障实施，这就是建立规范秩序和制度的基础。

随着时代不断发展、技术不断进步，人们认知理念的不断提高，有关电子商务的法律法规也不断出台，如《中华人民共和国电子签名法》《电子认证服务管理办法》《商用密码管理条例》《中华人民共和国计算机信息系统安全保护条例》等。这些法律法规的颁布一方面让中国电子商务的发展步入正规化以及良性循环的道路，另一方面也为建立中国特色一体化的电子商务法律体制奠定了基础，具有深远的意义。

思 考 题

1. 简要列举我们身边的电子商务形式。
2. 电子商务安全问题主要存在于哪些方面？
3. 我国的电子商务支付形式有哪些（可按不同的标准进行分类）？
4. 电子商务安全的基本要求有哪些？
5. 什么是交易的认证性？其具体内容是什么？
6. 什么是交易的保密性？其具体内容是什么？
7. 什么是交易的完整性？其具体内容是什么？
8. 什么是交易的不可否认性？其具体内容是什么？
9. 简要叙述电子商务的安全交易标准及其基本内容。
10. 探讨电子商务发展与电子商务立法的关系。

第2章 电子商务的安全技术

【学习目标】

- 了解电子商务交易过程中的风险类型。
- 深入掌握数据加密技术及数字签名技术的工作原理。
- 掌握身份认证技术的几种典型形式。
- 掌握网络防火墙的主要类型及其工作原理。
- 了解入侵检测技术的工作原理。

【引导案例】

黑客"世界杯"落幕 2018 WCTF 三强诞生

2018年7月6日，由国内最大安全厂商360赞助、安全团队360Vulcan主办的2018WCTF世界黑客大师赛燃情开战，经过两天激烈"夺旗"与一天解题分享，终于在7月8日画上了圆满的句号。作为国际顶级CTF赛事，WCTF通过邀请国内外顶尖的安全团队来华比赛，将顶级的安全知识与技术带到国内，为网络安全的国际间交流提供平台。2018 WCTF集结了全球顶尖黑客，不仅邀请到了全球排名前三的波兰Google安全团队Dragon Sector、德国联合战队和日本 TokyoWesterns 战队，以及参与过美国国防部高级研究计划署主办的Cyber Grand挑战赛的美国团队Shellphish，也有来自俄罗斯的LCBC、来自法国和瑞士的联合战队 0daysober，还有成员平均年龄只有21.8岁的韩国Cykor团队。另外，来自中国的两支实力强悍的战队——Tea Deliverers和r3kapig也受邀参赛，他们代表着目前国内CTF战队最高水平，都曾在世界级CTF大赛中取得过亮眼的成绩。

WCTF除了是全球最强黑客战队的顶级技术竞技之外，更将比赛解题方法分享作为比赛的重要内容，这让安全从业者在欣赏激烈对决之外，还可以近距离学习世界顶级黑客的技术思路、思维模式和安全智慧。比赛及分享的精彩内容堪比顶级安全会议议题，是网络安全行业宝贵的知识财富。

经过一天的精彩分享，裁判们依次为各战队打出了分数。最终，日本战队 TokyoWesterns以1 276分的最后得分荣获总冠军并获得5万美元奖金。波兰Dragon Sector以1144分紧随其后获得亚军，韩国Cykor以940分获得季军，分别得到3万美元、2万美元的奖金。中国团队Tea Deliverers、r3kapig分别以874分、608分位列排行榜第五位、第七位。

作为中国最顶级、奖金最高的黑客大师赛，WCTF一直致力于搭建全球网络安全技术交流的平台。世界黑客大师赛圆满落幕后，网络安全界的"高手榜"被刷新，许多黑客"新星"也崭露头角，为网络安全事业的发展奉献自己的力量。

2.1 | 数据加密技术

在电子商务交易过程中，信息的保密性是非常重要的，它直接关系着交易的真实性与有效性。然而，当我们的交易信息在经过网络传播时，却时刻面临着被窃听、截获、篡改的危险，网络上活跃的黑客往往让我们的交易风险陡增。那么，如何让我们的交易信息能够在网络信道上安全传输呢？如何才能使黑客即使截获了信息也无法从中得到任何有价值的信息呢？这就需要数据加密技术的支撑。下面我们从密码学的历史出发，来学习有关数据加密的知识。

2.1.1 密码学的发展历史

密码学是研究编制密码和破译密码的科学技术，或者说是研究如何隐秘地传递信息的学科。密码学是一个迷人的领域，实际上它分为两个部分：密码编码学和密码分析学。

密码编码学主要研究对数据进行变换的原理、手段和方法，主要进行密码体制设计，目的是设计出安全的密码体制。而密码分析学则进行密码分析，在未知密钥的情况下，从密文推出明文或密钥的技术，是用来研究如何破译密文的。

密码学家（Cryptologist）是一些数学家和研究者，他们绞尽脑汁地发明新的密码算法。经过多年的辛勤付出，密码学家会把新的发明提交给整个密码学社会群体审校，就像刚有了孩子的自豪的父母一样。这时候密码破译者就登场了，他们装备了强大的工具，全力以赴地分析算法的弱点，围绕算法的设计进行各种各样的拷问和攻击，以求攻破该算法。

在大多数情况下，密码学家都会从中学到一些关于如何设计出更好算法的新东西，他们会带着这些信息回到实验室中，继续设计更为安全的算法。

密码学是计算机科学中唯一一门有着两个平行、对立而又共生的子分支的分支学科。下面，主要阐述密码学的发展历史及其相关概念。

信息时代，密码无处不在，各种加密技术不断涌现，然而，在以前很长一段时间里，密码学作为一门行走在暗处的黑色艺术，一直不为大众所熟知，密码学的发展历程大致经历了 3 个阶段：古代加密方法、古典密码和近代密码。

1. 古代加密方法

人类应用的无穷需求总是推动技术发明和进步的直接动力。存于石刻或史书中的记载表明，许多古代文明，包括埃及人、希伯来人、亚述人都在实践中逐步发明了密码系统。从某种意义上说，战争是科学技术进步的催化剂。人类自从有了战争，就面临着通信安全的需求，密码技术源远流长。

古代加密方法大约起源于公元前 440 年，出现在古希腊战争中。当时为了安全传送军事情报，奴隶主剃光奴隶的头发，将情报写在奴隶的光头上，待头发长长后将奴隶送到另一个部落，该部落再次剃光其头发，原有的信息复现出来，从而实现这两个部落之间的秘密通信。其实实现隐写术的方法有很多，如打字机改正带，用于行间与一根黑带一同打印，用改正带打印的结果仅在强光下才可见；还有缩微技术以及意大利卡丹使用的栅格法等。世界上第一本关于密码学的专著，是约翰尼斯·特里特米乌斯在 1518 年写的《Polygraphiae》。

在公元前 400 年，斯巴达人就发明了"塞塔式密码"，即把长条纸螺旋形地斜绕在一个多棱棒上，将文字沿棒的水平方向从左到右书写，写一个字旋转一下，写完一行再另起一行从左到右写，直到写完。解下来后，纸条上的文字消息杂乱无章、无法理解，这就是密文。但将它绕在另一个同等尺寸的棒子上后，就能看到原始的消息，这是最早的密码技术。在古代加密方法中，恺撒密码（或称恺撒加密、恺撒变换、变换加密）是一种最简单且广为人知的加密方法。它是一种替换加密的方法，明文中的所有字母都在字母表上向后（或向前）按照一个固定数目进行偏移后被替换成密文。例如，当偏移量是 3 的时候，所有的字母 A 将被替换成 D，B 变成 E，依次类推。这个加密方法是以恺撒的名字命名的，当年恺撒曾用此方法与将军们进行联系。

我国古代也早有以藏头诗、藏尾诗、漏格诗及绘画等形式，将要表达的真正意思或"密语"隐藏在诗文或画卷中特定位置的记载，一般人只注意诗或画的表面意境，而不会去注意或很难发现隐藏其中的"话外之音"。例如，唐伯虎写给秋香的诗：我画蓝江水悠悠，爱晚亭上枫叶愁。秋月溶溶照佛寺，香烟袅袅绕轻楼。就是一首藏头诗，取每句的第一个字，即可得到：我爱秋香。

2. 古典密码

古典密码主要分为替代（Substitution）密码和换位（Permutation）密码两类。替代密码中主要有简单替代密码、单表替代密码、多表替代密码和区组替代密码等。

替代密码的主要思想是首先构造一个或者多个密文字母表，然后用密文字母或字母组来代替明文字母或字母组，各字母或字母组相对位置不变，但其本身改变了。

简单替代密码主要有：固定替代、莫尔斯电码、关键字替代、键盘密码（键盘移位、软键盘密码、手机键盘密码）。固定替代主要是指提前定义好了一个明文密文对应表，每个字母、文字或数字均有一个与其对应的密文对应码。在传输的过程中使用密文码，接收者收到后按照对应规则还原出原文。电视剧《潜伏》中余则成与上级互通信息时就是用了这种固定替代方法。莫尔斯电码是一种时通时断的信号代码，这种信号代码通过不同的排列顺序来表达不同的英文字母、数字和标点符号等。它由美国人塞缪尔·莫尔斯或艾尔菲德·维尔发明，以一个关键字作密钥，去掉其中的重复字母，把它顺次排在明码文字符集下方，用它们替代相应的明码文字符。键盘密码加密的原理同棋盘密码，只是利用了键盘作为方阵。例如，有以下密文：kosm[sm，那么把键盘上的字母往右一个。例如，[J]键的右面是[k]，[i]键的右面是[o]，依此类推，则可得明文为：jianpan。

单表替代只是用一个密文字母表，并且用密文字母表中的一个字母来代替一个明文字母表中的字母；在单表替代下字母的频度、重复字母模式、字母结合方式等统计特性除了字母名称改变以外，都未发生变化，我们依靠这些不变的统计特性就能破译单表替代。因此，单表替代密码存在容易被破译的风险。为了抵抗频率分析攻击，密文中最好不残留明文字母的痕迹。一种明显的做法就是设法将密文字母的频率拉平。这便是多表替代密码的出发点。多表替代是采用多个密文字母表，使密文中的每一个字母有多种可能的字母来替代。有名的多表替代密码有 Vigenère（见图 2-1）、Beaufort、Running-Key、Vernam 和转轮机（Rotor machine）（见图 2-2）等密码。

区组替代密码的典型算法有 Hill 加密算法、Playfair 算法以及 Porta 算法等，Hill 加密算法的基本思想是将 i 个明文字母通过线性变换将它们转换为 i 个密文字母。解密只要做一次逆变换就可以了。密钥就是变换矩阵本身。而 Playfair 密码的密钥是一个 5×5 矩阵，有兴趣的读者可以自行查阅相关资料了解，此处不再详述。

	a	b	c	d	e	f	g	h	i	j	k	l	m	n	o	p	q	r	s	t	u	v	w	x	y	z
a	A	B	C	D	E	F	G	H	I	J	K	L	M	N	O	P	Q	R	S	T	U	V	W	X	Y	Z
b	B	C	D	E	F	G	H	I	J	K	L	M	N	O	P	Q	R	S	T	U	V	W	X	Y	Z	A
c	C	D	E	F	G	H	I	J	K	L	M	N	O	P	Q	R	S	T	U	V	W	X	Y	Z	A	B
d	D	E	F	G	H	I	J	K	L	M	N	O	P	Q	R	S	T	U	V	W	X	Y	Z	A	B	C
e	E	F	G	H	I	J	K	L	M	N	O	P	Q	R	S	T	U	V	W	X	Y	Z	A	B	C	D
f	F	G	H	I	J	K	L	M	N	O	P	Q	R	S	T	U	V	W	X	Y	Z	A	B	C	D	E
g	G	H	I	J	K	L	M	N	O	P	Q	R	S	T	U	V	W	X	Y	Z	A	B	C	D	E	F
h	H	I	J	K	L	M	N	O	P	Q	R	S	T	U	V	W	X	Y	Z	A	B	C	D	E	F	G
i	I	J	K	L	M	N	O	P	Q	R	S	T	U	V	W	X	Y	Z	A	B	C	D	E	F	G	H
j	J	K	L	M	N	O	P	Q	R	S	T	U	V	W	X	Y	Z	A	B	C	D	E	F	G	H	I
k	K	L	M	N	O	P	Q	R	S	T	U	V	W	X	Y	Z	A	B	C	D	E	F	G	H	I	J
l	L	M	N	O	P	Q	R	S	T	U	V	W	X	Y	Z	A	B	C	D	E	F	G	H	I	J	K
m	M	N	O	P	Q	R	S	T	U	V	W	X	Y	Z	A	B	C	D	E	F	G	H	I	J	K	L
n	N	O	P	Q	R	S	T	U	V	W	X	Y	Z	A	B	C	D	E	F	G	H	I	J	K	L	M
o	O	P	Q	R	S	T	U	V	W	X	Y	Z	A	B	C	D	E	F	G	H	I	J	K	L	M	N
p	P	Q	R	S	T	U	V	W	X	Y	Z	A	B	C	D	E	F	G	H	I	J	K	L	M	N	O
q	Q	R	S	T	U	V	W	X	Y	Z	A	B	C	D	E	F	G	H	I	J	K	L	M	N	O	P
r	R	S	T	U	V	W	X	Y	Z	A	B	C	D	E	F	G	H	I	J	K	L	M	N	O	P	Q
s	S	T	U	V	W	X	Y	Z	A	B	C	D	E	F	G	H	I	J	K	L	M	N	O	P	Q	R
t	T	U	V	W	X	Y	Z	A	B	C	D	E	F	G	H	I	J	K	L	M	N	O	P	Q	R	S
u	U	V	W	X	Y	Z	A	B	C	D	E	F	G	H	I	J	K	L	M	N	O	P	Q	R	S	T
v	V	W	X	Y	Z	A	B	C	D	E	F	G	H	I	J	K	L	M	N	O	P	Q	R	S	T	U
w	W	X	Y	Z	A	B	C	D	E	F	G	H	I	J	K	L	M	N	O	P	Q	R	S	T	U	V
x	X	Y	Z	A	B	C	D	E	F	G	H	I	J	K	L	M	N	O	P	Q	R	S	T	U	V	W
y	Y	Z	A	B	C	D	E	F	G	H	I	J	K	L	M	N	O	P	Q	R	S	T	U	V	W	X
z	Z	A	B	C	D	E	F	G	H	I	J	K	L	M	N	O	P	Q	R	S	T	U	V	W	X	Y

图 2-1　Vigenère 密码

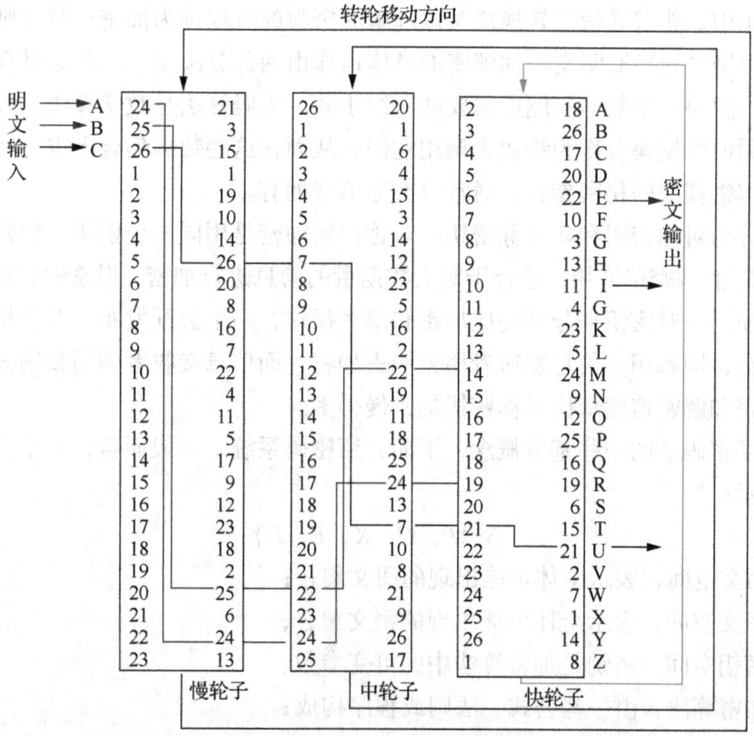

图 2-2　具有连线的转轮机密码

换位密码也是非常经典的加密方法，其实现方法是多种多样的。逆序互代、栅栏式密码、字母方阵密码、公元前 5 世纪斯巴达人的"天书"、九宫替代以及列换位等都是换位密码的经典。一般而言，换位密码主要采用密钥列换位、周期换位、按样本换位以及分组换位等方式来实现。

3．近代密码

密码形成一门新的学科的时间为20世纪70年代，这是受计算机科学蓬勃发展的刺激和推动的结果。电子计算机和现代数学方法一方面为加密技术提供了新的概念和工具，另一方面也给破译者提供了有力的武器。计算机和电子时代的到来给密码设计者带来了前所未有的自由，他们可以轻易地摆脱原先用铅笔和纸进行手工设计时易犯的错误，也不用再面对用电子机械方式实现密码机的高额费用。总之，利用电子计算机可以设计出更为复杂的密码系统。

2.1.2　密码学的相关概念

密码学是一门神秘的学科，大家在展开深入学习之前，有必要对其领域的相关基本概念进行了解。密码学中经常涉及的概念主要有明文、密文、加密、解密、算法和密钥等。

密码学基本概念、术语

明文即未被加密或者经过解密的可以直接理解的信息，也就是接收方通过共同的密码破译方法将其破译解读为直接的文字或可直接理解的信息。与之对应，一个可通过算法还原的被打乱的消息则是密文。例如，A要给B发送一则信息：I LOVE YOU，这就是明文，是可以直接看懂的信息。但是A如果使用密码替换方法将每一个字母替换成其后第一个字母，则原信息成为：J MPWF ZPV，这便是密文。如果接收者不使用还原算法还原的话，一般不知道这则信息的具体内容。

上面的例子中，将普通信息转换成难以理解的资料的过程称为加密；解密则是其相反的过程——将信息由密文转换回明文。加解密的具体运作由两部分决定：一部分是算法，另一部分是密钥。算法是解决一个数学问题所需要的一组步骤，密码算法是数学算法，设计密码算法是为了能够用不同的数据集合作为参数来调用它们，从而在这些数据集合上进行相应的运算。密钥是一个用于解密算法的秘密参数，通常只有通信者拥有。

密钥一般分为对称密钥和非对称密钥。对称密钥加密是用同一个密钥去加密和解密数据。它的最大优势是加/解密速度快，适合于对大数据量的信息进行加密，但密钥管理困难。非对称密钥加密需要使用一对密钥来分别完成加密和解密操作，一个公开发布，即公钥，另一个由用户自己秘密保存，即私钥。信息发送者用公钥去加密，而信息接收者则用私钥去解密。公钥机制灵活，但加密和解密速度却比对称密钥加密慢得多。

上面讲述了密码学的一些基本概念，下面介绍密码系统。一般而言，一个密码系统可以用以下符号来表示：

$$S=\{P,\ C,\ K,\ E,\ D\}$$

其中：P——明文空间，表示全体可能出现的明文集合；

　　　C——密文空间，表示全体可能出现的密文集合；

　　　K——密钥空间，密钥是加密算法中的可变参数；

　　　E——加密算法，由一些公式、法则或程序构成；

　　　D——解密算法，它是E的逆。

当给定密钥k时，各符号之间有如下关系：$C=Ek(P)$，对明文P加密后得到密文C，$P=Dk(C)=Dk[Ek(P)]$。对密文C解密后得明文P，如用E^{-1}表示E的逆，D^{-1}表示D的逆，则有：$Ek=Dk^{-1}$且$Dk=Ek^{-1}$。因此，加密设计主要是确定加密算法、解密算法以及密钥。

关于密码算法的设计，有人会认为应该发明一个新的密码算法，但是应该是对算法保密而不是把它提交给密码破译者审核，这样算法安全性才会更好，这种行为称作朦胧安全。一般来说，这种朦胧安全是不会有效的。加密算法都是复杂的数学运算，设计者可能无法了解该运算的每一个可能的方面，因此也就无法了解所有可能的攻击。因此，就需要密码破译者群体来帮助确保该算法的安全。

历史上已经有一些试图通过对算法保密从而实现安全然而却一败涂地的密码算法的例子。1999 年 11 月，一个名为逆向工程大师（Masters of Reverse Engineering，MORE）组织中的几名挪威程序员成功地破解了用于加密高密度数字视频光盘（Digital Video Disc，DVD）的内容混码系统（Content Scrambling System，CSS）加密算法。因为这个密码算法被内置在了每一台 DVD 播放器中，并且应用于加密在全世界销售的数百万张 DVD 中，所以换用新的 DVD 加密算法就成了一个复杂的任务。

1997 年 3 月，Counterpane System 公司和 UC Berkeley 合作破解了蜂窝电话报文加密算法（Cellular Message Encryption Algorithm，CMEA），这个算法被用于加密在蜂窝电话键区输入的数字（如信用卡号码）。CMEA 被设计成使用长度为 64 位的密钥（64 位密钥），这个长度的密钥应该说已经相当安全了。然而不幸的是，这个算法是秘密开发的，没有受到审核，它的几个弱点使它的有效密钥长度从 64 位降到了 32（甚至 24）位。因为一个密码算法的强度（也就是其抗攻击的能力）与密钥的长度直接相关，所以这极大地降低了 CMEA 加密的强度，使得该算法的有效密钥长度从 64 位降低到 24 位。这在根本上使 CMEA 从相当强大变成了非常脆弱。

2000 年 11 月，Adi Shamir（RSA 中的 S）破解了 A5 系列算法当中的一个。A5 系列算法是整个欧洲和美国超过 2 亿部全球移动通信系统（Global System for Mobile Communication，GSM）蜂窝电话所使用的保护数字蜂窝电话通信的算法。Shamir 只需要一个数字扫描器和一台标准的 PC 就可以解密蜂窝电话的通话。A5 系列密码算法又是一个秘密开发而未经密码分析者审核的算法。

2.2 身份认证与访问控制技术

数据加密技术在保障交易保密性方面起到了重要作用。然而，在进行电子商务交易时，确认对方的真实身份是否与所声称的身份一致也是至关重要的。这涉及身份认证的知识；另外，对于一个合法的用户，到底对相应的系统资源具有哪些操作权限也要予以规定，这就是访问控制的内容。在进行电子商务交易时，以上两点都是交易进行的必要条件。如果没有身份认证，那么网上交易将缺失其认证性而无法实现，同样，如果没有对合法用户在使用资源方面的合理约束，也必将造成交易活动的混乱。试想，如果任何一个用户都有权限对一个网上银行系统的后台管理数据库进行操作，那结果将会如何？所以，下面让我们来全面了解一下有关身份认证以及访问控制方面的知识。

2.2.1 身份认证

1. 身份认证的定义

身份认证是在计算机网络中确认操作者身份的过程，是一种鉴别某一实体身份真伪性的技术，是防止冒充攻击的重要手段。身份认证可分为用户与

身份验证

主机间的认证和主机与主机之间的认证。如何保证以数字身份进行操作的操作者就是这个数字身份的合法拥有者？也就是说保证操作者的物理身份与数字身份相对应，就是身份认证要解决的问题。作为防护网络资源的第一道关口，身份认证有着举足轻重的作用。

2．身份认证的基础

有效的身份认证源于以下几个基础因素：所知、所有和个人特征。

（1）用户所知：根据用户所知道的信息来证明用户的身份（What you know，你知道什么），如口令、密码等。

（2）用户所有：根据用户所拥有的东西来证明用户的身份（What you have，你有什么），如印章、智能卡（如信用卡等）。

（3）用户个人特征：直接根据独一无二的身体特征来证明用户的身份（Who you are，你是谁），如指纹、声音、视网膜、签字、笔迹等。

如只使用上述其中一种方法，即称为单因素认证。当然，在网络世界中，我们一般为了达到较高的安全级别，通常选择将其中两种或多种进行混合使用，就是双因素或多因素认证。

3．认证的方法

在互联网上身份认证的方法有很多，如口令认证、智能卡认证、短信密码认证、动态口令牌认证、通用串行总线（Universal Serial Bus，USB）Key认证以及生物特性认证等，下面分别予以介绍。

（1）口令认证。口令认证也称静态密码认证。传统的口令认证主要是基于固定口令的认证方式。用户的密码是由用户自己设定的。用户在登录时输入密码，然后系统将会与事先保存的用户信息进行比较，如果吻合，计算机就认为操作者是合法用户。实际上，这种静态口令认证方式存在诸多不足，首先，由于许多用户为了防止忘记密码，经常采用诸如生日、电话号码等容易被猜测到的字符串作为密码，或者把密码抄在纸上放在一个自认为安全的地方，这就很容易造成密码泄露。其次，如果密码是静态的数据，在验证过程中，需要在计算机内存储和传输，而在这个过程中可能会被木马程序或黑客截获。最后，由于系统所保存的是明文形式的口令，一方面需要系统管理员是可信赖的；另一方面，一旦系统攻击者能够访问系统口令表，整个系统的安全性就受到了威胁，而且口令方案对重传攻击也毫无抵抗能力。当然，对口令进行加密是一种改进的方法，这种方法保证了窃听者不易获得用户的真实口令。但这种方法仍然难以避免口令猜测方式的攻击。因此，静态密码认证虽然在使用、部署上非常简单，但从安全性上讲是一种不安全的身份认证方式。

（2）智能卡认证。智能卡是一种内置集成电路的芯片，芯片中存有与用户身份相关的数据。智能卡由专门的厂商通过专门的设备生产，由合法用户随身携带，用户登录时必须将智能卡插入专用的读卡器，以读取其中的信息，验证用户的身份。

智能卡认证是通过智能卡硬件不可复制来保证用户身份不会被仿冒。然而由于每次从智能卡中读取的数据是静态的，他人通过内存扫描或网络监听等技术很容易截取用户的身份验证信息，因此存在安全隐患。

（3）短信密码认证。短信密码以手机短信形式请求包含6位随机数的动态密码，身份认证系统以短信形式发送随机的6位密码到客户的手机上。客户在登录或者交易认证时输入此动态密码，从而确保系统身份认证的安全性。

短信密码认证具有以下优点。

① 安全性。由于手机与客户绑定比较紧密，短信密码生成与使用场景是物理隔绝的，因此密码在通路上被截取的概率降至最低。

② 普及性。只要会接收短信即可使用，这大大降低了短信密码认证技术的使用门槛，其学习成本也几乎为零，所以在市场接受度方面不会存在阻力。

③ 易收费。由于移动互联网用户天然养成了付费的习惯，这是和 PC 时代互联网截然不同的理念，而且收费通道非常发达，这就使这种方法的收费相对容易。网银、第三方支付、电子商务可将短信密码作为一项增值业务，每月收费时不会有阻力，也可增加收益。

④ 易维护。由于短信网关技术非常成熟，这大大降低了短信密码系统使用的复杂度和风险。短信密码业务后期客服成本低，稳定的系统在提高安全度的同时也营造了良好的口碑效应，这也是目前银行大量采纳这项技术很重要的原因。

（4）动态口令牌认证。这是目前最为安全的身份认证方式，利用 What you have 方法，是一种动态密码。

动态口令是应用最广的一种身份识别方式，一般是长度为 5～8 的字符串，由数字、字母、特殊字符、控制字符等组成。用户名和口令的方法几十年来一直用于提供所属权和准安全的认证来对服务器提供一定程度的保护。当你每天访问自己的电子邮件服务器时，服务器要采用用户名与动态口令对用户进行认证，一般还要提供动态口令更改工具。现在系统（尤其是互联网上新兴的系统）通常还提供用户提醒工具以防忘记口令。

动态口令牌（见图 2-3）是用户手持用来生成动态密码的终端，当前最主流的是基于时间同步的硬件令牌，每 60 秒变换一次动态口令，口令一次有效，它产生 6 位动态数字进行一次一密的方式认证。由于它使用起来非常便捷，85%以上的世界 500 强企业运用它保护登录安全，其被广泛应用在 VPN、网上银行、电子政务、电子商务等领域。

（5）USB Key 认证。基于 USB Key 的身份认证方式是一种方便、安全的身份认证技术。它采用软硬件相结合、一次一密的强双因子认证模式，很好地解决了安全性与易用性之间的矛盾。USB Key（见图 2-4）是一种 USB 接口的硬件设备，它内置单片机或智能卡芯片，可以存储用户的密钥或数字证书，利用 USB Key 内置的密码算法实现对用户身份的认证。基于 USB Key 的身份认证系统主要有两种应用模式：一是基于冲击/响应（挑战/应答）的认证模式，二是基于 PKI 体系的认证模式，目前应用在电子政务、网上银行等方面。

图 2-3　动态口令牌　　　　图 2-4　USB Key

（6）生物特征认证。生物特征认证是通过可测量的身体或行为等生物特征进行身份认证的一种技术。生物特征是指唯一可以测量或可自动识别和验证的生理特征或行为方式。生物特征分为身体特征和行为特征两类。身体特征包括指纹、掌型、视网膜、虹膜、人体气味、脸型、手的血管和 DNA 等；行为特征包括签名、语音、行走步态等。目前部分学者将视网膜识别、虹膜识别和指纹识别等技术归为高级生物识别技术；将掌型识别、脸型识别、语音识别和签名

识别等技术归为次级生物识别技术；将血管纹理识别、人体气味识别、DNA识别等技术归为"深奥的"生物识别技术。指纹识别技术目前应用广泛的生物特征认证技术，其应用领域有门禁系统等。

2.2.2 访问控制

1. 访问控制的概念

访问控制技术最早产生于20世纪60年代，是网络安全防范和保护的主要策略。它主要是按用户身份及其所归属的某项定义组来限制用户对某些信息的访问，或限制对某些控制功能的使用。它管理所有资源访问请求，即根据安全策略的要求，对每个资源访问请求做出是否许可的判断。它能有效地防止非法用户访问系统资源和合法用户非法使用资源。访问控制通常用于系统管理员控制用户对服务器、目录、文件等网络资源的访问。

2. 访问控制的要素

访问控制的要素一般包括主体、客体、访问策略。

（1）主体：访问操作、存取要求的发起者，通常指用户或用户的某个进程。

（2）客体：被调用的程序或欲存取的数据，即必须进行控制的资源或目标，如网络中的进程等活跃元素、数据与信息、各种网络服务和功能、网络设备与设施等。

（3）访问策略：一套规则，用以确定一个主体是否对客体拥有访问能力，它定义了主体与客体可能的相互作用途径。

访问控制规则如表2-1所示。

表2-1　　　　　　　　　访问控制规则

目标 用户	目标 x	目标 y	目标 z
用户 a	读、修改、管理		读、修改、管理
用户 b		读、修改、管理	
用户 c	读	读、修改	
用户 d	读	读、修改	

3. 访问控制的类型

随着访问控制技术的不断发展，现已形成三种重要的访问控制策略：自主访问控制策略（Discretionary Access Control，DAC）、强制访问控制策略（Mandatory Access Control，MAC）策略和基于角色的访问控制策略（Role-Based Access Control，RBAC）。

（1）自主访问控制策略（DAC）。目前，我国大多数信息系统的访问控制模块基本都是借助于自主型访问控制方法中的访问控制列表。自主访问控制策略有一个明显的缺点，就是这种控制是自主的，它能够控制主体对客体的直接访问，但不能控制主体对客体的间接访问（利用访问的传递性，即A可访问B，B可访问C，于是A可访问C）。虽然这种自主性为用户提供了很大的便利，但同时也带来了严重的安全问题。

（2）强制访问控制策略（MAC）。安全级别高的计算机采用这种策略，它常用于军队和国家重要机构，如将数据分为绝密、机密、秘密和一般等类别。用户的访问权限也类似于定义，即拥有相应权限的用户可以访问对应安全级别的数据，从而避免了自主访问控制中出现的访问传递问题。这种策略具有层次性的特点，高级别的权限可以访问低级别的数据。这种策略的缺点在于访问级别的划分不够细致，在同级间缺乏控制机制。

（3）基于角色的访问控制策略（RBAC）。由于 DAC 和 MAC 安全性的缺陷及其基于用户的机制造成的添加用户和功能时操作的复杂性，因此一种新型的访问控制策略 RBAC——基于角色的访问控制策略出现了。RBAC 在用户和访问许可权之间引入角色（Role）的概念。用户与特定的一个或多个角色相联系，角色与一个或多个访问许可权相联系，角色可以根据实际的工作需要生成或取消，而用户可以根据自己的需要动态地激活自己拥有的角色，避免了用户无意中危害系统安全。

4．访问控制的实现策略

如何实现有效的访问控制呢，一般而言，主要采用的策略有：入网访问控制、网络权限限制、目录级安全控制、属性安全控制、网络服务器安全控制等。下面分别进行介绍。

（1）入网访问控制。入网访问控制为网络访问提供了第一层访问控制。它控制哪些用户能够登录服务器并获取网络资源，控制准许用户入网的时间和准许他们在哪台工作站入网。用户的入网访问控制可分为 3 个步骤：用户名的识别与验证、用户口令的识别与验证、用户账号的缺省限制检查。3 道关卡中只要任何一关未过，该用户便不能进入该网络。对网络用户的用户名和口令进行验证是防止非法访问的第一道防线。为保证口令的安全性，用户口令不能显示在显示屏上，口令长度应不少于 6 个字符，口令字符最好是数字、字母和其他字符的混合，用户口令必须经过加密。用户还可采用一次性用户口令，也可用便携式验证器（如智能卡）来验证用户的身份。网络管理员可以控制和限制普通用户的账号使用、访问网络的时间和方式。用户账号应只有系统管理员才能建立。用户口令应是每个用户访问网络所必须提交的"证件"，用户可以修改自己的口令。但系统管理员应该可以控制口令的以下几个方面的限制：最小口令长度、强制修改口令的时间间隔、口令的唯一性、口令过期失效后允许入网的宽限次数。用户名和口令验证有效之后，其再进一步履行用户账号的缺省限制检查。网络应能控制用户登录入网的站点、限制用户入网的时间、限制用户入网的工作站数量。网络应对所有用户的访问进行审计。如果多次输入口令不正确，则认为是非法用户入侵，应给出报警信息。

（2）网络权限限制。网络的权限限制是针对网络非法操作所提出的一种安全保护措施。用户和用户组被赋予一定的权限。网络管理员可以控制用户和用户组可以访问哪些目录、子目录、文件和其他资源。管理员可以指定用户对这些文件、目录、设备能够执行哪些操作。受托者指派和继承权限屏蔽可作为两种实现方式。受托者指派可以控制用户和用户组如何使用网络服务器的目录、文件和设备。继承权限屏蔽相当于一个过滤器，可以限制子目录从父目录那里继承哪些权限。我们可以根据访问权限将用户分为以下几类：特殊用户（即系统管理员）；一般用户，系统管理员根据他们的实际需要为他们分配操作权限；审计用户，负责网络的安全控制与资源使用情况的审计。用户对网络资源的访问权限可以用访问控制表来描述。

（3）目录级安全控制。网络应允许控制用户对目录、文件、设备的访问。用户在目录一级指定的权限对所有文件和子目录有效，用户还可进一步指定对目录下的子目录和文件的权限。对目录和文件的访问权限一般有 8 种：系统管理员权限、读权限、写权限、创建权限、删除权限、修改权限、文件查找权限、访问控制权限。用户对文件或目标的有效权限取决于以下几个因素：用户的受托者指派、用户所在组的受托者指派、继承权限屏蔽取消的用户权限。一个网络管理员应当为用户指定适当的访问权限，这些访问权限控制着用户对服务器的访问。8 种访问权限的有效组合可以让用户有效地完成工作，同时又能有效地控制用户对服务器资源的访问，从而加强了网络和服务器的安全性。

（4）属性安全控制。当使用文件、目录和网络设备时，网络系统管理员应给文件、目录等指定访问属性。属性安全在权限安全的基础上提供更进一步的安全性。网络上的资源都应预先标出一组安全属性。用户对网络资源的访问权限对应一张访问控制表，用以表明用户对网络资源的访问能力。属性设置可以覆盖已经指定的任何受托者指派和有效权限。属性往往能控制以下几个方面的权限：向某个文件写数据、复制一个文件、删除目录或文件、查看目录和文件、执行文件、隐含文件、共享、系统属性等。

（5）网络服务器安全控制。网络允许在服务器控制台上执行一系列操作。用户使用控制台可以装载和卸载模块，可以安装和删除软件等。网络服务器的安全控制包括可以设置口令锁定服务器控制台，以防止非法用户修改、删除重要信息或破坏数据；可以设定服务器登录时间限制、非法访问者检测和关闭的时间间隔。

2.3 网络安全技术

网络安全是一个复杂的系统工程，随着现代互联网的急速发展，网络已经越来越生活化，现在我们几乎很难想象没有网络的生活将会多么不便。然而，在网络生活化的进程中，诸多弊端也开始显现，如网络黑客、病毒等危害也在不断升级。那么如何解决这些问题呢；这需要我们从系统的观点出发，从多个环节综合运用多元化的网络安全技术和措施，制订有效的安全策略或安全解决方案。网络安全关键技术和产品主要有防火墙、虚拟专用网、病毒防护和入侵检测等。这些安全技术和产品现在已经得到了较为成熟的应用，在保障网络安全方面取得了一定成效。下面分别予以介绍。

2.3.1 防火墙技术

古代构筑和使用木质结构房屋的时候，为防止火灾的发生和蔓延，人们将坚固的石块堆砌在房屋周围作为屏障，这种防护构筑物就被称为"防火墙"（Fire Wall）。随着计算机和网络的发展，各种攻击入侵手段相继出现，为了保护计算机的安全，人们开发出一种能阻止计算机之间直接通信的技术，并沿用了古代类似这个功能的名字——"防火墙"。

1. 防火墙的定义

防火墙是设置在被保护网络和外部网络之间的一道屏障，可以实现网络的安全保护，以防止发生不可预测的、潜在破坏性的侵入。防火墙本身具有较强的抗攻击能力，它是提供信息安全服务、实现网络和信息安全的基础设施。在与 Internet 的连接中，防火墙已经成为企业、政府机关等网络连接不可或缺的部分，成为保障内部信息以及防范外网攻击的第一道防线。

防火墙是在两个网络之间执行访问控制策略的一个或一组系统，包括硬件和软件，其目的是保护网络不被他人侵扰。本质上，它遵循的是一种允许或阻止业务来往的网络通信安全机制，也就是提供可控的过滤网络通信，只允许授权的通信。

简单理解，防火墙就是位于内部网或 Web 站点与因特网之间的一个路由器或一台计算机，又称堡垒主机。它如同一道安全门，为门内的部门提供保护，控制那些可被允许出入该受保护环境的人或物。就像工作在门岗的安全卫士，控制并检查站点的访问者。

2. 防火墙的发展阶段

防火墙的发展经历了 4 个阶段，即基于路由器的防火墙、用户化的防火墙工具包、建立在通用操作系统上的防火墙和具有安全操作系统的防火墙。

基于路由器的防火墙利用路由器本身对分组的解析，以访问控制表方式实现对分组的过滤，过滤判决的依据可以是地址、端口号、IP 标志及其他网络特征。不过它只有分组过滤的功能，且防火墙与路由器是一体的，对安全要求低的网络可采用路由器附带防火墙功能的方法，一般对安全性要求高的网络则单独利用一台路由器作为防火墙。当然，这时的防火墙也存在一些缺陷：首先，外部网络要探寻内部网络十分容易；其次，路由器上的分组过滤规则的设置和配置存在安全隐患。由于信息在网络上是以明文传送的，黑客可以在网络上伪造假的路由信息欺骗防火墙；最后，防火墙的规则设置会大大降低路由器的性能。

用户化的防火墙工具包将过滤功能从路由器中独立出来，并加上审计和告警功能。它针对用户需求，提供模块化的软件包，并可通过网络发送，用户可根据需要构造防火墙。与第一代防火墙相比，其安全性提高了，价格降低了。然而，第二代防火墙也出现了一些问题，首先，配置和维护过程复杂、费时，对用户的技术要求高；其次，由于是全软件实现，安全性和处理速度均有局限；最后，实践表明，使用中其出现差错的情况很多。

建立在通用操作系统上的防火墙是批量上市的专用防火墙产品，它包括分组过滤或者借用路由器的分组过滤功能，并装有专用的代理系统，监控所有协议的数据和指令，它能够保护用户编程空间并具备用户可配置内核参数的设置功能，使其安全性和速度大为提高。其存在的问题主要是：作为基础的操作系统及其内核往往不为防火墙管理者所知，由于源代码的保密，其安全性无从保证，而且由于大多数防火墙厂商并非是通用操作系统的厂商，因而通用操作系统厂商不会对操作系统的安全性负责。所以，从本质上看，第三代防火墙既要防止来自外部网络的攻击，还要防止来自操作系统厂商的攻击。

具有安全操作系统的防火墙具有操作系统的源代码，可实现安全内核，并对安全内核实现加固处理，即去掉不必要的系统特性，从而加固内核，强化安全保护。同时，它对每个服务器、子系统都做了安全处理，一旦黑客攻破了一台服务器，它将会被隔离在此服务器内，不会对网络的其他部分构成威胁。其在功能上包括了分组过滤、应用网关、电路级网关，且具有加密与鉴别功能，透明性好，易于使用。

3. 基本的防火墙类型

（1）包过滤防火墙。人们采用这种技术的防火墙产品，通过在网络中的适当位置对数据包进行过滤，并根据检查数据流中每个数据包的源地址、目的地址、所有的 TCP 端口号等要素，再依据一组预定义的规则，允许合乎逻辑的数据包通过防火墙进入到内部网络，而将不合乎逻辑的数据包加以删除。包过滤防火墙如图 2-5 所示。

包过滤防火墙的工作原理如图 2-6 所示。

包过滤防火墙的优点是不用改动应用程序，一个过滤路由器能协助保护整个网络，数据包过滤对用户透明，而且过滤路由器速度快、效率高。其缺点是不能彻底防止地址欺骗，一些应用协议不适合数据包过滤（如 UDP），正常的数据包过滤路由器无法执行某些安全策略，安全性较差，数据包工具存在很多局限性。

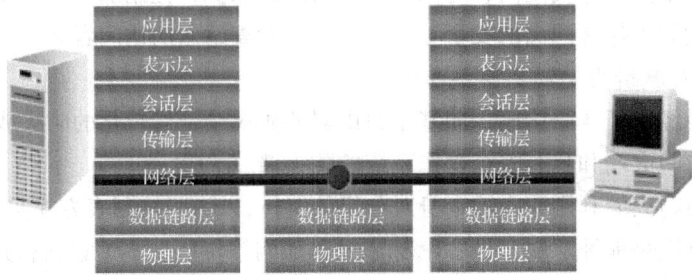

图 2-5　包过滤防火墙

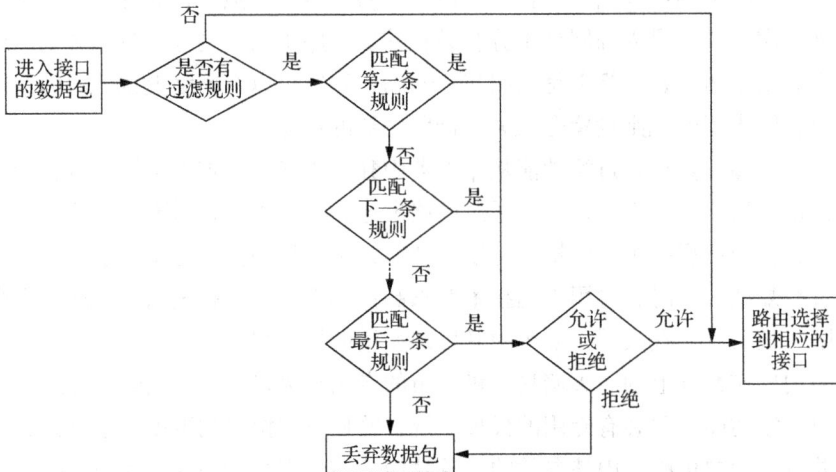

图 2-6　包过滤防火墙工作原理

（2）代理防火墙。代理防火墙运行在两个网络之间，它对于内部客户来说像是一台真的服务器一样，而对于外界的服务器来说，它又是一台客户机。当代理服务器接收到客户的请求后，会检查客户请求的站点是否符合公司的要求，如果公司允许客户访问该站点，代理服务器会像一个客户一样，去那个站点取回所需信息再转发给客户。代理防火墙如图 2-7 所示。

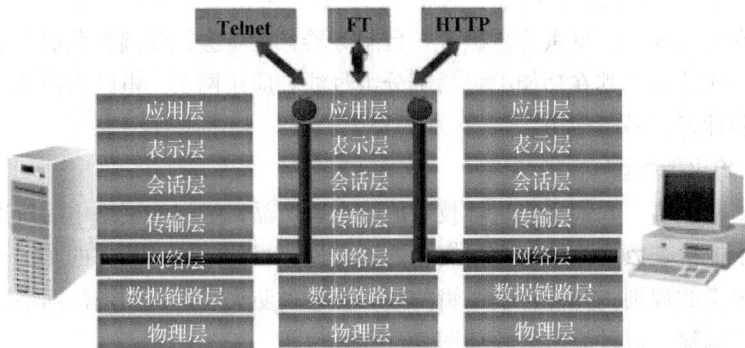

图 2-7　代理防火墙

代理防火墙的工作原理如图 2-8 所示。

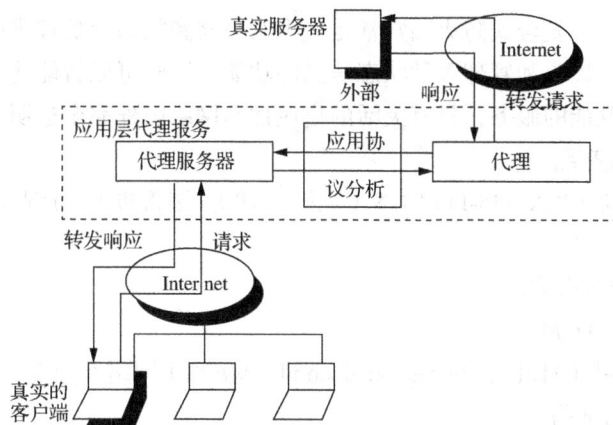

图 2-8　代理防火墙工作原理

代理技术的优点主要有：①代理易于配置；②代理能生成各项记录；③代理能灵活、完全地控制进出流量、内容；④代理能过滤数据内容；⑤代理能为用户提供透明的加密机制；⑥代理可以方便地与其他安全手段集成。

代理技术的缺点主要有：①代理速度较路由器慢；②代理对用户不透明；③对于每项服务代理可能要求不同的服务器；④代理服务不能保证免受所有协议弱点的限制；⑤代理不能改进底层协议的安全性。

（3）状态监视器防火墙。状态监视器防火墙由包过滤防火墙发展而来，这种防火墙采用了一个在网关上执行网络安全策略的软件引擎，称为检测模块。检测模块在不影响网络正常工作的前提下，采用抽取相关数据的方法对网络通信的各层实施监测，抽取部分数据，即状态信息，并动态地保存起来作为以后制定安全决策的参考。检测模块支持多种协议和应用程序，并可以很容易地实现应用和服务的扩充，如 Check Point 防火墙。状态监视器防火墙如图 2-9 所示。

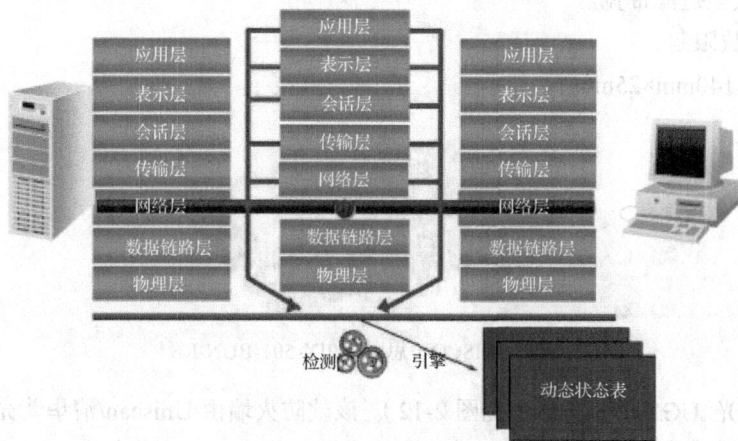

图 2-9　状态监视器防火墙

状态监视器防火墙的优点是：检测模块支持多种协议和应用程序，并可以很容易地实现应用和服务的扩充。它会监视远程过程调用（Remote Procedure Call，RPC）和用户数据报协议（User Datagram Protocol，UDP）之类的端口信息，而包过滤和代理网关都不支持此类端口。

其缺点主要是：配置非常复杂，而且会降低网络的速度。

（4）复合式防火墙。复合式防火墙常常是代理服务器和状态分析技术的组合，它具有对一切连接尝试进行过滤、提取和管理多种状态信息的功能，同时可以智能化做出安全控制和流量控制的决策，提供高性能的服务，具有灵活的适应性和网络内外完全透明的特性。

4．典型的防火墙产品

（1）CISCO（思科）PIX-535-FO-BUN（见图2-10）。该款防火墙产品由思科生产，其基本配置如下。

① 大中型企业级防火墙。

② 并发连接数550 000。

③ 1 000M脉冲/秒（Million Pulses Per Second，MPPS）网络吞吐量。

④ 100MB安全过滤带宽。

⑤ 无用户数限制。

⑥ 464mm×445mm×90mm尺寸。

图 2-10　CISCO（思科）　PIX-535-FO-BUN

（2）CISCO（思科）PIX-501-BUN-K8（见图2-11）。该款防火墙产品由思科生产，其基本配置如下。

① 企业级防火墙。

② 并发连接数3500。

③ 10M脉冲/秒网络吞吐量。

④ 10MB安全过滤带宽。

⑤ 10用户数限制。

⑥ 159mm×140mm×25mm尺寸。

图 2-11　CISCO（思科）PIX-501-BUN-K8

（3）清华紫光 UG1007E-VPN（见图2-12）。该款防火墙由 Uniscan/清华紫光生产，其基本配置如下。

① 网络处理器架构防火墙。

② 并发连接数600 000。

③ 无用户数限制。

④ 244mm×430mm×45mm尺寸。

图 2-12　清华紫光 UG1007E-VPN

（4）Lenovo（联想）网御 Super V-7400（见图 2-13）。该款防火墙由联想公司生产，其基本配置如下。

① 电信级防火墙。

② 并发连接数 1 000 000。

③ 4 000M 脉冲/秒网络吞吐量。

④ 无用户数限制。

⑤ 88mm（高度）尺寸。

图 2-13　Lenovo（联想）网御 Super V-7400

2.3.2　计算机病毒及防护技术

1. 计算机病毒的定义

"计算机病毒"最早是美国计算机安全学家弗雷德·科恩（Fred Cohen）博士研制的一种在运行过程中可以复制自身的破坏性程序，伦·艾德勒曼（Len Adleman）将它正式命名为计算机病毒，并在每周一次的计算机安全学术研究会上正式提出。"计算机病毒"有很多种定义，国外最流行的定义为：计算机病毒，是一段附着在其他程序上的可以实现自我繁殖的程序代码。《中华人民共和国计算机信息系统安全保护条例》中的定义为：计算机病毒是指编制或者在计算机程序中插入的破坏计算机功能或者数据，影响计算机使用并且能够自我复制的一组计算机指令或者程序代码。

2. 计算机病毒发展史

计算机病毒的发展主要经历了原始病毒阶段、混合型病毒阶段、多态型病毒阶段、网络病毒阶段以及主动攻击型病毒阶段。

第一阶段（1986—1989 年）为原始病毒阶段。这个阶段是计算机病毒的萌芽和产生时期。在该阶段，病毒主要采取截获系统中断向量的方式监视系统的运行状态，并在一定的条件下对目标进行传染。典型案例有巴基斯坦的两个以开发软件为生的兄弟，他们为了打击那些盗版软件的使用者，设计出了一个名为"巴基斯坦智囊"BRAIN ["大脑"（Brain）病毒]的病毒，该病毒只传染软盘引导。当一台计算机感染后，屏幕上就会显示巴基斯坦兄弟经营的计算机商店的电话号码，盗拷者的硬盘剩余空间会被"吃掉"。这就是最早在世界上流行的一个真正的病毒，针对 DOS 系统。

第二阶段（1989—1991 年）为混合型病毒阶段。应用软件在这个时期开始转向网络环境并且更加成熟和丰富，但由于当时网络系统安全防护的意识比较薄弱，人们缺乏在网络环境下防御病毒的思想准备与方法对策，这致使这个阶段全世界的计算机病毒十分猖獗，成为计算机病毒流行的第一次高峰。

第三阶段（1991—1995年）为多态型病毒阶段。这一阶段是病毒的成熟发展阶段，病毒开始向多维化、多态化或自我变形化发展，即在每次传染目标时，放入宿主程序中的病毒程序大部分都是可变的，即在搜集到同一种病毒的多个样本中，病毒程序的代码绝大多数是不同的。1991年，第一个多态性病毒"特奎拉"（Tequila）病毒出现。特奎拉具有隐蔽性，属于复合型态，具备保护外壳，同时会对自身变换加密，每次感染时都会采用不同的密钥。

第四阶段从20世纪90年代中后期开始至2000年，为网络病毒阶段。现阶段的计算机病毒就起源于这一时期。这一阶段，依赖互联网传播的邮件病毒和宏病毒等大量涌现，病毒传播日益肆虐，病毒的传播迅速突破地域的界限，通过广域网传播至局域网内，并在局域网内相互传播扩散。

第五阶段从2000年至今，为主动攻击型病毒阶段。该阶段是主动攻击型病毒大闹互联网的发展期。典型代表为"冲击波"病毒、"震荡波"病毒和"熊猫烧香"、超级病毒Stuxnet（感染微机成为"肉鸡"）等，这些病毒利用操作系统的漏洞进行进攻型的扩散，并不需要任何媒介或操作，用户只要接入互联网就有可能被感染。正因为如此，该病毒的危害更大。

3. 计算机病毒的分类

计算机病毒的分类方法多种多样。按传染方式可分为引导扇区型病毒、文件型病毒、多裂变病毒（网络服务器感染，文件传播危害大）、秘密病毒（隐蔽性病毒技术）、异性病毒（多态性病毒技术）和宏病毒；按破坏性可分为良性病毒、恶性病毒、极恶性病毒和灾难性病毒；按入侵方式可分为源码嵌入攻击型病毒、系统修改型病毒、代码取代攻击型病毒以及外壳附加型病毒。

4. 计算机病毒的传播途径

计算机病毒的传播主要有以下四条途径。

第一条途径：通过不可移动的计算机硬件设备进行传播，这些设备通常有计算机专用芯片和硬盘等。这种病毒虽然极少，但破坏力极强，目前尚没有较好的检测手段。

第二条途径：通过磁盘、U盘、移动硬盘等可以移动的存储介质传播。现在，U盘、移动硬盘等移动存储设备已经成为传播广泛、应用频繁的存储介质，因而，这些移动存储设备也成了计算机病毒寄生的"温床"。当一个移动的存储介质在一台已感染病毒的机器上使用时，该介质就会被病毒感染，当该介质在另一台易感机器上使用时，易感机器就会被病毒感染，这样病毒就完成了一个传染过程。目前，大多数计算机病毒就是通过这种途径传播的。

第三条途径：通过计算机网络进行传播。信息技术的巨大进步，催生了计算机网络。这就给计算机病毒的传播提供了一个"高速公路"。计算机病毒可以附着在正常文件上，通过互联网进入一个又一个系统。这种方式已经成为目前计算机病毒传播最主要的途径。

第四条途径：利用无线电等无线通信介质进行传播。例如，手机病毒就是利用了手机中的蓝牙技术进行传播的。虽然这种病毒现今还不太多，但预计在不久的将来，这种途径将与网络一样成为病毒传播、扩散的最重要的途径。

5. 计算机病毒的预防与检测

（1）病毒预防技术。计算机病毒防治的关键是做好预防工作，即防患于未然。具体的计算机病毒预防措施如下。

① 识别文件类型及文件后缀，不要打开来历不明的文件。

② 安装防病毒软件并保持为最新版本。

③ 对于移动介质，在打开前先进行病毒扫描。

④ 不要从任何不可靠渠道下载任何软件。

⑤ 警惕欺骗性的病毒。

⑥ 尽量使用防病毒防火墙。

（2）病毒检测技术。计算机病毒的检测技术是指通过一定的技术手段判定计算机病毒的一种技术。目前广泛使用的检测病毒的主要方法如下。

① 特征代码检测法。

② 文件校验和法。

③ 行为特征监测法。

这些方法依据的原理不同，实现时所需的开销不同，检测的范围也不同，各有所长。一般我们在检测病毒的时候，通常是几种方法结合使用，以达到更好的查毒目的。

特征代码检测法是当今应用得最多也最广的杀毒检测方法，通过分析受感染文件，可以总结出病毒特征、记录所得病毒的特征代码并保存在病毒库中。这些特征代码通常是从一种病毒代码中提取的连续不含空格的字符串，并以此作为此类病毒的特征记录。

文件校验和法根据正常文件的信息（包括文件名称、大小、时间、日期及内容），计算其校验和，将校验和写入文件中或写入其他文件中保存。在文件使用过程中、定期地或每次使用文件前，检查文件现有信息算出的校验和与原来保存的文件校验和是否一致，可以发现文件是否已被感染。文件校验和法既能发现已知病毒又能发现未知病毒，但是它不能识别病毒种类，而且对隐蔽性的病毒无效。另外，病毒也并非是文件内容改变的唯一特征，所以文件校验和法的检测结果常常有误，而且此法会影响文件的运行速度。

利用病毒的特有行为特征性来监测病毒的方法，称为行为特征监测法。其通过对病毒长期观察，研究和识别病毒行为共同性和特殊性。当系统运行时，其监视系统行为，如果有病毒行为，就会立即发出警报。行为特征监测法可以发现未知病毒、能相当准确地预报未知的多数病毒。但可能误报、不能识别病毒名称。

用于检测病毒的行为特征主要有以下几个：盗用截流系统中断、修改内存总量和内存控制块、对可执行文件做写入操作、引导扇区或执行格式化磁盘等可疑动作、病毒程序与宿主程序切换和搜索应用程序接口（Application Program Interface，API）函数地址。

（3）病毒免疫技术。计算机病毒免疫技术目前的发展相对来说不是很快。主要原因是目前的免疫方法基本上都是针对某一种病毒或几种病毒的，而通用的能对各种病毒都起免疫作用的免疫技术还没有出现。免疫系统依赖于对新病毒的检测能力，通过不断地分析和检测新病毒，使系统不断地对免疫软件进行更新，从而阻止新病毒的传播。

IBM 开发了一种数字免疫系统原型来全面防御病毒。其设计目标是提供快速的响应措施，使病毒一进入系统就被有效控制。当新病毒进入某一组织网络系统时，数字免疫系统就能够自动对病毒进行捕获、分析、检测、屏蔽和清除，从而使病毒在广泛传播之前得到有效的遏制。

数字免疫系统的成功依赖于病毒分析机对新病毒的检测能力，通过不间断地分析和监测病毒，使系统可以不断地对数字免疫软件进行更新以防预新病毒。

（4）病毒清除技术。计算机病毒的清除技术是计算机病毒检测技术发展的必然结果，是病毒传染程序的一种逆过程。计算机病毒的清除，严格地讲是计算机病毒检测的延伸，病毒清除在检测发现特定计算机病毒的基础上，根据具体病毒的消除方法，从传染的程序中除去计算机病毒代码并恢复文件的原有结构信息。从原理上讲，只要病毒不进行破坏性的覆盖式写盘操作，病毒就可以被清除出计算机系统。安全、稳定的计算机病毒清除工作完全基于准确、可靠的病毒检测工作。

计算机病毒一般的清除方法有：手工清除；利用杀毒软件自动清除；低级格式化。其中，手工清除对计算机管理员的要求比较高，其需要有足够的计算机系统知识和病毒知识；而利用杀毒软件自动清除是最常用的一种方法，但需要确保杀毒软件更新到最新版本。一般来说，不到万不得已不应采取第三种方法。

6. 国内外典型的杀毒软件

（1）360 系列产品。奇虎 360 公司创立于 2005 年 9 月，是中国领先的互联网安全公司。奇虎 360 公司致力于提供高品质的免费安全服务，拥有国内规模最大的高水平安全技术团队，奇虎 360 公司成为无可争议的网络安全第一品牌。面对互联网时代木马病毒、流氓软件、钓鱼欺诈网页等多元化的安全威胁，奇虎 360 公司坚持以互联网的思路解决网络安全问题。第一，以免费的方式推动基础安全服务普及，让网民无条件、无门槛地安装安全软件；第二，发展云安全体系。依靠云查杀引擎等创新技术和海量用户的云安全网络，360 系列产品能够很快、很全地发现新型木马病毒以及钓鱼恶意网页，全方位保护用户的上网安全。

（2）金山毒霸。金山公司是中国领先的应用软件产品和服务供应商，其金山毒霸系列杀毒软件产品是国内较有影响的查杀毒品牌之一。金山公司在积极推广金山毒霸和金山网镖的同时，还积极开展反垃圾邮件活动。金山毒霸的查杀毒速度快是其产品的一大特点；在精细查毒方式下，其查毒率也较高；金山毒霸可以对多种压缩格式进行病毒查杀；在清除病毒方面，金山毒霸也有很好的表现。

金山毒霸 2018 版本的功能有：顽固病毒彻底清除技术，恶意行为智能拦截技术，安全诊断，流行病毒免疫，网页滤毒和系统安全增强计划等。

（3）卡巴斯基。卡巴斯基（Kaspersky）杀毒软件是由俄罗斯著名的信息安全领导厂商 Kaspersky Labs 推出的，为个人用户、企业网络提供的反病毒、防黑客和反垃圾邮件产品。卡巴斯基杀毒软件（Kaspersky Anti-Virus，原名 AVP）被众多计算机专业媒体及反病毒专业评测机构誉为防护病毒的较好产品，查杀病毒性能较高。卡巴斯基杀毒软件具有较强的中心管理和杀毒能力，提供了各种类型的病毒防护解决方案：抗病毒扫描仪、监控器、行为阻断和完全检验。它支持几乎所有的操作系统、电子邮件的通路和防火墙。卡巴斯基杀毒软件控制所有可能的病毒进入端口，它强大的功能和局部的灵活性以及网络管理工具为自动信息搜索、中央安装和病毒防护控制提供了便利。卡巴斯基杀毒软件之所以非常强大，是因为俄罗斯有国际顶尖的数理科技领域的特殊人才及其优良的传统。卡巴斯基杀毒软件典型的特点是杀毒能力强，最大的缺点是查杀病毒时占用过多系统资源。

（4）诺顿。赛门铁克（Symantec）的诺顿品牌是个人用户安全和解决方案领域全球零售市场的领导者。它通过无缝集成的产品，保护个人计算机免受病毒爆发或恶意黑客的攻击。全球 500 强企业中的 454 家和《财富》杂志 500 强中的 489 家企业都在使用赛门铁克解决方案。

诺顿杀毒软件主要特点：诺顿杀毒软件企业版本和专业版本、标准版本相比占用更少的系统资源，性能更可靠。缺点：①误杀、误报率高；②升级慢。

（5）McAfee。McAfee 杀毒软件也是全球畅销的杀毒软件之一，它能够自动监视系统，自动侦测文件的安全性，可使用密码将个人的设置锁定，能够对所有可能的病毒来源进行默认监控，包括软盘、光盘只读存储器（Compact Disc Read-only Memory，CD-ROM）、Internet 下载、电子邮件附件、已访问的服务器、共享文件以及在线服务等。一旦检测到病毒，它能够自动将其清除、删除或者隔离起来，以便进一步分析并找出病毒存在的原因。

McAfee 杀毒软件的优点：①防毒能力很强；②免费，用户简单地注册一下就可以享受这个优秀的杀毒软件的在线升级服务。缺点：①配置比较麻烦，不适合新手；②病毒库升级慢；③程序运行速度慢。

2.3.3 入侵检测技术

第 1 章中曾介绍过木马病毒，木马病毒主要通过吸引用户下载执行，向施种木马者提供打开被种木马者计算机的门户，使施种木马者可以任意毁坏、窃取被种木马者的文件，甚至远程操控被种木马者的计算机，其实质就是一种外部系统入侵攻击。除了这种外部攻击外，信息系统往往还会面临来自系统内部的恶意攻击，如内部人员的恶意攻击、非法操作等。作为对防火墙技术的有益补充，我们有必要引入一种全新的计算机网络安全技术——入侵检测系统（Intrusion Detection System，IDS）。入侵检测技术作为一种主动防御技术，在保障系统内部安全以及防止外部入侵攻击方面都发挥着重要作用。

1．什么是入侵检测技术

入侵检测是指"通过对行为、安全日志、审计数据或其他网络上可以获得的信息进行操作，检测到对系统的闯入或闯入的企图"。入侵检测技术是一种积极主动的安全防御技术，提供了对外部、内部攻击以及人员误操作的实时防护。多萝西·丹宁（Dorothy E. Denning）在 1986 年首次提出了入侵检测系统的抽象模型，并提出将入侵检测系统纳入计算机网络安全系统，从而形成了全新的计算机网络安全的概念。入侵检测是对传统安全产品的合理补充，帮助系统对付网络攻击，扩展了系统管理员的安全管理能力，提高了信息安全基础结构的完整性。入侵检测被认为是防火墙之后的第二道安全闸门，在不影响网络性能的情况下能对网络进行监测，从而提供对内部攻击、外部攻击和误操作的实时保护。

2．入侵检测技术的工作原理及实现方法

入侵检测技术的工作原理可以用三个过程来表示：信息收集、信息分析和结果处理。

（1）信息收集：入侵检测的第一步是信息收集，收集内容包括系统、网络、数据及用户活动的状态和行为。我们由放置在不同网段的传感器或不同主机的代理来收集信息，这些信息包括系统和网络日志文件、网络流量、非正常的目录和文件改变、非正常的程序执行等。

（2）信息分析：收集到的有关系统、网络、数据及用户活动的状态和行为等信息，被送到检测引擎，检测引擎驻留在传感器中，一般通过 3 种技术手段对信息进行分析：模式匹配、统计分析和完整性分析。当检测到某种误用模式时，产生一个告警并发送给控制台。

（3）结果处理：控制台按照告警产生预先定义的响应采取相应措施，可以是重新配置路由器或防火墙、终止进程、切断连接、改变文件属性，也可以只是简单的告警。

入侵检测实现的方法有很多，如基于专家系统的入侵检测方法、基于神经网络的入侵检测方法等。目前一些入侵检测系统在应用层入侵检测中已有实现。例如，基于专家系统的入侵检测方法，主要是通过对入侵行为特征进行抽取并建立知识库，将有关入侵的知识转化为 if-then 结构（也可以是复合结构）。if 部分为入侵特征，then 部分是系统防范措施。这样，当发生入侵行为时，系统便会采取具有针对性的措施。

入侵检测通过执行以下任务来实现。

（1）监视、分析用户及系统活动。

（2）系统构造和弱点的审计。

（3）识别反映已知进攻的活动模式并向相关人士报警。

（4）异常行为模式的统计分析。

（5）评估重要系统和数据文件的完整性。

（6）操作系统的审计跟踪管理，并识别用户违反安全策略的行为。

对一个成功的入侵检测系统来讲，它不但可使系统管理员时刻了解网络系统（包括程序、文件和硬件设备等）的任何变更，还能给网络安全策略的制订提供指南。更为重要的一点是，它应该管理、配置简单，从而使非专业人员能够非常容易地获得网络安全。而且，入侵检测的规模还应根据网络威胁、系统构造和安全需求的改变而改变。入侵检测系统应在发现入侵后，及时做出响应，包括切断网络连接、记录事件和报警等。

3. 入侵检测技术分类

入侵检测技术可以分为异常检测模型和误用检测模型两类。

异常检测模型是基于行为检测系统的行为检测是指根据使用者行为或者资源的使用状况来判断是否发生入侵行为。通过提前定义哪些是可以接受的行为，然后检测系统行为与可接受行为之间的偏差，则可确定哪些是不可以接受的行为。这种检测模型漏报率低，误报率高。因为不需要对每种入侵行为进行定义，所以能有效检测未知的入侵。

误用检测模型正好相反，它基于知识性检测系统，运用已知攻击方法定义好入侵模式，它首先定义了哪些是不可接受的行为，然后通过对这些入侵模式分析来判断是否发生了入侵行为。它主要包括状态转换分析、模型推理与特征检测技术等方法，来检测行为与不可接受行为之间的匹配程度，从而确定哪些行为是不可接受的。其关键在于抽取非正常行为的特征并建立知识库，以便抽取匹配。这种检测模型误报率低、漏报率高。对于已知的攻击，它可以详细、准确地报告出攻击类型，但是对未知攻击却效果有限，而且特征库必须不断更新。

4. 入侵检测系统的类型

入侵检测系统由控制台与传感器两部分组成，控制台起到中央管理作用，传感器则负责采集数据与分析数据并生成安全事件，入侵检测系统根据检测的对象可分为基于主机入侵检测系统、基于网络入侵检测系统以及混合型入侵检测系统。

基于主机入侵检测系统：系统分析的数据是计算机操作系统的事件日志、应用程序的事件日志、系统调用、端口调用和安全审计记录。基于主机入侵检测系统保护的一般是所在的主机系统，是由代理来实现的。代理是运行在目标主机上的小的可执行程序，它们与命令控制台通信。

基于网络入侵检测系统：系统分析的数据是网络上的数据包。基于网络入侵检测系统担负着保护整个网段的任务。基于网络入侵检测系统由遍及网络的传感器组成，传感器是一台将以太网卡置于混杂模式的计算机，用于嗅探网络上的数据包。

混合型入侵检测系统：基于网络和基于主机的入侵检测系统都有不足之处，会造成防御体系的不全面，综合了基于网络和基于主机的入侵检测系统的混合型入侵检测系统既可以发现网络中的攻击信息，也可以从系统日志中发现异常情况。

5. 入侵检测技术的产品及发展

对于入侵检测的研究始于 20 世纪 90 年代，首先是针对具体入侵行为或具体的入侵过程进行的入侵检测的研究，1994 年以后逐渐出现一些入侵检测的产品，其中比较有代表性的产品有 ISS（Internet Security System）公司的 Real Secure、NAI（Network Associates，Inc）公司的 Cybercop 和 Cisco 公司的 NetRanger。现在入侵检测系统已经成为网络安全中一个重要的研究方向，越来越受到重视。

国内在这方面的研究刚起步，目前已经开始着手入侵检测框架（Intrusion Detection Framework，IDF）的研究与制订。

入侵检测作为一种积极主动的安全防护技术，提供了对内部攻击、外部入侵和误操作的实时保护，并在网络系统受到危害之前拦截和响应入侵等功能。从网络安全立体纵深、多层次防御的角度出发，入侵检测理应受到人们的高度重视，这从国外入侵检测产品市场的蓬勃发展就可以看出。从现阶段入侵检测技术的发展模式可以看出，未来入侵检测技术将主要向着分布式入侵检测与通用入侵检测架构、应用层入侵检测、智能的入侵检测以及网络安全技术相结合的方向发展，其应用前景将是非常广阔的。

互联网的时代已经到来，作为一把双刃剑，我们在充分享受网上生活带给我们的便利时，也时时刻刻面临着诸多安全问题。但是，总体而言，互联网带给我们的利远远大于弊。对于在电子商务交易过程中产生的各种风险，人们已经发展出了相应的防御技术以及成熟的产品，相信在这些安全技术的保驾护航下，电子商务的前景一定非常好！

思 考 题

1. 简述密码学的发展阶段以及每一阶段的代表密码算法。
2. 一个完整的密码系统包含哪几部分？
3. 简述身份认证的基本概念及其基础。
4. 试述身份认证有哪些具体方法以及每种方法的特点。
5. 什么是访问控制技术？访问控制的基本要素有哪些？
6. 简述访问控制的类型及其实现策略。
7. 简述防火墙的类型及其具体运作机制。
8. 计算机病毒有哪些传播方式？如何防止计算机病毒入侵？
9. 入侵检测技术的原理及其实现方式是什么？入侵检测系统有哪些？

第3章 数字证书与协议

【学习目标】

- 掌握对称加密算法和非对称加密算法的特点。
- 了解数字签名的原理及工作流程。
- 了解 CA 认证机构的基本功能。
- 掌握 SET 加密及解密流程。
- 掌握双重数字签名的原理及流程。
- 了解 SSL 协议的组成。
- 掌握 PCI-DSS 的相关内容。

【引导案例】

华为云以"3 全"的姿态拿下 PCI-DSS 认证意味着什么

云是安全的吗？

曾几何时，人们还在对"云服务是否安全"的话题各执己见，然而，随着各行业的数字化转型趋势不可逆转，云计算俨然成了一种"生存"工具。有些人一边认为云不够安全，一边对上"云"这件事蠢蠢欲动。实际上，这是人类面对新鲜事物的正常反应，大多表现为对云的一种恐惧和对未来不确定性的担忧。那么，如何最大限度降低这种担忧？"合规"就变得非常重要。企业对于"合规"的重视，就如同人们在日常生活中重视食品安全、开车上路需要驾照一样，虽然合规不代表百分之百的安全，但可以将安全风险降到最低。

在隐私和安全性等方面，金融行业是受监管最为严格的行业之一。而在金融行业里，支付卡安全标准可以说是顶级的，因为它和用户的财产安全息息相关。PCI-DSS 的全称为 Payment Card Industry Data Security Standard，含义是支付卡行业数据安全标准，是全球最严格且级别最高的金融数据安全标准。2004 年，由 VISA 和 MasterCard 联合多家机构成立的支付卡行业数据安全标准委员会（PCI-DSS）制定和推行，旨在严格控制数据存储以保障支付卡用户在线交易安全。自发布以来，该标准得到了全球卡组织和金融机构的广泛支持和推广，成为商户和服务提供商必须遵循的一项强制规范。后来，又由于其操作性极强，被金融业外的各大行业奉为通用的安全标准。

制定 PCI-DSS 的初衷，是为金融行业提供安全标准，但其由于操作性强，已经从金融行业延伸为被各大行业广泛遵循的通用标准。所以，某些厂商只划了一部分云系统来做的金融专属云的 PCI-DSS 认证，已不能满足其他行业用户的安全诉求。

2018 年 3 月 22 日，在青岛举行的华为中国生态大会上，国际权威认证机构英国标准协会（BSI）经多轮严苛的评审，宣布华为云成为中国唯一全平台、全节点、全服务通过 PCI-DSS 认证的"3 全"云服务商，并为华为云颁发了证书。

PCI-DSS 的审核近乎苛刻，华为云在很短时间内全平台、全节点、全服务通过认证，意味着华为云的整个 IT 系统全部通过了严格的安全测评，而不是云系统的一部分通过；意味着华为云研发上线的全部云服务的安全性通过了严苛的验证，而不是其中一两个。这说明华为云本身云平台和云服务的安全性很高，安全技术能力在业界遥遥领先、安全性和用户隐私保护得到了第三方权威机构的严格认证，表明华为云的安全水平和技术能力都处于世界领先水平，而华为云用户则享受到了全平台、全节点、全业务"金融级"的安全性。

在第 2 章中，我们已经学习了相关电子商务安全技术，并对它们的基本内容、运作原理等都有了较为全面的认识。其实，就保障电子商务交易安全而言，还有另一个重要的方面，那就是数字证书。数字证书类似于司机的驾驶执照或日常生活中的身份证，主要是在进行网上交易的时候用于确认对方身份的真实性。那么，可能有人会奇怪了，上一章中不是已经学习过很多安全保障技术了吗？引入数字证书有必要吗？答案是肯定的，要回答这个问题，我们在这一章的开始就要接着上一章密码学的知识继续延伸学习。通过对密码学具体运用的学习，我们就会发现，单纯的数据加密技术在保障电子商务安全方面原来也有"短板"，而数字证书正好起到了弥补短板的作用！

3.1 密码学的应用

在第 2 章中，我们学习了密码学的相关基本概念，在展开这一节的具体内容前，我们用一个例子来说明如何在网络应用中运用密码学。这个例子是我们如何通过互联网，安全完整地将一份文件从发送者传递到接收者。在此之前，我们先用一些图来表示即将阐述的密码学应用过程涉及的相关概念。

首先，是一个用来表示因特网的图，正如一般常见的那样，我们采用一个云团来表示因特网，如图 3-1 所示。

接下来，是试图在网络中获得文件或者修改文件的黑客，他们总是花费大量的时间在网络上寻找系统漏洞，并且会为了得到他们感兴趣的东西，花上几天甚至几个月的时间来攻击你的系统，如图 3-2 所示。

图 3-1　因特网

图 3-2　黑客

还有就是要在网上传输的文件，你可以看到"文件"这两个字被清楚地写在文件中。这表明了这是文件的明文版本，文件的明文版本就是创建时的可读版本，如图 3-3 所示。

和明文的文件对应的是加密形式的文件。在图 3-4 中，文件被放到了一个被封上的袋子中，就像古代上了火漆的锦囊。

图 3-3　明文的文件　　　　　　　图 3-4　文件的密文

随着讲解的继续深入，我们需要更多的图，但是现在这些图已经足够说明对称密码学的基本概念。接下来，我们来介绍密码学中的对称密码算法、非对称密码算法、哈希函数及其具体应用。

3.1.1　对称密码算法

密码算法主要分为两大类，对称密码算法和非对称密码算法。

1. 基本概念

对称密码算法已经存在了很长时间。最早使用对称密码算法的是埃及人。

密钥是密码算法的重要组成部分，密钥有点类似于实际生活中的钥匙，对每一种类型的锁，都有特定形状的钥匙和它相配。钥匙必须具有确定的长度；在钥匙上适当的位置必须有凹槽，以确保一把钥匙对应一把锁，如图 3-5 所示。

密钥和物理的钥匙在许多方面都很类似。每个密码算法都需要一个长度正确（换句话说，就是比特位数目正确）的密钥。你可以用任何长度正确的密钥来运行密码算法，但是只有比特位模式正确的密钥才能解密被加密的文件。图 3-6 所示是用一个钥匙来表示的密码算法中的密钥。

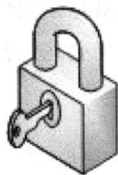

图 3-5　锁和钥匙　　　　　　　图 3-6　密钥

对称密码算法接受明文输入，然后使用一个对称密钥进行运算，输出明文的一个加密版本（也称密文）。

用一个好的随机数发生器来创建对称密钥，这一点至关重要。一个好的随机数发生器应该在密钥长度所对应的整个比特空间中随机选取数字作为密钥，而不应该倾向于选择或者不选择某些值。

对一个密码算法来说，"安全的"含义是什么呢？一般来说，这意味着密码破译者已经对该算法攻击了足够长的时间，但并没有发现该算法明显的漏洞。我们可以相信该算法是基于合理的数学运算的, 而且除非知道或者猜出了密钥, 否则没有其他有效的方法破解用该算法加密的数据。

为什么对称密码算法被称为对称的呢? 这是因为同一个密钥既用于加密也用于解密。

2. 对称密码算法的分类

对称密码算法分为两类: 分组密码和序列密码。

分组密码是在数据的固定长度的小分组上进行运算的, 分组的长度一般是 64 位。分组密码有很多种, 包括数据加密标准 (Data Encryption Standard, DES)、3-DES、李维斯特 2 号密码 (Rivest Cipher, RC2)、RC5、RC6 及 Rijndael[也被称作高级加密标准 (Advanced Encryption Standard, AES)]。DES 是最著名的, 同时也是研究得最透彻的对称密码算法。DES 是 IBM 在 20 世纪 70 年代晚期开发的, 在此期间 NSA 也有很多参与。DES 是一种分组密码, 它使用长度为 64 位的分组。DES 密钥的长度固定为 56 位。但是因为计算机的计算能力在不断增长, DES 的 56 位密钥对于强力攻击已经显得强度不够了。3-DES 是三重 DES 的缩写。因为人们越来越担心 DES 太脆弱, 因此发展出许多不同的技术来增加 DES 的强度, 如对数据加密三次, 或者组合三种基于 DES 的加密操作来增加有效的密钥长度。

RC2 也是一种分组密码。RC 系列密码是由 Ron Rivest (RSA 当中的 R) 开发的, RC 的意思是 Rivest Cipher 或者 Ron's Code。RC2 被开发出来是准备替换 DES 的, 它比 DES 要快上两三倍。

RC5 是 Rivest 开发的另一套密码。RC5 通常使用 64 位或者 128 位的分组, 并且支持可变长度的密钥, 密钥长度最多可达 2048 位。RC5 也是一个实现非常简单的算法。像 RC5 这样支持可变长度密钥的算法有一些很好的特质, 密钥越长, 加密数据需要的处理能力就越强, 得到的加密结果的强度也越高。

RC6 是基于 RC5 的分组密码, 支持 128 位的分组和 128 位的密钥长度。虽然 RC6 没有在 AES 竞争中最后取胜, 但是对 RC6 的开放分析有助于产生一种新的强有力的对称密码算法。

AES 竞争的胜利者是名为 Rijndael 的对称分组密码, 由 Daemen 和 Rijmen (比利时) 提交, 和所有 AES 候选者一样支持 128 位的密钥长度。进入 AES 最后竞争的算法还有火星算法以及双语算法。

除了在固定长度的数据分组上进行运算的分组密码以外, 还有在单个的数据位上进行运算的序列密码。最著名的序列密码也许就是 RC4 了。RC4 非常快, 比所有的分组密码都快, 而且支持可变长度的密钥。

3. 对称密码算法的特点

一旦有了一个好的对称密码算法和一个用作对称加密密钥的随机数, 那么接下来的过程就相当简单了。图 3-7 所示为对称加密过程。

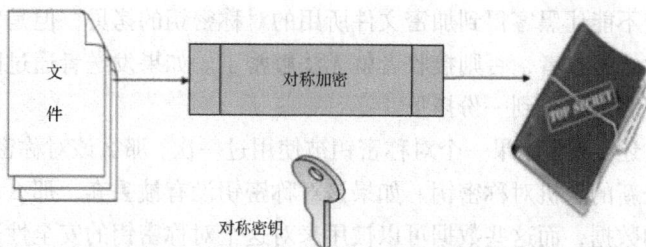

图 3-7 对称加密过程

加了密的文件被解密，使用的是同一个对称密钥，输出的是恢复后的明文文件。图 3-8 所示为对称解密方式。

经过上述分析，我们可以开始利用密码学研究在因特网上安全发送文件的方法了。图 3-9 所示为对称加密和解密过程。

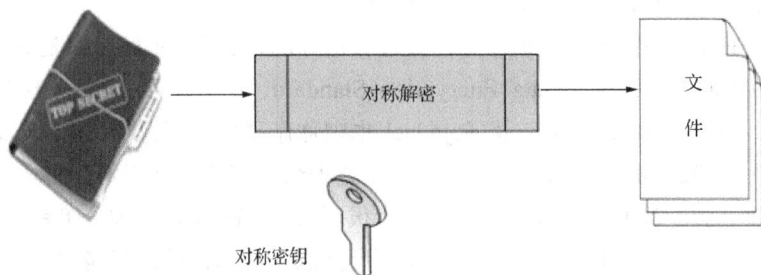

图 3-8　对称解密方式

图 3-9　对称加密和解密过程

这样，在把文件从因特网上进行传递之前，发送者和接收者事先协商好一个对称密码算法，然后发送者（其实是软件）就会创建一个长度正确的随机数用作对称密钥。利用这个对称密钥，该对称密码算法就会对明文文件加密并得到加密后的密文。然后发送者就把密文通过因特网发给接收者，即使黑客截获了该密文，他也没有相应的对称密钥来解密数据。当密文送到接收者那里的时候，接收者就使用同一个对称密钥来解密密文，从而得到最初的明文文件。

这个方案看起来实在是太好了，但是再仔细分析一下，你就会发现这个方案存在着一个严重的问题。

问题就是：一定不能让黑客得到加密文件所用的对称密钥的拷贝，但是发送者必须把该对称密钥的一份拷贝发给接收者，否则接收者就无法解密了。如果发送者通过因特网把对称密钥发给接收者，那么黑客也会得到一份拷贝。

但实际情况比这还要糟。如果一个对称密钥被使用过一次，那么该对称密钥就应该被丢弃，然后我们再生成一个新的随机对称密钥。如果该对称密钥没有被丢弃，那么每次重用这个对称密钥都会生成更多的数据，而这些数据可以被用来对这个对称密钥的安全性进行攻击。

这意味着我们将不得不找出一种适当的方式，在每次加密一个新文件时都用这种方式来进行对称密钥交换。然而问题还不止于此，假设在一个组织中，每个成员都要和其他成员交换文件。如果这个组织中有 5 名成员，那么每名成员都需要创建 4 个对称密钥（不需要发送文件给自己），因此对称密钥的总数就是 5×（5-1）个，也就是 20 个。如果这个组织有 20 个成员，那么对称密钥的总数就将是 20×（20-1）个，也就是 380 个。如果这个组织有 100 名成员，那么对称密钥的总数将是 100×（100-1）个，也就是 9 900 个。对称密钥的数目大约是参与者数目的平方，而且这些对称密钥中的每一个在使用过一次，或者被发送给别人之后都不能再被重用了。

此外，如果对称决定存储这些文件的话，可能会希望以它们的加密形式保存以保安全。这意味着还要保留解密每个密文所需的对称加密密钥。当然，对称需要将对称密钥和密文分开来存储。否则，如果攻击者能够访问到密文，那他也就能够获得相关的解密密钥了。如果对称密钥和密文被分开来存储，那么，你就需要有某种形式的密钥管理系统来帮助你搞清这 9 900 个对称密钥和 9 900 个密文之间的对应关系。可能你还会需要某种系统，以便在一个密文被删除时帮助你确定哪一个对称密钥是与其相关的并且也要被删除。

关于对称密码算法还有一点很重要。如果两个人拥有同样的对称密钥（一个人用它来加密而另一个人用它来解密），那么无论其中一个人做什么样的数学计算，另外一个人也可以做到。出于这个原因，对称密钥算法并不是进行数字签名或者支持不可否认性的优先选择对象。

密钥分发、密钥存储、密钥管理的复杂性以及缺乏对数字签名的支持，这些都是对称密码算法的缺点。

我们列出了对称密码学的重点，具体内容如下。

（1）在对称密码算法中，同一个密钥既可用于加密也可用于解密。

（2）对称加密速度快。

（3）对称加密是安全的。

（4）对称加密得到的密文是紧凑的。

（5）因为接收者需要得到对称密钥，所以对称加密容易受到中途拦截窃听的攻击。

（6）对称密码算法当中密钥的个数大约是以使与者数目的平方的速度增长，因此我们很难将它的使用扩展到大范围的人群中。

（7）对称密码算法需要复杂的密钥管理。

（8）对称密码算法不适用于数字签名和不可否认性。

3.1.2 非对称密码算法

既然对称密码算法无法完全解决问题，那我们就来看看非对称密码算法。

1. 基本概念

在前面关于需要好的随机数生成器和经过良好测试的算法的讨论中所得到的结果，同样也适用于非对称密码算法。

非对称密码算法的数目相对要少一些，而且一般来说它们基于复杂度和困难度都大得多的数学问题。

罗纳德·李维斯特、阿迪·萨莫尔和伦纳德·阿德曼算法（Ron Rivest、Adi Shamir、Leonard Adleman，RSA）是最为成功的非对称密码算法。RSA 同时也是被研究最多的非对称密码算法；它在漫长的生命当中已经经受住了许多攻击。现在个人用的 RSA 通常使用的是 1024 位的密钥，RSA 可能是使用的计算最为复杂的流行密码算法了。在低端处理器的情况下，如智能卡中，往往需要密码硬件加速卡来执行 RSA 计算。

椭圆曲线密码算法（Elliptic Curve Cryptography，ECC）是另一个被普遍接受的非对称密码算法。ECC 出现的时间比 RSA 短，但是到目前为止，它也经受住了许多的攻击。事实上，ECC 有数个变种，因此也许 ECC 应该被称作一类密码算法而非一个算法。许多协议都支持 ECC 作为一个可选的密码套件，而且 ECC 也可能会成为那些不需要广泛的互操作的应用所选择的非对称密码算法。此外，ECC 在计算上也比 RSA 简单，用比较小的密钥就可以达到和使用较大的 RSA 密钥同等水平的安全性。

非对称加密算法也称公钥加密算法，有一对密钥：一个公钥和一个私钥。用户要保障私钥的安全；公钥则可以发布出去。公钥与私钥是有紧密联系的，用公钥加密的信息只能用私钥解密，反之亦然。

由于公钥加密算法不需要联机密钥服务器，密钥分配协议简单，因而极大简化了密钥管理工作。除加密功能外，公钥系统还可以提供对数字签名的支持。公钥加密算法主要有 RSA（Receive，Shamir，Adelman）、Fertezza、ElGama 等。

公钥加密算法的优点就在于，也许你并不认识某一实体，但只要你的服务器认为该实体的 CA 是可靠的，就可以进行安全通信，而这正是电子商务这类业务所要求的，如信用卡购物。服务方对自己的资源可根据客户 CA 的发行机构的可靠程度来授权。

在这些安全实用的算法中，有些适用于密钥分配，有些可作为加密算法，还有一些仅用于数字签名。多数算法需要大数运算，所以实现速度很慢，不能用于快的数据加密。

2．非对称密码算法的特点

非对称密码算法之所以被称作非对称的，是因为进行加密和解密所使用的并不是同一个密钥，而是使用了两个不同的密钥：一个用于加密，另一个用于解密。这两个彼此独立，但是在数学上又彼此相关的密钥总是一起生成的。这个过程要比简单地选择一个随机数复杂得多，但是总要用到一个随机源。

当一个非对称密钥生成过程完成之后，我们会得到两个密钥；一个是公钥，另一个是私钥。一方面，你希望所有的人都知道你的公钥，然而另一方面，你必须小心地藏好私钥。非对称密钥具有一种令人惊异的性质，用一个密钥加密的东西只能够用另一个密钥解密，如图 3-10 所示。

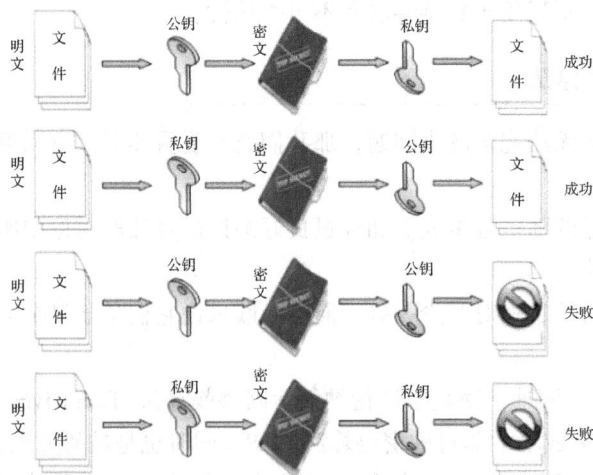

图 3-10　公钥和私钥

回到本章开始的例子（3.1 节开始处的例子），结合公钥密码学，看看如何解决通过因特网安全地传输文件的问题。

在这个例子当中，接收者要事先生成自己的公/私密钥对，然后就要小心地保护好相应的私钥，不让世界上其他任何人知道。但是，接收者要让所有的人都能够拿到他的公钥。可能公钥也应该有一个像电话目录这样的东西，让每个人都能够到那里查找到别人的公钥。

在这个例子当中，发送者会在那个目录当中查找到接收者的公钥并用它来生成最初的密文。然后就将该密文通过因特网发送给接收者。注意，如果隐藏在因特网中的黑客打算截获该密文，他也可以在该目录中查找到接收者的公钥。但是正如你在图 3-10 中看到的，唯一能够对用特定公钥加密的密文解密的东西就是和该公钥相匹配的私钥。黑客是无法用公钥对密文解密的。当密文最终被送到接收者这里时，接收者会使用自己的私钥对该密文解密，从而恢复最初的明文。以上传输的过程如图 3-11 所示。

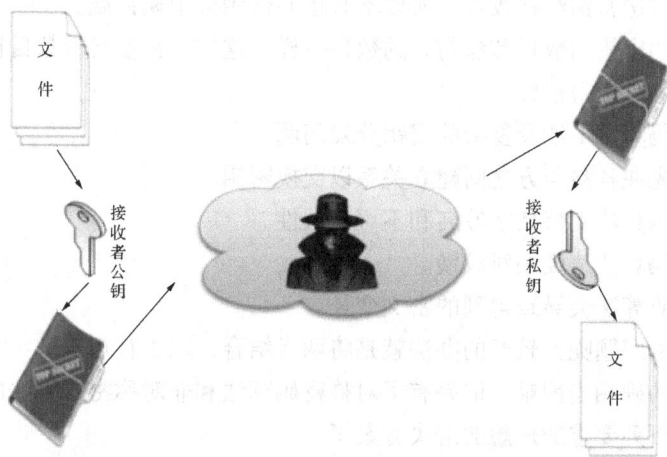

图 3-11　公私钥加密和解密

这的确有效。我们最终找到了一种能够安全地通过因特网传输文件的方法了吗？不幸的是，其仍有一些问题，如果这个黑客十分狡猾，他可能会弄一些其他的文件，然后用接收者的公钥加密该文件，并用它替换掉发送者最初的文件并发给接收者。由于接收者的公钥是公开的，这使得接收者很容易受到这种类型的攻击。因此，接收者需要以某种方式来验证该文件的确来自于指定的发送者并且该文件在传输过程中没有被黑客修改或者替换。

非对称密码算法漂亮地避开了对称密码学无法避开的密钥管理问题。每个人只需要共享一个密钥，也就是公钥。这样，在一个组织中，5 个成员一共只需要共享 5 个密钥，而不是 20 个密钥。20 个成员就是共享 20 个密钥而不是 380 个。而 100 个成员就只需要共享 100 个密钥而不是 9 900 个。在密钥管理和伸缩性方面，非对称密钥算法比纯粹的对称密钥算法要好得多。

非对称密钥算法还有另外一个额外的好处，那就是在使用非对称密钥算法的时候，在发送加密信息之前你并不需要事先和对方建立关系。发送者只需要查找一下接收者的公钥，用找到的公钥加密文件，然后把结果发送给接收者即可。接收者已经拥有了解密密文所需的对应的私钥。

非对称密钥算法最后一个好处就是其非对称的天性。这使得每个密钥对的持有者都可以用他的私钥进行数学运算，而这种运算是其他任何人都无法做到的。这就是数字签名和不可否认性的基础。

但是，一方面得到了加强，另外一些方面就必然被削弱。和对应的对称密码算法不同，非对称密码算法相对比较慢。到底有多慢？同等强度的对称密码算法的速度要比它快10倍到100倍。当加密一个只有几百字节的文件时，这也许并不算是很大的问题，但是如果你要加密的是人类基因工程的结果，那么这就是一个非常严重的问题了。

除了速度慢以外，非对称密码算法还有另外一个问题。当用一个非对称密码算法加密的时候，密文的长度要大于最初的明文长度。当要进行多层加密的时候，这个问题就会变得特别突出。

非对称密码算法的主要特点如下。

（1）使用非对称密码算法时，用一个密钥（公钥或者私钥）进行的加密只能用另外一个密钥（私钥或公钥）来解密。

（2）非对称加密是安全的。

（3）因为不必发送密钥给接收者，所以不必担心密钥被中途拦截。

（4）需要分发的密钥的数目和参与者的数目一样，这样，在参与者数目很大的情况下，非对称密码算法仍然会应用得很好。

（5）非对称密码算法不涉及复杂的密钥分发问题。

（6）不需要事先在各参与方之间建立关系以交换密钥。

（7）非对称密码算法支持数字签名和不可否认性。

（8）非对称密码算法速度相对较慢。

（9）非对称密码算法会导致得到的密文变长。

如何解决以上的问题呢？较好的办法就是将两者结合，取长补短。

进行这种结合的确相当困难，但是有了对称密码算法和非对称密码算法的这种结合，我们就更容易获取满足下列要求的理想的解决方案了。

（1）该解决方案必须是安全的。

（2）加密的速度必须快。

（3）加密得到的密文必须是紧凑的。

（4）解决方案必须能够适应参与者数目很大的情况。

（5）该解决方案必须能够抵抗密钥窃听攻击。

（6）该解决方案一定不能要求事先在参与方之间建立某种关系。

（7）该解决方案必须支持数字签名和不可否认性。

对称密码算法和非对称密码算法的结合满足了上面的每一个要求。你可以通过对称密码算法得到你想要的速度和紧凑的密文，你也可以从非对称密码算法中得到你想要的伸缩性、简化的密钥管理、抗窃听以及对数字签名/不可否认性的支持。

图3-12展示了这个过程。该过程的起始步骤是生成一个随机对称密钥。该对称密钥被用来对明文文件加密，得到文件的加密版本。目前一切顺利。对称密码算法既安全（前面列出的第一个条件）又快（第二个条件），得到的密文也是紧凑的（第三个条件）。现在，又遇到了我们前面在对称加密中遇到过的问题，那就是如何将对称密钥传给接收者。这时候非对称密码算法就派上用场了。

我们在目录中查找到接收者的公钥，但是只用它来加密随机的对称密钥。的确，非对称加密算法很慢，但是因为对称密钥的尺寸很小（一般是128位），所以实际花费在非对称加密算法上的时间很少。这次加密得到的是一个用非对称公钥加密的随机对称密钥，是用一个密钥加密的另一个密钥。这种操作常常被称作密钥打包操作。

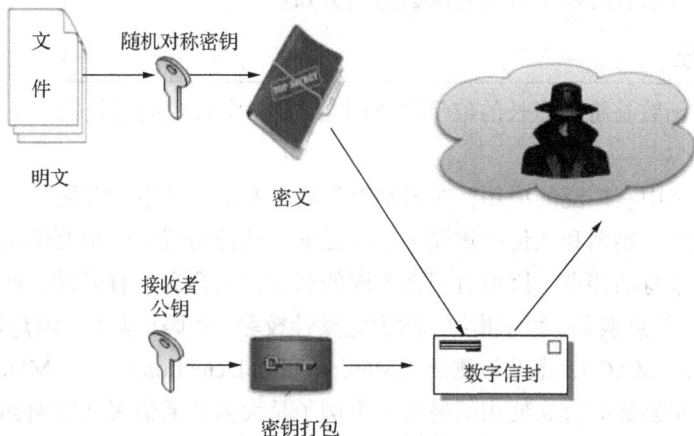

图 3-12　组合加密

这个过程的最后一步是将被打包的密钥附在密文的后面发送给接收者。这个组合有时被称为数字信封。黑客即使截获了数字信封，但由于对称密钥用发送者公钥加密了，他们也无法破解。

下面继续介绍解密步骤，如图 3-13 所示。

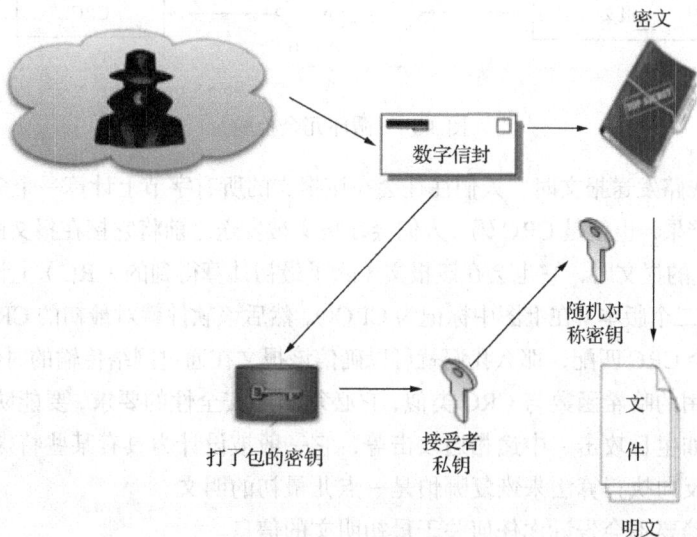

图 3-13　组合解密

在收到数字信封之后，第一步是将这个数字信封拆开，得到它的几个组成部分：密文和被打包的密钥。下一步是恢复对称密钥，用接收者的私钥对被打包的密钥解密，得到对称密钥后就用它来解密密文，恢复最初的明文文件。然后这个对称密钥就被丢弃，它的工作已经完成了。

然而不幸的是，一个聪明的黑客可以在目录当中查找到接收者的公钥，然后加密某个其他的文件。接着这个黑客可以用接收者的公钥加密（打包）前面加密文件所使用的对称密钥，然后创建数字信封并通过因特网将其发送给接收者。接收者会用接收者的私钥解密被包裹的密钥并最终得到假文件，而且接收者还会自始至终地认为它来自正确的发送者。

因此，我们需要有某种办法确保文件的确来自正确的发送者，也就是需要数字签名。在介绍数字签名之前，我们有必要了解哈希函数的相关知识。

3.1.3　哈希函数

哈希（Hash）函数是将任意长的数字串 M 映射成一个较短的定长输出数字串 H 的函数。

哈希函数

哈希函数在实际中有广泛的应用，在密码学和数据安全技术中，它是实现有效、安全可靠数字签名和认证的重要工具，是安全认证协议中的重要模块。哈希函数由于应用的多样性和其本身的特点，因而有很多不同的名字，其含义也有差别，如压缩函数、紧密函数、数据认证码、信息摘要、数字指纹、数据完整性校验、密码检验和、消息认证码（Message Authentication Code，MAC）、窜改检测码（Manipulation Detection Code，MDC）等。

编者在谈论哈希函数时喜欢使用的另外一个例子是大多数通信报文后面都会有的循环冗余校验（Cyclic Redundancy Check，CRC）值（见图 3-14）。

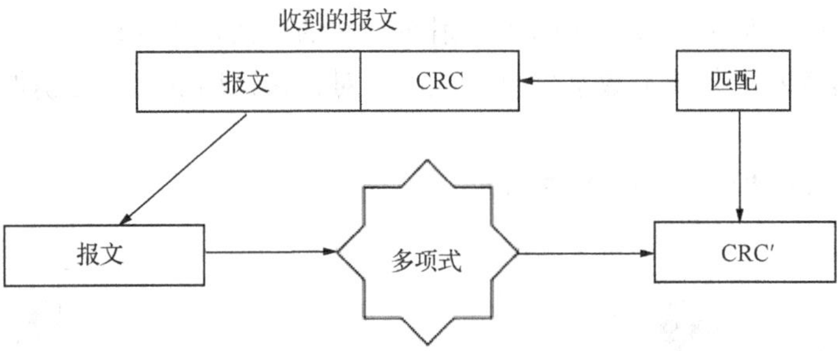

图 3-14　循环冗余检验

在通过通信线路发送报文时，人们往往会在该报文的所有字节上计算一个多项式。计算这个多项式所得到的结果，也就是 CRC 码，人们会在报文被发送之前将它接在报文的末尾。当接收系统收到带有 CRC 的报文时，它也会在该报文（除了最初计算得到的 CRC）上计算相同的多项式并得到 CRC 的第二个版本（在上图中标记为 CRC′）。然后该软件就对最初的 CRC 和新的 CRC 进行比较。如果两个 CRC 匹配，那么我们就可以确信该报文在通过网络传输的时候没有被修改过。

密码学中所用的哈希函数与 CRC 类似，它必须满足安全性的要求，要能防伪造以及抗击各种类型的攻击，如生日攻击、中途相遇攻击等，它一般被设计为具有某些特殊的性质。

（1）你无法反向执行算法来恢复哪怕是一点儿最初的明文。

（2）得到的摘要不会告诉你任何关于最初明文的信息。

（3）创建/发现摘要为某个特定值的明文，这在计算上是不可行的。这使攻击者无法在替换文件的同时确保摘要仍然匹配。

哈希函数相当多，消息摘要算法第 2 版（Message Digest Algorithm，MD2）是 RSA 公司的一个哈希算法，它产生 128 位的摘要，并且针对低端 8 位微处理器做了优化。消息摘要算法第五版（Message Digest Algorithm，MD5）也产生 128 位的摘要，但最优化处理所针对的是 32 位处理器。安全哈希算法（Secure Hash Algorithm，SHA）针对高端处理器做了优化，它产生 160 位的摘要。

3.1.4　数字签名

了解了哈希函数的知识后，我们再来看前面例中的信息传输问题。此处，
我们要用到数字签名的知识，如图 3-15 所示。

在图 3-15 中，我们用一个漏斗来表示哈希算法。大的明文从上面进入漏
斗，摘要从漏斗下面出来。一开始我们手中有明文文件。此时，选择一个适
当的哈希算法，用它来处理明文文件以生成摘要。接下来，用发送者的私钥
加密该摘要。加密后的摘要被附着在最初的明文文件后面，并且一并通过因
特网发送给接收者。这可能会造成困惑，你不知道这些流程到底有何作用。但当了解了数字签
名的验证过程之后，你就会知晓。接下来请看图 3-16。

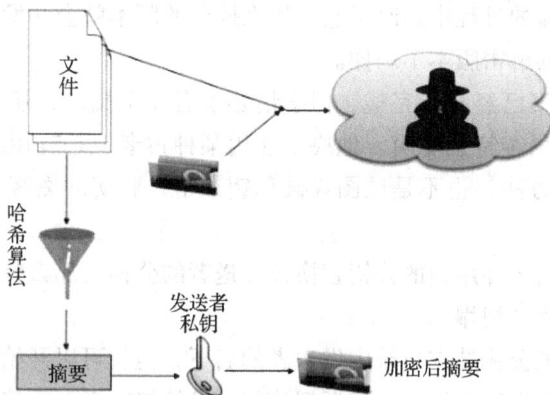

图 3-15　创建数字签名

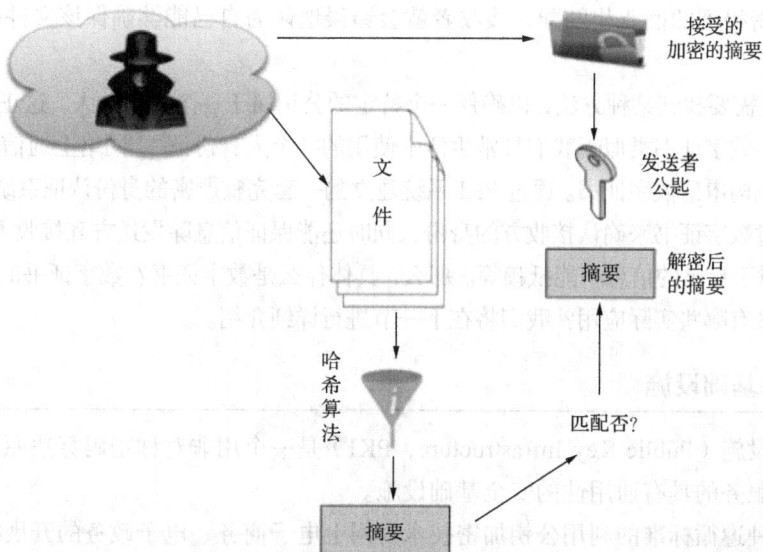

图 3-16　验证数字签名

带有加密摘要的明文文件通过因特网传递到了接收者的手中，接收者的软件会把明文文件
和加密摘要分开来。发送者用他的私钥对最初的摘要进行了加密。正如在前一个例子当中的那
样，接收者将会从目录中找到和发送者的私钥相匹配的公钥，然后利用发送者的公钥对摘要进

行解密，恢复最初的明文摘要。

现在就到了比较巧妙的地方了。接收者采用和发送者创建最初的摘要时所使用的哈希算法一样的算法，对收到的明文文件进行处理，从而创建摘要的一个新版本，这个摘要的新版本在图 3-16 中显示为摘要。最后一步，接收者对新创建的摘要和用发送者的公钥解密得到的最初的摘要进行比较。根据两个版本匹配与否，接收者就能够了解以下几件事情。

如果摘要的两个版本匹配，接收者就会知道该报文的作者是指定的发送者。这是确定的，因为接收者是用发送者的公钥对加密摘要解密的，而且因为接收者恢复了正确的明文摘要，所以接收者知道它最初是用和解密公钥相匹配的私钥加密的。因为发送者是这个世界上唯一拥有和解密公钥相匹配的私钥的人，所以接收者能够确定发送者是这个报文的作者。

如果摘要的两个版本相匹配，接收者还会知道该文件在通过因特网传输的时候没有被修改。如果黑客在明文文件传递的过程中篡改了它，那么摘要的版本就会和发送者通过因特网发送报文前所生成的加密摘要的解密版本不一样。

至此，整个解决方案已经相当完整，但事情还没有完全搞定，还有一种方法可以攻破这个系统。我们假设这个黑客特别聪明，他决定使用某种古老但是有用的非线性思想。不是试图找到攻破哈希算法的方法，也不是试图攻破私钥加密，聪明的黑客可能会把注意力放到别的地方。

如果黑客能够进入目录并用他的公钥替换掉发送者的公钥，那么整个处理过程就会像在沙滩上堆出的城堡一样彻底"坍塌"。

一旦这个黑客把他的公钥挂在目录中发送者的名下，他就可以开始摆弄他的文件了：创建一个摘要，用他的私钥加密这个摘要，然后把该报文发给接收者。而接收者会从目录中发送者的名下取出他的公钥，以为自己有了正确的密钥，接收者会继续执行下面的签名验证。如此，摘要将会和解密得到的摘要相匹配，接收者就会错误地认为自己能够确保该文件的确来自正确的发送者。

因此，我们需要找到某种方法，以确保一个特定的公钥属于一个特定的人。这正是数字证书发挥作用的地方。数字证书类似于我们日常生活中使用的"个人身份证"。网络上通信各方向 PKI 的数字证书颁发机构申请数字证书。通过 PKI 系统建立的一套完整严密的身份认证系统，除了能保证发送方能够通过数字证书来确认接收方的身份，同时还能保证信息除发送方和接收方外不被截取、篡改，发送方对于自己的信息不能抵赖等。那么，具体什么是数字证书？数字证书的认证机构是什么？数字证书又有哪些实际应用？我们将在下一节进行详细介绍。

3.1.5 公钥基础设施

公钥基础设施（Public Key Infrastructure，PKI）是一个用非对称密码算法原理和技术来实现并提供安全服务的具有通用性的安全基础设施。

PKI 是一种遵循标准的利用公钥加密技术为网上电子商务、电子政务的开展提供一整套安全措施的基础平台。PKI 这种遵循标准的密钥管理平台，能够为所有网络应用透明地提供采用加密和数字签名等密码服务所需要的密钥和证书管理服务。

安全基础设施就是为整体应用系统提供的安全基本框架，它可以被应用系统中任何需要安全应用的对象所使用。安全基础设施的"接点"必须是统一的、便于使用的，就像 TCP/IP 栈和墙上的电源插座一样。这个具有一般性的安全基础设施首先应该是适用于多种环境的框架。这个框架避免了零碎的、点对点的，特别是那些没有互操作性的解决方案，引入了可管理的机制，以及跨越多个应用和计算平台的一致安全性。

安全基础设施能够让应用程序增强自己的数据和资源的安全性，以及与其他数据和资源交换中的安全性。怎样使这种增强安全功能变得简单方便、易于实现是最重要的。甚至可以说，我们使用安全基础设施应当像将电器设备插入墙上的电源插座那样简单易行。为此，安全基础设施必须满足以下要求。

（1）具有易于使用、众所周知的界面。

（2）基础设施提供的服务可预测且有效。

（3）应用设备无须了解基础设施如何提供服务。

安全基础设施必须具有这些同样友好的接入点，为应用实体提供安全服务。应用实体无须知道基础设施是如何实现安全服务的，这要求安全基础设施能够提供一致有效的安全服务。安全基础设施提供的服务具有以下几个重要特点。

（1）简单识别与强识别。

（2）终端用户的透明性。

（3）全面的安全性。

（4）节省费用。

（5）具备一致的解决方案。

（6）具备更好的开放性、可选择性以及可验证性。

PKI 必须具有认证机构、证书库、密钥备份及恢复系统、证书作废处理系统、PKI 应用接口系统等主要组成部分。构建实施一个 PKI 系统也将围绕这些组成部分来进行。

（1）认证机构——证书的签发机构，它是 PKI 的核心，是在 PKI 应用中权威的、可信任的、公正的第三方机构。

（2）证书库——是证书的集中存放地，提供公众查询证书的服务。

（3）密钥备份及恢复系统——对用户的解密密钥进行备份，并在丢失后进行恢复，而签名密钥不能备份和恢复。

（4）证书作废处理系统——当证书由于某种原因需要作废、终止使用时，我们可通过证书废止列表（Certificate Revocation List，CRL）来完成。

（5）PKI 应用接口系统——是为各种各样的应用提供安全、一致、可信任的方式与 PKI 交互，确保所建立起来的网络环境安全可信，并降低管理成本。

3.2 数字证书

通过对上一节密码学应用知识的学习，我们看到了数字证书的重要性。数字证书是电子商务交易过程中的重要环节，这一节，我们就来深入学习数字证书的知识。

3.2.1 数字证书的概念

数字证书是互联网通信中标志通信各方身份信息的一系列数据，提供了一种在 Internet 上验证参与者身份的方式，其作用类似于司机的驾驶执照或日常生活中的身份证。数字证书是由一个认证机构——CA 机构[又称证书授权（Certificate Authority，CA）中心]发行的，人们可以在网上用它来识别对方身份的数字文件。最简单的证书包含一个公开密钥、名称以及证书授权中心的数字签名。

其实，数字证书是一个相当简单的概念（见图 3-17）。

在最简单的形式下，所有的数字证书都是这个样子的。数字证书列出了公钥的所有者是谁，而且还包含了该用户公钥的一份拷贝。

一个可信的认证机构就对上面所有这些东西签名。"对上面所有这些东西签名"的意思是说对上面刚刚讨论过的东西进行数字签名处理。计算整个证书的散列值，然后用那个可信的认证机构的私钥对这个散列值进行加密。

要检查一个数字证书的有效性，你只需要用那个可信的认证机构的公钥来验证该证书上的签名就可以了。如果证书检查一切正常，那么就可以确信包含在此证书中的公钥的确属于列在证书中的那个人了。

现在还是存在如何防止黑客用他的公钥替换掉那个可信的认证机构的公钥的问题。解决这个问题的方法是让那个可信的认证机构创建一个包含它自己的身份信息和公钥的证书，然后对其签名。我们称它为自签名证书。我们用的软件必须小心地管理这些特殊的顶层证书，因为它们是该认证机构签署的所有证书的信任基础。

你所使用的软件已经认识了许多个这样的可信的认证机构的自签名证书。如果你看一下Web 浏览器的安全设置，就会发现一个浏览器已经认识的可信的认证机构的长长的列表。浏览器厂商在验证了这些可信的权威机构是真的之后，就会将这些证书加载到浏览器当中。图 3-18 所示是浏览器中的数字证书的例子。

图 3-17　数字证书的概念

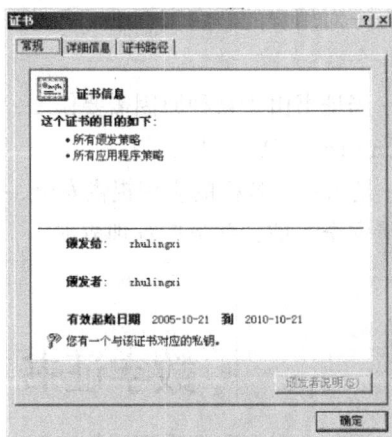

图 3-18　数字证书

在发送者的软件将加密摘要附在明文文件后面的时候，它也会将发送者的数字证书的一份拷贝附在后面。除了所有者的名字以外，数字证书还常常包含一些关于用户的额外的信息，如用户的公司以及该用户所在的部门。除了一份该用户公钥的拷贝之外，数字证书还包含了有效日期。数字证书会在特定的日期生效，到了特定的日期就会作废。一般来说，数字证书会有数年的生命周期，但是在特定的应用中，证书可能只有几个小时的生命周期。图 3-19 所示是数字证书的详细信息。

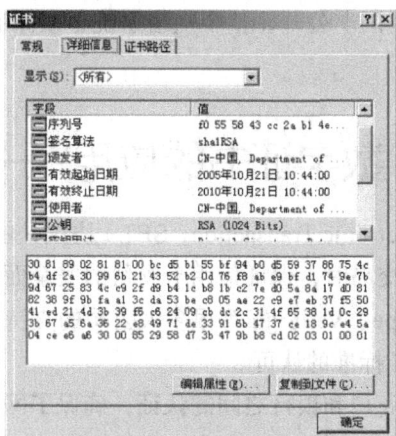

图 3-19　数字证书的详细信息

在实际应用中，发送者会将一份数字证书的拷贝和加密后的摘要以及明文文件放在一起。因此在数字签名的验证过程中，第一步是要将 3 个组成部分划分开来；接下来是检查数字证书，看该证书上的签名是否有效。检查有效性首先是要检查是否有某个你的软件信任的人对该证书签了名。这一点是通过对照该软件所包含的一个可信权威机构列表来检查该证书的签名者而完成的。

3.2.2　数字证书认证机构

CA 机构，又称证书认证中心，作为电子商务交易中受信任的第三方，承担公钥体系中公钥的合法性检验的责任。CA 机构为每个使用公开密钥的用户发放一个数字证书。数字证书的作用是证明数字证书中列出的用户合法拥有数字证书中列出的公开密钥。

CA 机构的数字签名使得攻击者不能伪造和篡改证书。它负责产生、分配并管理所有参与网上交易的个体所需的数字证书，因此是安全电子交易的核心环节。由此可见，建设证书认证中心，是开拓和规范电子商务市场必不可少的一步。为保证用户之间在网上传递信息的安全性、真实性、可靠性、完整性和不可抵赖性，我们不仅需要对用户的身份真实性进行验证，也需要有一个具有权威性、公正性、唯一性的机构，负责向电子商务的各个主体颁发并管理符合国内、国际安全电子交易协议标准的电子商务安全证书。

CA 机构的职责归纳起来有以下几个。

（1）验证并标识数字证书申请者的身份。

（2）确保 CA 机构用于签名数字证书的非对称密钥的质量。

（3）确保整个签证过程的安全性，确保签名私钥的安全性。

（4）管理数字证书资料信息（包括公钥证书序列号、CA 标识等）。

（5）确定并检查数字证书的有效期限。

（6）确保数字证书主体标识的唯一性，防止重名。

（7）发布并维护作废数字证书列表。

（8）对整个数字证书签发过程做日志记录。

（9）向申请人发出通知。

其中最为重要的是 CA 机构自己的一对密钥的管理，它必须确保其高度的机密性，防止他方伪造证书。CA 机构的公钥在网上公开，整个网络系统必须保证完整性。

3.3 数字证书的应用——SET 协议

安全电子交易（Secure Electronic Transaction，SET）协议是由 VISA 和 MasterCard 开发的。是为了在 Internet 上进行在线交易时，保证信用卡支付的安全而设计开发的一个开放的规范。由于得到了 IBM、HP、Netscape、VeriSign 等很多大公司的支持，SET 协议已经成为事实上的工业标准，目前它已通过 IETE 标准的认可。

SET 协议提供了消费者、商户和银行之间的认证，确保了网上交易数据的保密性、数据的完整性以及交易的不可抵赖性。特别是 SET 协议能够保证不将消费者的银行卡号暴露给商户，具备不将消费者的购物内容暴露给银行等优点，因此在一些国家得到了很好的应用。

3.3.1　SET 协议介绍

SET 协议使用加密技术提供信息的机密性，并保证支付的完整性，验证商户和持卡者。支付安全的目标是：验证持卡者、商户和收单行，为支付数据提供机密性；保护支付数据的完整性；为这些安全服务定义算法和协议。

1. SET 协议的主要内容

在 SET 协议中主要定义了以下内容。

（1）加密算法的应用（如 RSA 和 DES）。

（2）证书消息和对象格式。

（3）购买消息和对象格式。

（4）请款消息和对象格式。

（5）参与者之间的消息协议。

2. SET 技术规范

SET 技术规范分为 3 部分。

（1）商业描述，提供处理的总述。

（2）程序员指导，介绍数据区、消息以及处理流程。该指导分为 3 部分和附件。

① 系统设计考虑。

② 证书管理。

③ 支付系统。

（3）正式的协议定义。它提供 SET 消息和数据区的最严格描述。SET 协议采用美国国家标准学会（American National Standards Institute，ANSI）语法进行定义。

3.3.2　基本概念

本小节介绍 SET 协议涉及的基本概念，具体内容如下。

1. 支付系统参与者

SET 协议改变了一个支付系统的交互方式。在一个面对面零售方式或邮购交易中，电子支付处理开始于商户或收单行，但是在 SET 交易中，电子支付处理开始于持卡者。

（1）持卡者。在电子商务环境中，消费者和团体购买者通过计算机与商户进行交互，持卡者使用一个发卡行发行的支付卡。

（2）发卡行。一个发卡行是一个金融机构，为持卡者建立一个账户并发行支付卡。一个发卡行保证对经过授权的交易进行付款。

（3）商户。商户提供商品和服务，在 SET 协议中，商户与持卡者可以进行安全电子交易。一个商户必须与相关的收单行达成协议，保证可以接收支付卡付款。

（4）收单行。一个收单行是一个金融机构，为商户建立一个账户并处理支付卡授权和支付。

（5）支付网关。一个支付网关是一个由收单行操作的设备，或者是指定的第三方，用于处理支付卡授权和支付。

（6）品牌。根据市场需要，金融机构建立不同的支付卡品牌，每种支付卡品牌有不同的政策（包括消费方式等）。支付卡品牌将确定发卡行、收单行与持卡者和商户之间的关系。

（7）第三方金融机构。发卡行和收单行有时指定第三方来处理支付卡交易。在 SET 协议中没有区分金融机构和交易处理者，默认为是一家。

2. 与 SET 协议有关的密码技术

正如在前几章所讲述的，目前广泛使用的加密方法不外乎常规密码体制（对称加密算法）和公开密钥体制（非对称加密算法）。在 SET 协议的加密过程中这两种加密体制都用到了。SET 协议将对称加密算法的速度和低成本，与非对称加密算法的有效性完美地结合在一起。SET 协议中所涉及的密码技术主要有以下几种。

（1）对称加密算法技术。

（2）非对称加密算法技术。

（3）数字信封。

（4）数字签名。

（5）消息摘要。

（6）双重数字签名。

其中，前 5 个基本概念在前文中已经介绍过，此处简要说明双重数字签名。

双重数字签名是 SET 协议推出的数字签名的新应用，其主要目的在于让相关方只知道和自己相关的消息，而不能知道另外的消息。例如，张三要买李四的一处房产，张三发送给李四一个购买报价单和他对银行的授权书的消息，要求银行如果李四同意按此价格出售，则将钱划到李四的账上。但是，张三不想让银行看到报价，同时不希望李四看到他的账号信息；此外，报价和付款是相连、不可分割的，仅当李四同意他的报价时，钱才被转移。

要达到这个要求，采用双重数字签名即可实现。首先生成两条消息的摘要，将两个摘要连接起来，生成一个新的摘要（称为双重数字签名），然后用发送者的私钥加密，为了让接收者验证双重数字签名，发送者还必须将另外一条消息的摘要一起传过去。这样，任何一个消息的接收者都可以通过以下方法验证消息的真实性：生成消息摘要，将它和另外一个消息摘要连接起来，生成新的摘要，如果它与解密后的双重数字签名相符，就可以确定李四同意。李四发送一个消息给银行表示他同意，并报出报价单的摘要，银行能验证张三授权的真实性，用张三的授权书生成的摘要和李四消息中的报价单的摘要验证双重数字签名。银行根据双重数字签名，可以判定报价单的真实性，但却看不到报价单的内容。

3.3.3　SET 协议信息结构

参与 SET 协议支付系统的实体主要有持卡人、商户和支付网关。SET 协议信息结构就是关于一个完整的电子交易过程中，信息流和资金流在这三者之间是如何流动的。

SET 协议信息结构共有 6 大部分：交易初始化请求、购买指令执行过程、授权检验过程、付款请求执行过程、持卡人查询过程等。

安全电子交易协议格式由一系列请求/响应（Req/Res）信息对组成。图 3-20 所示为 Req/Res 的对应信息。

一个完整的购买交易所需的信息如下。

（1）交易初始化（PInit Req/PInit Res）。

（2）购买指令（PReq/PRes）。

（3）授权请求（Auth Req/Auth Res）。

（4）支付指令（Cap Req/Cap Res）。

（5）持卡人查询（Inq Req/Inq Res）。

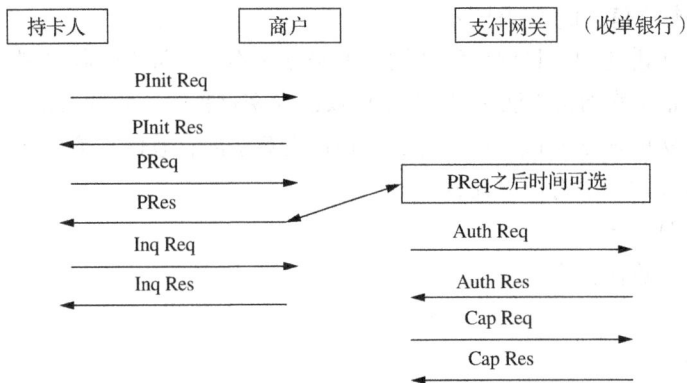

图 3-20　SET 交易过程

下面通过一个完整的交易过程，介绍一个基于 SET 协议的电子交易所需要的信息内容、结构和流程。

1．交易初始化

PInit Req 是交易开始请求的信息，请求交易开始（PInit Req/PInit Res），具体内容如图 3-21 所示。

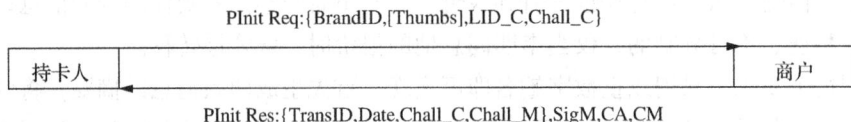

PInit Req:{BrandID,[Thumbs],LID_C,Chall_C}

PInit Res:{TransID,Date,Chall_C,Chall_M},SigM,CA,CM

图 3-21　交易开始信息

其中：

（1）BrandID：指持卡人所用银行卡品牌 VISA 或 MasterCard 等。

（2）LID_C：交易所在地的识别码。

（3）Thumbs：在持卡人软件中已存有的凭证及每张凭证的指纹（SHA）是可选项。

（4）Chall_C：是持卡人的回答口令，以确保通信安全畅通。在接收了 PInit Req 请求之后，商户通过 LID_C 组合形成一个唯一的交易识别码 TransID，以识别所接收的特指购买的指令。

（5）PInit Res：商户的回答 PInit Res 应包括上述交易识别 TransID、商户的数字签名、日期、证书、持卡人和商户口令 Chall_C、Chall_M、证书及证书中包括的支付用的公钥，如商户的公钥及收单行的公钥。

结论：持卡人在收到回答信息时，即可判断商户是否是一个网上合法的售货商。

2. 购买指令（PReq/PRes）

购买指令使持卡人从商户那里实现真正的购货。按 SET 协议，格式完整的信息对内容如下。

（1）PReq 包括 OI、PI。

（2）PRes 包括 5 项内容。

在 PReq 中，OI 为订货信息，是让商户识别的订货数据，如图 3-22 所示。

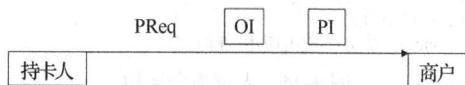

图 3-22　购货请求

OI 结构主要包括 OI Data、Dual Sig，如图 3-23 所示。

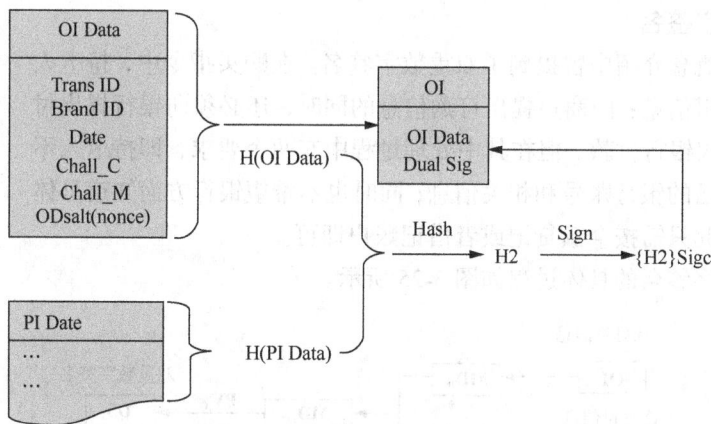

图 3-23　订货信息结构

OI Data 包括订单数据，具体如下。

（1）TransID：交易识别码。

（2）BrandID：银行卡品牌。

（3）Date：日期。

（4）Chall_C：持卡人口令。

（5）Chall_M：商户口令。

（6）ODsalt（nonce）：Hash 函数的哈希码，以防止黑客用词典进行穷举法的进攻。

（7）Hash（OI Data）：商户订货信息的哈希函数。

（8）Hash（PI Data）：客户信息的哈希函数。

二者关联起来，形成哈希函数的关联函数 H_2，然后再形成双重数字签名。

支付信息（PI）的结构如图 3-24 所示。

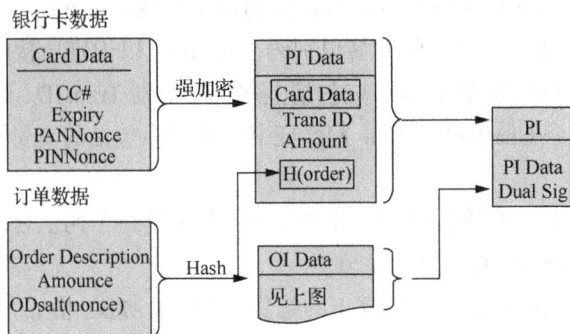

其中：CC#：为银行卡号
Expiry：为银行卡的有效期
PANNonce：CA机构的随机数
PINNonce：持卡人生成的随机数
Order Description：订单描述
Amounce：订单金额
ODsalt(nonce)：防穷举攻击使用的随机数

图 3-24 支付指令结构

客户 PI 的银行卡的内容商户是不能看的，但要传送给银行。PI 用双重数字签名，以收单行公钥加密，以防商户或他人窃取或篡改。

3．双重数字签名

我们在基本概念介绍中曾提到了双重数字签名。在购买指令中，持卡人要向商户提出两组信息：向商户提出订购信息的同时，还必须向银行提出付款信息，以便授权银行付款。但在其中处理过程中有两个要求，即持卡人不希望商户知道自己的银行账号和相关信息；同时也不希望银行方面知道具体的购物内容，如此只需按金额贷记或者借记账户即可。

双重数字签名

生成双重数字签名的具体过程如图 3-25 所示。

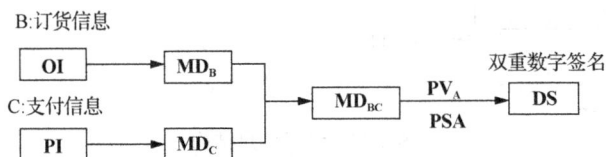

图 3-25 双重数字签名

一个人的双重数字签名可以分别传送给特约商户和开户银行，特约商户只能解读和自己相关的信息，却解不开传送给开户银行的信息。

在图 3-25 中，设持卡人为 A，特约商户为 B，开户银行为 C。

首先，持卡人 A 将发送给商户 B 的订货信息 OI、转发给开户银行 C 的支付信息 PI 分别使用哈希函数做数据摘要处理，其中 OI 信息的数据摘要为 MD_B，PI 信息的数据摘要为 MD_C。然后持卡人将这两部分摘要 MD_B 和 MD_C 进行连接，形成 MD_{BC}，然后用持卡人 A 的私钥 PV_A 对 MD_{BC} 进行加密，形成双重数字签名 DS。

在发送购买指令的时候，发送给特约商户 B 和银行 C 的信息需要做不同的处理，具体如图 3-26 所示。

发送给B的信息   发送给C的信息

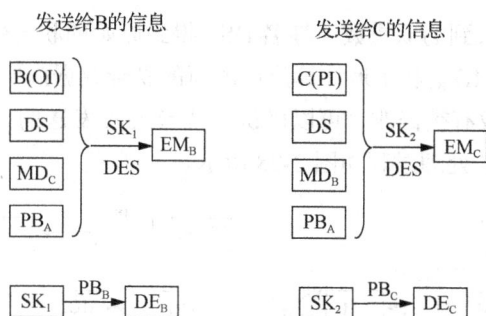

图 3-26   发送给特约商户 B 和银行 C 的信息的不同处理

持卡人随机产生两个随机的对称密钥 SK_1 和 SK_2 来分别加密发送给特约商户 B 和银行 C 的信息。

发送给特约商户 B 的信息包括：OI、双重数字签名 DS、MD_C 和持卡人 A 证书上的公钥 PB_A；对这些信息用对称加密方法（DES），以 SK_1 为密钥加密，生成密文 EM_B。然后持卡人使用特约商户 B 证书上的公钥 PB_B 将 SK_1 加密，形成数字信封 DE_B。在这里要特别注意，一定要将支付信息的数据摘要 MD_C 包含在送给 B 的信息中。

发送给银行 C 的信息包括：PI、双重数字签名 DS、MD_B 和持卡人 A 证书上的公钥 PB_A；这些信息用对称加密方法（DES），以 SK_2 为密钥加密，生成密文 EM_C。然后持卡人使用银行 C 证书上的公钥 PB_C 将 SK_2 加密，形成数字信封 DE_C。在这里要特别注意，一定要将订货信息的数据摘要 MD_B 包含在送给银行 C 的信息中。

持卡人 A 将以上信息，即 EM_B、DE_B、EM_C 和 DE_C 发送给特约商户 B。

特约商户 B 收到了由 A 送来的两组信息，一份自己解开，另一份 B 不能解读，只能传送给银行 C。

特约商户 B 对信息的处理过程如图 3-27 所示。

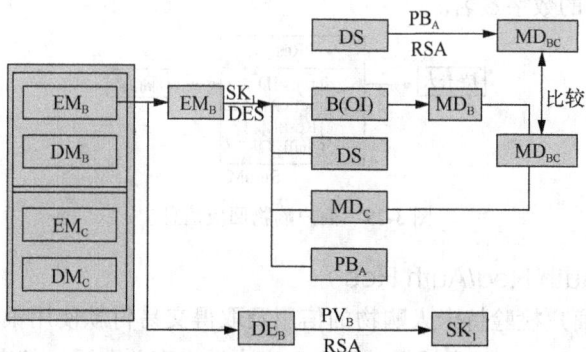

图 3-27   特约商户 B 对信息的处理过程

特约商户 B 收到购买指令后，做如下处理，首先 B 使用自己的私钥 PV_B 打开数字信封 DE_B，取出对称密钥 SK_1。然后再用对称密钥 SK_1 解开密文 EM_B，得到初始的信息：OI、双重数字签名 DS、MD_C 和持卡人 A 证书上的公钥 PB_A。这时，特约商户 B 可以看到相关的订单信息 OI，但是无法看到有关支付的信息 PI，因为特约商户 B 只能得到支付信息的数据摘要 MD_C。然后 B 使用与 A 相同的哈希算法计算订货信息 OI 的数据摘要，生成 MD_B。并且将生成的 MD_B 和接收到的 MD_C 连接起来，形成一个新的联合数据摘要 MD'_{BC}。特约商户 B 使用接收到的持卡人 A

证书上的公钥 PB_A 解密接收到的双重数字签名 DS，得到原始的联合数据摘要 MD_{BC}。特约商户 B 将原始的联合数据摘要 MD_{BC} 和本地计算形成的新的联合数据摘要 MD'_{BC} 进行比较，如果二者相同，则数据在传送中没有被修改，可以确认是持卡人 A 发送的。

同理，银行 C 对信息的处理过程如图 3-28 所示。

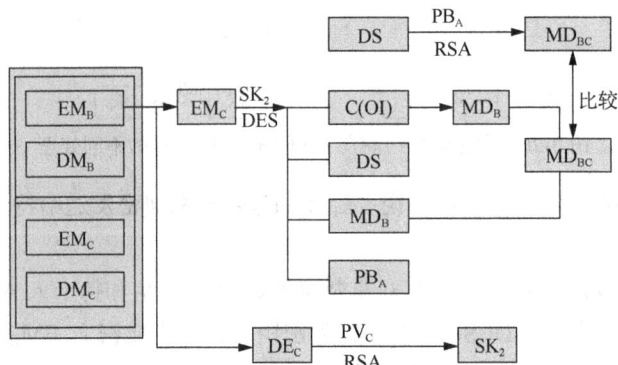

图 3-28　银行 C 对信息的处理过程

PRes 是购物回应信息。在回应信息之前，商户可做授权或取款交易，即 PRes 可以在取款之前发出，也可在取款和授权之后发出。

当商户传送购物回应信息到持卡人时，信息中包括了交易状态和一些有用的结果信息码，如图 3-29 所示。

（1）TransID：交易识别码。

（2）Completion Code：交易完成码，表示授权。

（3）Result：结果码，反映交易情况。

（4）Chall_C：持卡人口令。

（5）SignM：商户的数字签名。

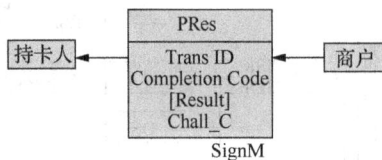

图 3-29　商户购物回应信息

4．授权检验（Auth Req/Auth Res）

这个处理过程是商户检验持卡人购物的信用及取得交易付款使用银行卡的许可的过程。

（1）授权请求：Auth Req。在授权过程中，商户送出有关购买、签字和加密信息到收单银行。同时，从持卡人那里送来的 PI 也转送给收单行。

授权信息中包括订货细节的哈希函数摘要，如图 3-30 所示。

订单信息 OI，经哈希函数做摘要，它与持卡人的 PI 中提供的哈希（Order）相匹配，收单行就会知道商户与持卡人已就货物和购买量达成共识（一致）。

在商户方面，他要求的哈希（OI Data）中的 OI Data 已经双重数字签名，并说明订货数据已经获得商户同意。Thumbs 是保存在商户证书中的持卡人指纹，以免收单行在回应信息中再送。

授权和付款可在一个销售交易中单独完成。

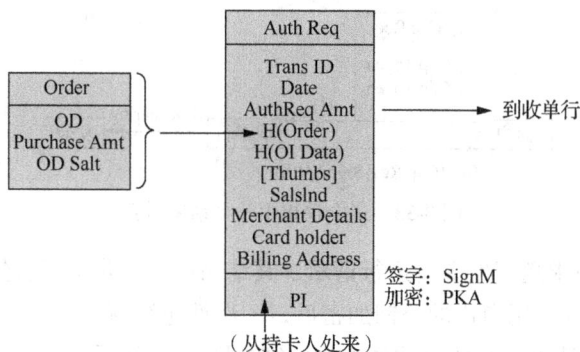

图 3-30　申请请求信息结构

Salslnd 是销售交易的标志，可由商户选用。

以上就是授权请求（Auth Req）。

（2）Auth Res：授权响应。收单行在收到授权请求以后，解释上述 Auth Req 信息，并验证签名和检查商户的购物细节和 PI 中是否一致。如果商户要求 Auth Req Amt 与持卡人购买量不同，则要看是否在可允许的范围内。

接着收单行就通过现有的银行卡交换和授权网络取得授权，如图 3-31 所示。

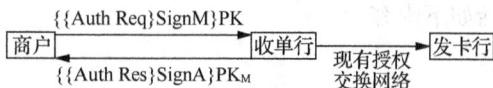

图 3-31　购买交易索取授权

一旦从发卡行得到明确授权，授权回应 Auth Res 就要送回商户。授权回应和付款标志信息如图 3-32 所示。

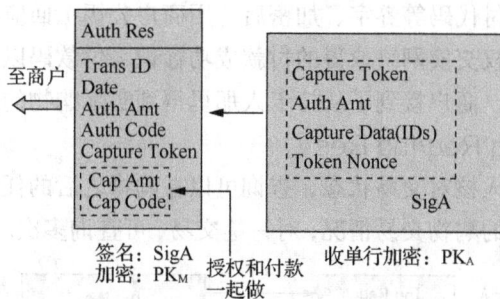

图 3-32　授权回应和付款标志

图中 Capture Token 为付款通知，它被收单行签名并加密，为客户收款用。授权回应信息中，除付款通知外，还有交易标识、日期、授权码等，以及授权和付款一同进行时的信息（付款额及付款码），也一起被送回商户。授权信息被收单行签名并加密（用商户的公钥 PK_M）成为一个明确的授权后，商户即可配送商品，这说明发卡行已验证了卡的有效性和信用额度，给这项购买发出 OK 指令。

5. 付款处理（Cap Req/Cap Res）

在处理完客户订货之后，商户需要将此笔已发生的购物款落实到自己的账上。这些付款交易可批量处理，即将多个授权汇总后，由一个批量命令进行付款处理，如图 3-33 所示。

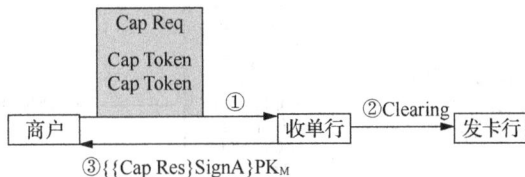

图 3-33　多个授权由一个请求付款

我们将多个付款请求送到发卡行进行请示，其结果返回到收单行，然后分别加以汇总并签字，形成{CapRes}signA，用商户的公钥加密后，一次性送给商户。

（1）Cap Req 付款请求。具体付款请求的内容如图 3-34 所示。

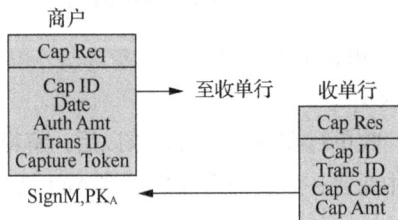

图 3-34　付款请求/回应信息

付款请求 Cap Req 包括如下内容。

① Cap ID：付款标识。

② Date：付款日期。

除此之外还包括：由授权回应信息 Auth Res 中传过来的授权量 Auth Amt、交易标识 Trans ID 及付款通知。付款请求 Cap Req 由商户签字 SignM 并加密传送给收单行（用收单行的公钥 PK_A）。

（2）Cap Res 付款响应。收单行在验证了付款请求后，收单行贷记商户账户的数据，并将支付标识、交易标识、支付代码等签字、加密后（用商户公钥）回应给商户，付款响应还应包括从发卡行，即银行卡授权交换网络取得的付款成功标识、付款码以及结算数量。

在付款取得成功之后，商户接到了从持卡人那里得到实际购物的货币支付。

6. 持卡人查询（Inq Req/Inq Res ）

持卡人查询允许持卡人核对交易状态，查询可以在购物之后的任何时间进行。

持卡人只能查询自己的购物交易情况；对一笔交易，可查询多次。信息内容如图 3-35 所示。

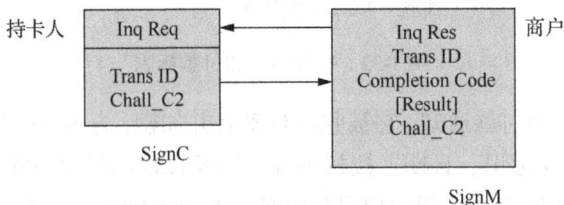

图 3-35　查询请求回响信息

查询请求包括：交易 ID 和客户新的口令变量，它对每个查询是唯一的，查询请求要求包括持卡人签名 SignC。持卡人查询要求是从正确的持卡人处发来的。

查询响应信息包括：由商户送回的，包括交易状态和结果码、是否已付款等的信息。收到查询响应后，持卡人就知道了某交易是否已由商户认可，以便及时处理情况。

3.3.4　SET 协议处理逻辑

1. SET 购物流程

电子购物的工作流程与现实购物的流程很相似，这使得电子商务与传统商务可以很好地融合，用户使用起来也没有什么障碍。从顾客通过浏览器进入在线商店开始，一直到账户上的金额被划走，所有这些都是通过 Internet 完成的。如何保证网上传输数据的安全和交易双方身份的确认，是电子商务能否得到推广的关键，这也正是 SET 协议所要解决的问题。

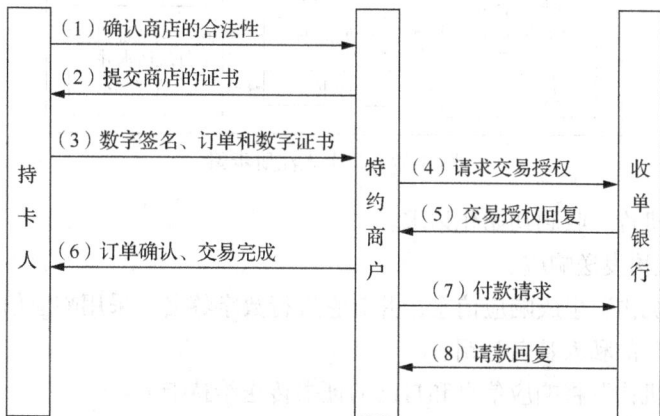

图 3-36　SET 协议流程

图 3-36 所示为 SET 协议的流程示意图。其中第（1）步至第（3）步与 SET 协议无关，从第（4）步起，SET 协议开始介入，直至第（8）步。在处理过程中，对于通信协议、请求信息的格式、数据类型的定义等，SET 协议都有明确的规定。在操作中的每一步，持卡人、商户、支付网关都通过 CA 机构来验证通信主体的身份，以确保通信的对方不是冒名顶替者。

我们可以看到，在使用 SET 协议进行交易的过程中，CA 机构扮演了系统中很重要的角色。SET 协议的重点在于交易安全性及保密性，其中，证书为其核心。SET 协议提供了较简便的方法来确保进行电子交易的人们能够互相信任。

2. SET 处理流程分析

在 SET 协议中，SET 处理流程涉及持卡人、商户、发卡行、收单行、支付网关等方面，处理流程十分复杂，但对持卡人来说，绝大多数处理是由软件来完成的，其处理流程对用户来说是透明的。

SET 支付处理基本步骤和流程主要包括以下几个方面：持卡人注册、商户注册、购买请求、支付认证和支付过程。以下给出的是详细的典型的 SET 购物流程。

（1）持卡人注册。图 3-37 说明了持卡人注册的大致步骤，共由 7 个基本步骤组成。下面具体分析每一个步骤。

注册过程从持卡人端软件发出索取"证书认证机构""交换密钥证书"的请求开始。

① 持卡人初始注册。持卡人初始注册的步骤如下。

a. 持卡人端软件向"证书认证机构"发送初始化请求。当"证书认证机构"收到请求后，把它自己的证书传送给持卡人。"证书认证机构"的密钥加密证书保证了持卡人在发出索取注册表格的请求时的信息是被保护的。

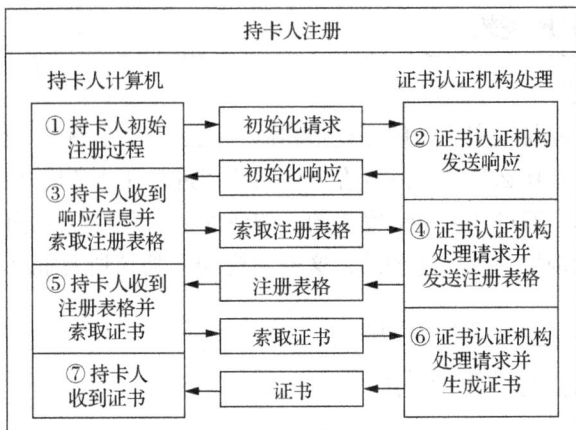

图 3-37　持卡人注册步骤

b. "证书认证机构"收到初始化请求。

② 证书认证机构发送响应。

a. "证书认证机构"生成响应信息，并对它进行数字签名（采用响应信息的"信息摘要"和"证书认证机构"的私人签名私钥）。

b. "证书认证机构"将响应信息和自己的证书传送给持卡人。

③ 持卡人收到响应信息并索取注册表格。持卡人收到响应信息并索取注册表格的具体步骤如下。

a. 持卡人端软件收到初始化响应信息，并验证证书的合法性。

b. 持卡人端软件用"证书认证机构"的签名公钥对"证书认证机构"的签名进行解密，并将结果与新生成的响应信息"信息摘要"进行比较，用来验证"证书认证机构"的签名。

c. 持卡人输入账号。

d. 持卡人端软件生成索取注册表格的请求。

e. 持卡人端软件用一个随机生成的对称密钥对信息进行加密。这个密钥和持卡人账号被"证书认证机构""交换密钥"的公钥加密。

f. 持卡人端软件将已加密的索取注册表格的请求传送给"证书认证机构"。

持卡人端软件找到信任链的根，验证"证书认证机构"的证书。持卡人端软件必须保存该证书，为注册过程的以后步骤所用。当持卡人端软件拥有"证书认证机构"的"交换密钥证书"后，持卡人可以发出索取注册表格的请求。

持卡人端软件生成索取注册表格的请求，然后生成一个随机的对称加密密钥。它用该随机密钥对索取注册表格的请求进行加密。该随机密钥和账号用"证书认证机构""交换密钥证书"的"公钥"打包到"数字信封"中。最后，该软件将所有这些信息发送给"证书认证机构"。

④ "证书认证机构"处理请求并发送注册表格。"证书认证机构"处理请求并发送注册表格的具体步骤如下。

a. "证书认证机构"用"证书认证机构""交换密钥"的私钥对称密钥和持卡人账号解密，然后用该对称密钥对索取注册表格的请求进行解密。

b. "证书认证机构"确定适当的注册表格，并对它进行数字签名（采用注册表格的"信息摘要"和"证书认证机构"的私钥）。

c. "证书认证机构"将注册表格和自己的证书传送给持卡人。

"证书认证机构"识别出持卡人的金融机构（使用账号第6~11位数据），并选择相应的注册表格。它对该注册表格进行数字签名，并将结果传送给持卡人。

在有些情况下，"证书认证机构"也许没有相应的注册表格，它能够通知持卡人端软件从哪里可以获得该表格。例如，持卡人的金融机构也许会有它自己的"证书认证机构"。在这种情况下，"证书认证机构"将请求转向相应的位置。

⑤ 持卡人收到注册表格并索取证书。持卡人收到注册表格并索取证书的具体步骤如下。

a. 持卡人端软件收到注册表格，并验证证书的合法性。

b. 持卡人端软件用"证书认证机构"的签名公钥对"证书认证机构"的签名进行解密，并将结果与新生成的注册表格"信息摘要"进行比较，以验证"证书认证机构"的签名。

c. 持卡人端软件生成一对密钥。

d. 持卡人填完表格。

e. 持卡人端软件生成索取证书的请求（包括注册表格中的信息）。

f. 持卡人端软件生成包括请求、持卡人签名公钥、新生成对称密钥的信息，并对它进行数字签名（采用索取证书的请求的"信息摘要"和持卡人的私钥）。

g. 持卡人端软件用随机生成的对称密钥对信息进行加密。这个密钥和持卡人账号信息一起，被"证书认证机构""交换密钥"的公钥加密。

h. 持卡人端软件将加密的索取证书请求发送给"证书认证机构"。

具体如图3-38所示。

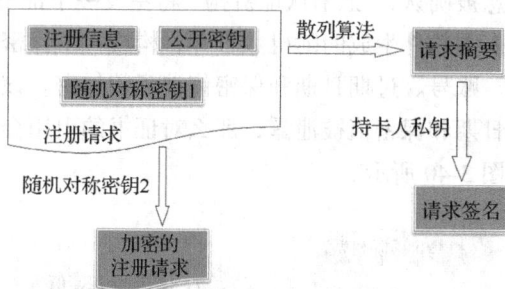

图 3-38　持卡人对注册请求进行处理

持卡人发送的具体内容如图3-39所示。

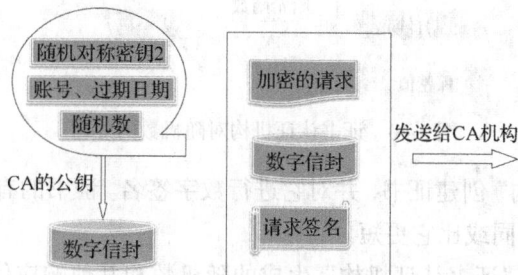

图 3-39　持卡人发送注册请求

注意：如果"证书认证机构"将索取注册表格的请求转向其他位置，持卡人端软件将要从头开始持卡人的注册过程。

⑥ 证书认证机构处理请求并生成证书。

a. "证书认证机构"用自己的私钥解密，得到对称密钥和持卡人的账号信息，再用该对称密钥将索取证书的请求解密。

b. "证书认证机构"用持卡人的签名公钥对持卡人的签名进行解密，并将结果与新生成的索取证书请求的"信息摘要"进行比较，用来验证持卡人的签名。

c. "证书认证机构"通过持卡人的账号信息和注册表格中的信息验证索取证书的请求。

d. 通过验证后，"证书认证机构"生成持卡人证书，用自己的签名私钥对它进行数字签名。

e. "证书认证机构"生成证书响应，并对它进行数字签名（采用响应的"信息摘要"和"证书认证机构"的签名私钥）。

f. "证书认证机构"用持卡人请求中的对称密钥对证书响应进行加密。

g. "证书认证机构"将响应发送给持卡人。

h. 持卡人端软件验证证书的合法性。

当"证书认证机构"收到持卡人的请求后，打开数字信封，得到对称加密密钥、账号信息和持卡人端软件生成的随机数。它使用对称密钥解开注册请求。然后，它使用请求中签名的密钥来验证该请求是用正确的私钥进行数字签名的。如果签名被确认，它将继续对请求进行处理；否则，拒绝该请求，并向持卡人发出非法的响应内容。

然后，"证书认证机构"必须使用持卡人的账号信息验证注册请求的信息。证书认证机构和金融机构之间的信息交换，以及验证注册请求信息的过程在此将不再讨论。

如果注册请求中的信息被确认，"证书认证机构"将签发一个证书。首先，"证书认证机构"生成一个随机数，与持卡人端软件生成的随机数合并，构成一个保密值。该保密值被用来保护持卡人证书中的账号信息。账号、过期日期和保密值被函数加密。该函数的结果被放入持卡人的证书。如果账号、过期日期和保密值被泄露，那么对证书的引用会被确认，但是从证书中不能反向推导这些信息，如图3-40所示。

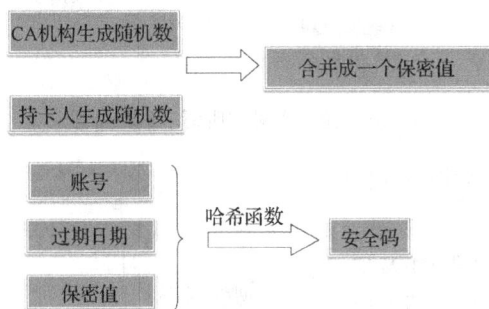

图3-40　证书认证机构对随机数的处理

然后，"证书认证机构"创建证书，并对它进行数字签名。证书的有效期由"证书认证机构"决定，通常与过期日期相同或比它更短。

持卡人申请的证书、"证书认证机构"生成的随机数和其他响应信息，被注册请求中持卡人端软件送来的对称密钥加密生成响应。最后，"证书认证机构"发送该响应给持卡人，如图3-41所示。

图 3-41　证书认证机构发送响应

⑦ 持卡人收到证书。

a. 持卡人端软件验证证书的合法性。

b. 持卡人端软件用保存的对称密钥对响应进行解密。

c. 持卡人端软件用"证书认证机构"的签名公钥对"证书认证机构"的签名进行解密，并将结果与新生成的响应"信息摘要"进行比较，用来验证"证书认证机构"的签名。

d. 持卡人端软件将证书和响应中的信息保存起来，在以后电子交易中使用。

当持卡人端软件收到"证书认证机构"的响应后，它找到信任链的根，验证"证书认证机构"的证书。它将证书保存在持卡人计算机上，为将来电子商务交易所用。

随后，持卡人端软件用它传送给"证书认证机构"注册请求中的对称加密密钥对注册响应进行解密。它将从"证书认证机构"返回的随机数和它通过注册请求发送出去的值合并，得到保密值。它将该保密值保存起来，以后和证书一起使用。

持卡人端软件提供商必须确保证书和相关信息必须以安全的形式保存（未授权的用户不能访问）。

（2）商户注册。图 3-42 说明了商户注册的大致流程，共由 5 个基本步骤组成。下面会具体分析每一个步骤。

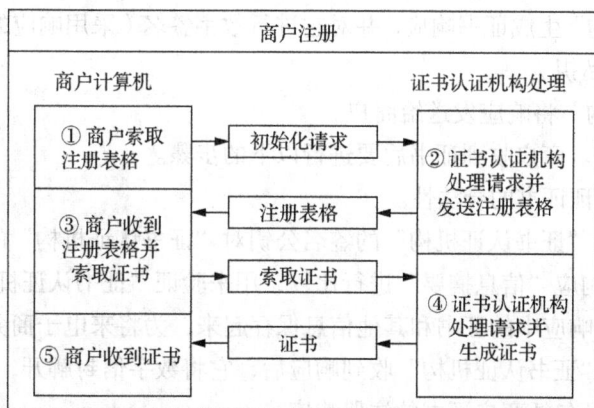

图 3-42　商户注册流程

注册过程在商户端软件请求"密钥交换"证书和相应注册表格时开始。

① 商户请求注册表格。商户请求注册表格的具体步骤如下。

a. 商户端软件向"证书认证机构"发出初始化请求。"证书认证机构"识别商户的金融机构，并选择相应的注册表格。它将注册表格和自己的"密钥交换"证书一起发送给商户。

b. "证书认证机构"收到初始化请求。

② 证书认证机构处理请求并发送注册表格。

a. "证书认证机构"选择相应的注册表格，并对它进行数字签名（采用表格的"信息摘要"和"证书认证机构"的私钥）。

b. "证书认证机构"将注册表格和自己的证书发送给商户。

③ 商户收到注册表格并索取证书。商户收到注册表格并索取证书的具体步骤如下。

a. 商户端软件收到注册表格，并验证"证书认证机构"证书的合法性。

b. 商户端软件用"证书认证机构"的签名公钥对"证书认证机构"的电子签名进行解密，并将结果与新生成的注册表格"信息摘要"进行比较，用来验证"证书认证机构"的数字签名。

c. 商户端软件生成两对密钥。

d. 商户端填完表格。

e. 商户端软件生成索取证书的请求。

f. 商户端软件生成包括请求、经过数字签名的商户公钥（采用索取证书请求的"信息摘要"和商户签名私钥）的消息。

g. 商户端软件用一个随机生成的对称密钥对消息进行加密。该密钥同商户的账号数据一起，被"证书认证机构""交换密钥"的公钥加密。

h. 商户端软件将被加密的索取证书请求消息发送给"证书认证机构"。

④ 证书认证机构处理请求并生成证书。证书认证机构处理请求并生成证书的具体步骤如下。

a. "证书认证机构"用自己"密钥交换"的私钥对请求进行解密，得到对称密钥和商户账号数据，然后用该对称密钥对请求进行解密。

b. "证书认证机构"用商户的签名公钥对商户的电子签名进行解密，并将结果与新生成的索取证书请求"信息摘要"进行比较，用来验证商户的数字签名。

c. "证书认证机构"用商户信息确认索取证书的请求。

d. 在确认结束后，"证书认证机构"生成商户证书，并用自己的签名私钥进行数字签名。

e. "证书认证机构"生成证书响应，并对它进行数字签名（采用响应的"信息摘要"和"证书认证机构"的签名私钥）。

f. "证书认证机构"将响应发送给商户。

⑤ 商户收到证书。商户收到证书后要进行以下的步骤。

a. 商户端软件验证证书的合法性。

b. 商户端软件用"证书认证机构"的签名公钥对"证书认证机构"的电子签名进行解密，并将结果与新生成的响应"信息摘要"进行比较，用来验证"证书认证机构"的数字签名。

c. 商户端软件将响应中的证书和其他信息保存起来，为将来电子商务所用。

当商户端软件从"证书认证机构"收到响应后，它将数字信封解开，得到对称加密密钥。它采用该对称密钥解开包括商户证书的注册响应。

在商户端软件验证完证书后，它将该证书保存在商户计算机上，为将来电子商务交易所用。

（3）购买请求。图3-43说明了购买请求的大致流程，它共由5个基本步骤组成。下面会具体分析每一个步骤。

持卡人结束浏览、选择和订货后，SET协议被激活。在这个过程开始之前，SET软件必须将完整的订货表格、内容和条款（如分期付款的方法）展示给持卡人看。然后，持卡人将选择一张支付卡进行支付。

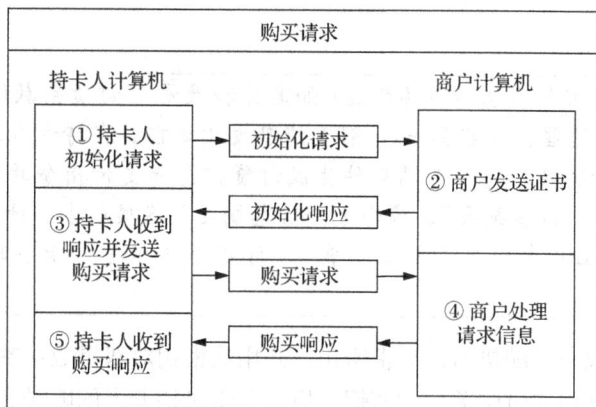

图 3-43　购买请求流程

为了向商户发送基于 SET 协议的消息，持卡人必须拥有支付网关"密钥交换"的公钥。当持卡人端软件请求网关证书的时候，基于 SET 协议的订货过程才开始。持卡人的消息指出了选择哪种银行卡进行支付。

① 持卡人初始化请求。持卡人初始化请求的具体步骤如下。

a. 持卡人选择货物。

b. 持卡人端软件向商户发送初始化请求。

② 商户发送证书。商户发送证书的具体步骤如下。

a. 商户端软件收到初始化请求。

b. 商户端软件生成响应，并对它进行数字签名（采用响应的"信息摘要"和商户的签名私钥）。

c. 商户端软件向持卡人发送响应、商户证书和支付网关证书。

当商户收到请求时，它向该请求分配一个唯一的交易编号，然后向持卡人发送与持卡人指出的支付卡相关的商户证书和网关证书。

③ 持卡人收到响应并发送购买请求。具体步骤如下。

a. 持卡人端软件收到初始化响应，并顺着信任链回溯到根，对证书进行验证。

b. 持卡人端软件用商户的签名公钥对商户的电子签名进行解密，并将结果与新生成的响应"信息摘要"进行比较，用来验证商户的数字签名。

c. 持卡人端软件用购物时的信息生成订货信息。

d. 持卡人端完成支付指令。

e. 持卡人端软件生成双重数字签名（计算出各自的"信息摘要"，将两个"信息摘要"连接起来，计算出结果的"信息摘要"，并由持卡人签名私钥加密）。

f. 持卡人端软件用一个随机生成的对称密钥对支付指令进行加密。该对称密钥和持卡人账号信息一起被支付网关"密钥交换"的公钥加密。

g. 持卡人端软件将订货信息和加密的支付指令发送给商户。

持卡人端软件顺着信任链回溯到根，对商户证书和网关证书进行验证，然后将这些证书保存起来，为以后所用。

持卡人端软件生成订货信息和支付指令。该软件首先将商户分配的交易编号加入订货信息和支付指令。这个交易编号将被交易网关用来在商户请求认证的时候建立订货信息和支付指令的关联。

订货信息不包括商品描述（如名称和数量）、订货条款（如分期付款的方法）等信息。这些信息在第一个 SET 消息发出之前，在持卡人端软件和商户端软件之间进行交换。持卡人端软件生成订货信息和支付指令的双重数字签名（计算出各自的"信息摘要"，将两个"信息摘要"连接起来，计算出结果的"信息摘要"，并由持卡人签名私钥加密）。订货信息和支付指令与双重数字签名一并发出。

然后，该软件生成一个随机对称加密密钥，并用该密钥对双重数字签名加密的支付指令进行加密。同时，该软件用支付网关的"密钥交换"公钥对持卡人的账号和随机对称密钥进行加密。最后，该软件将包含订货信息和支付指令的消息发送给商户。

④ 商户处理请求信息。商户处理请求信息的具体步骤如下。

a. 商户端软件顺着信任链回溯到根，对持卡人证书进行验证。

b. 商户端软件验证持卡人的双重数字签名（用持卡人的签名公钥解密，并计算出各自新的"信息摘要"，将两个新的"信息摘要"连接起来，计算出结果的"信息摘要"，与解密结果进行比较）。

c. 商户端软件处理请求（包括将支付指令发送到支付网关进行认证）。

d. 商户端软件生成包括商户数字签名证书和数字签名（采用购买响应的"信息摘要"和商户签名私钥）的响应。

e. 商户端软件将购买响应发送给持卡人。

f. 如果事务被验证，商户履行订单内容（如发送货物等）。

当商户端软件收到订单时，它顺着信任链回溯到根，以验证持卡人数字签名证书。然后，它用持卡人签名公钥和支付指令的"信息摘要"（包括在订货信息中）来检查数字签名，以确保订单在传输过程中没有变化，而且是由持卡人签名私钥进行数字签名的。

商户端软件然后处理订单和支付认证。

商户在发送响应给持卡人之前进行认证过程不是必要的。持卡人以后可以通过发送订单查询消息得到结果。在订货信息处理完毕后，商户端软件生成购买响应消息，并对它进行数字签名。该响应被发送给持卡人。

如果认证响应指出交易被确认，商户需要将货物或服务根据订单所述提供给持卡人。

⑤ 持卡人收到支付响应。持卡人收到支付响应的具体步骤如下。

a. 持卡人端软件顺着信任链回溯到根，对商户数字签名证书进行验证。

b. 持卡人端软件用商户的签名公钥对商户的电子签名进行解密，并将结果与新生成的购买响应"信息摘要"进行比较，用来验证商户的数字签名。

c. 持卡人端软件保存购买响应。

当持卡人端软件从商户收到购买响应后，它顺着信任链回溯到根，对商户的数字签名证书进行验证。使用商户签名公钥来检查商户的数字签名。然后，它进行一些基于响应消息内容的动作，如向持卡人显示消息或更新数据库中的订单状态。持卡人可以通过发送订单查询消息来了解订单状态（如订单是否被认证或是否支付成功）。

（4）支付认证。图 3-44 说明了支付认证的大致流程，它由 3 个基本步骤组成。下面具体分析每一个步骤。

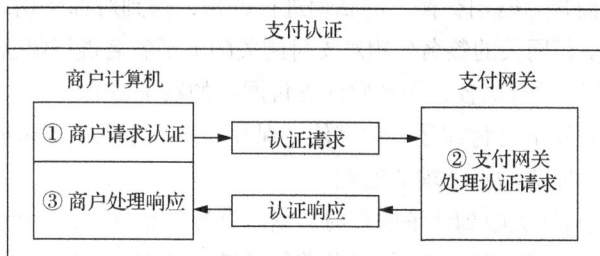

图 3-44　支付认证流程

① 商户请求认证。商户请求认证的具体步骤如下。

a. 商户端软件生成认证请求。

b. 商户端软件对认证请求进行数字签名（采用认证请求的"信息摘要"和商户签名私钥）。

c. 商户端软件用一个随机生成的对称密钥对认证请求进行加密。该密钥被支付网关"密钥交换"的公钥加密。

d. 商户端软件将加密的认证请求和从持卡人购买请求得来的加密支付指令发送给支付网关。

② 支付网关处理认证请求。支付网关处理认证请求的具体步骤如下。

a. 支付网关用自己"密钥交换"的私钥解密得到对称密钥，再由该对称密钥对认证请求进行解密。

b. 支付网关用商户的签名公钥对商户的电子签名进行解密，并将结果与新生成的认证请求"信息摘要"进行比较，用来验证商户的数字签名。

c. 支付网关顺着信任链回溯到根，对持卡人证书进行验证。

d. 支付网关用自己"密钥交换"的私钥解开并得到对称密钥和持卡人账号信息，然后用该对称密钥对支付指令进行解密。

e. 支付网关验证持卡人对支付指令的双重数字签名（用持卡人的签名公钥解密，并计算出各自新的"信息摘要"，将两个新的"信息摘要"连接起来，计算出结果的"信息摘要"，与解密结果进行比较）。

f. 支付网关确保商户认证请求和持卡人支付指令两者的一致性。

g. 支付网关通过金融网络向持卡人的金融机构发送认证请求。

h. 支付网关生成响应消息，并对它进行数字签名（采用认证请求的"信息摘要"和支付网关签名私钥）。

i. 支付网关用一个随机新生成的对称密钥对认证请求进行加密。该对称密钥再由商户签名公钥加密。

j. 支付网关生成支付编号，并对它进行数字签名（采用支付编号的"信息摘要"和支付网关的签名私钥）。

k. 支付网关用一个随机新生成的对称密钥对支付编号进行加密。该对称密钥再由支付网关"密钥交换"的公钥加密。

l. 支付网关将加密的认证响应发送给商户。

③ 商户处理响应。商户处理响应的具体步骤如下。

a. 商户端软件顺着信任链回溯到根，对支付网关的证书进行验证。

b. 商户端软件用商户"密钥交换"的私钥进行解密，得到对称密钥。

c. 商户端软件用支付网关的签名公钥对支付网关的电子签名进行解密，并将结果与新生成的认证响应"信息摘要"进行比较，用来验证支付网关的数字签名。

d. 商户端软件将加密的支付编号和数字信封保存起来，为以后支付处理所用。

e. 商户端软件商户完成购买请求的处理。

当商户端软件从支付网关收到认证响应时，它解开数字信封，从中得到对称加密密钥。它采用该对称密钥对响应消息进行解密，然后顺着信任链回溯到根，对支付网关数字签名证书进行验证。客户端软件使用支付网关的签名公钥来验证支付网关的数字签名。

商户端软件将认证响应和支付编号保存起来，为以后所用。商户完成持卡人订单的处理（根据持卡人订单），发送货物或提供服务。

（5）支付请求过程。图 3-45 所示为支付请求的大致过程，共由 3 个基本步骤组成。下面会具体分析每一个步骤。

持卡人完成订货的全部过程后，商户将发出支付请求。通常，发出支付认证请求和支付请求之间会有很长的时间间隔。

① 商户发出支付请求。商户支付请求的具体步骤如下。

a. 商户端软件生成支付请求。

b. 商户端软件将商户的证书嵌入支付请求，并对它进行数字签名（采用支付请求的"信息摘要"和商户签名私钥）。

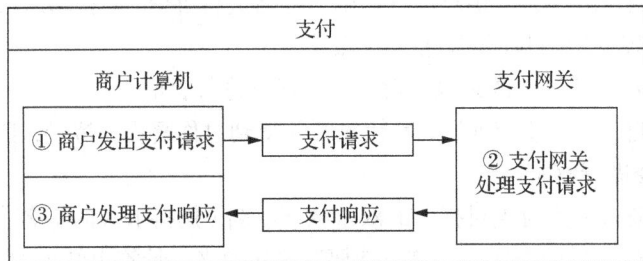

图 3-45　支付请求过程

c. 商户端软件用一个随机生成的对称密钥对支付请求进行加密。该密钥被支付网关"密钥交换"的公钥加密。

d. 商户端软件发送加密的支付请求和加密的支付标志（在向支付网关发出认证响应时保存的）。

② 支付网关处理支付请求。支付网关处理请求的具体步骤如下。

a. 支付网关验证商户证书。

b. 支付网关用自己"密钥交换"的私钥解开并得到对称密钥，然后用该对称密钥对支付请求进行解密。

c. 支付网关用商户的签名公钥对商户的签名进行解密，并将结果与新生成的支付请求"信息摘要"进行比较，用来验证商户的签名。

d. 支付网关用自己"密钥交换"的私钥解开并得到对称密钥，然后用该对称密钥对支付标志进行解密。

e. 支付网关确认商户的支付请求和支付标志之间的一致性。

f. 支付网关通过金融网络将支付请求发送给持卡人的金融机构。

g. 支付网关生成支付响应消息，包括支付网关的签名证书，并对它进行数字签名（采用支付响应的"信息摘要"和支付网关的签名私钥）。

h. 支付网关用一个随机新生成的对称密钥对支付响应进行加密。该对称密钥被商户"密钥交换"的公钥加密。

i. 支付网关将加密的支付响应发送给商户。

③ 商户处理支付响应。商户处理支付响应的具体步骤如下。

a. 商户端软件对支付网关的证书进行验证。

b. 商户端软件用商户"密钥交换"的私钥解开并得到对称密钥，然后用该对称密钥对支付响应进行解密。

c. 商户端软件用支付网关的签名公钥对支付网关的签名进行解密，并将结果与新生成的支付响应"信息摘要"进行比较，用来验证支付网关的数字签名。

当商户端软件从支付网关收到支付响应后，它打开数字信封，得到对称加密密钥。它使用该对称密钥对响应进行解密。然后，它找到信任链的根，验证支付网关的证书。它使用支付网关的签名公钥检查支付网关的数字签名。

最后，商户端软件把支付响应保存起来，为以后复查所用。

3.4 数字证书的应用——安全套接层协议

3.4.1 安全套接层协议概述

安全套接层（Secure Sockets Layer，SSL）协议是提供 Internet 上的通信隐私性的安全协议。该协议允许客户端/服务器应用之间建立防窃听、防消息篡改及消息伪造的安全的通信。

TCP/IP 是整个 Internet 数据传输和通信所使用的最基本的控制协议，在它之上还有 HTTP 协议、轻量级目录访问协议（Lightweight Directory Access Protocol，LDAP）、Internet 邮件访问（Internet Mail Access Protocol，IMAP）协议等应用层协议。而 SSL 协议是位于 TCP/IP 和各种应用层协议之间的一种数据安全协议，如图 3-46 所示。SSL 协议可以有效地避免网上信息的偷听、篡改以及消息的伪造。

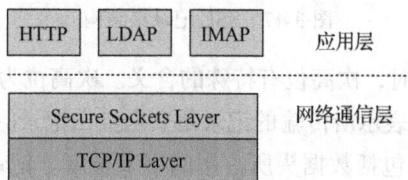

图 3-46　SSL 协议的位置

SSL 协议是对称密码技术和非对称密码技术的结合，可以实现如下 3 个通信目标。

秘密性：SSL 协议客户机和服务器之间传送的数据都经过了加密处理，网络中的非法窃听者所获取的信息都将是无意义的密文信息。

完整性：SSL 协议利用密码算法和哈希（Hash）函数，通过对传输信息特征值的提取来保证信息的完整性，确保要传输的信息全部到达目的地，可以避免服务器和客户机之间的信息受到破坏。

认证性：利用证书技术和可信的第三方认证，可以让客户机和服务器相互识别对方的身份。为了验证证书持有者是其合法用户（而不是冒名用户），SSL 协议要求证书持有者在握手时相互交换数字证书，通过验证来保证对方身份的合法性。

3.4.2 SSL 协议的主要组成协议

SSL 协议实际上是由 SSL 握手协议、SSL 修改密文协议、SSL 警告协议和 SSL 记录协议组成的一个协议族。其中，最主要的是 SSL 记录协议和 SSL 握手协议。

1. SSL 记录协议

SSL 记录协议限定了所有发送和接收数据的打包，它提供了通信、身份认证功能。它是一个面向连接的可靠传输协议，在 TCP/IP 上提供安全保护。

在 SSL 协议中，所有数据被封装在记录中。一个记录由两部分组成：记录头和非零长度的数据。记录头可以是 2 字节或 3 字节（当有填充数据时使用）。SSL 握手层协议的报文要求必须放在一个 SSL 记录层的记录里，但应用层协议的报文允许占用多个 SSL 记录来传送。

（1）SSL 记录头格式。SSL 的记录头可以是两个或 3 个字节长的编码。SSL 记录头包含的信息有记录头的长度、记录数据的长度、记录数据中是否有填充数据。其中填充数据是在使用块加密算法时，填充实际数据，使其长度恰好是块的整数倍。最高位为 1 时，不含有填充数据，记录头的长度为两个字节，记录数据的最大长度为 32 767 个字节；最高位为 0 时，含有填充数据，记录头的长度为 3 个字节，记录数据的最大长度为 16 383 个字节。

其记录层结构如图 3-47 所示。

图 3-47　SSL 记录层结构

当数据头长度是 3 个字节时，次高位有特殊的含义。次高位为 1 时，表示所传输的记录是普通的数据记录；次高位为 0 时，表示所传输的记录是安全空白记录（被保留用于将来协议的扩展）。

记录头中数据长度编码不包括数据头所占用的字节长度。记录头长度为两个字节时，记录长度的计算公式为：记录长度:((Byte[0] & 0x7f)<=8)|[Byte[1]。其中 Byte[0]、Byte[1] 分别表示传输的第 1 个、第 2 个字节。

记录头长度为 3 个字节时，记录长度的计算公式是：记录长度:((Byte[0] & 0x3f<=8))|Byte[1]。其中 Byte[0]、Byte[1] 的含义同上。判断是否是安全空白记录的计算公式为：

（Byte[0] & 0x40）!=0。填充数据的长度为传输的第三个字节。

（2）SSL 记录数据格式。SSL 记录数据部分有 3 个分量：MAC-DATA、ACTUAL-DATA、PADDING-DATA。

MAC 数据用于数据完整性检查。计算 MAC 所用的哈希函数由 SSL 握手协议中的 CIPHER-CHOICE 消息确定。若使用 MD2 和 MD5 算法，则 MAC 数据长度是 16 个字节。MAC 的计算公式为：MAC 数据：Hash[密钥，实际数据，填充数据，序号]。

当会话的客户端发送数据时，密钥是客户的写密钥（服务器用读密钥来验证 MAC 数据）；而当会话的客户端接收数据时，密钥是客户的读密钥（服务器用写密钥来产生 MAC 数据）。序号是一个可以被发送和接收双方递增的计数器。每个通信方向都会建立一对计数器，分别被发送者和接收者拥有。计数器有 32 位，计数值循环使用，每发送一个记录，计数值递增一次，序号的初始值为 0。

ACTUAL-DATA 是被传送的应用数据，PADDING-DATA 是当采用分组码时所需要的填充数据，在明文传送下只有第二项。

2. SSL 握手协议

SSL 握手协议包含两个阶段：第一阶段用于建立私密性通信信道；第二阶段用于客户认证。

（1）第一阶段。第一阶段是通信的初始化阶段，通信双方都发出 HELLO 消息。当双方都接收到 HELLO 消息时，就有足够的信息确定是否需要一个新的密钥。若不需要新的密钥，双方立即进入 SSL 握手协议的第二阶段。否则，此时服务器方的 SERVER—HELLO 消息将包含足够的信息使客户方产生一个新的密钥。这些信息包括服务器所持有的证书、加密规约和连接标识。若密钥产生成功，客户方发出 CLIENT—MASTER—KEY 消息，否则发出错误消息。最终当密钥确定以后，服务器方向客户方发出 SERVER—VERIFY 消息。图 3-48 所示为第一阶段的流程。

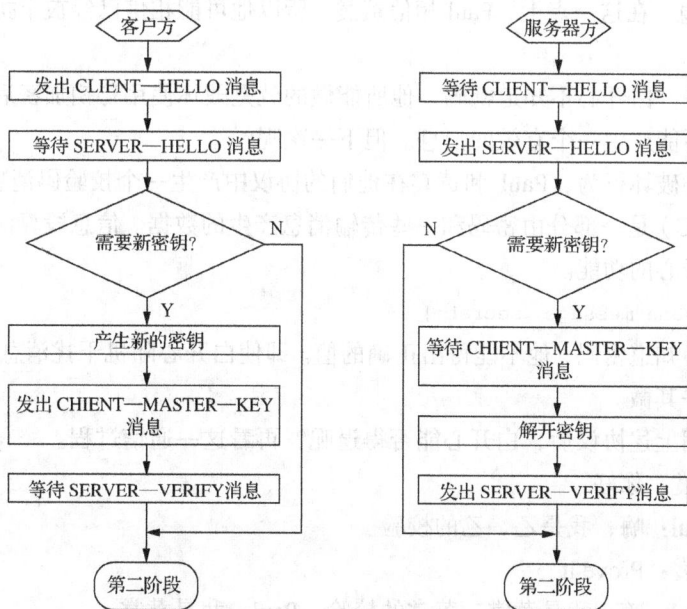

图 3-48 SSL 协议通信流程

需要注意的一点是，每一通信方向上都需要一对密钥，所以一个连接需要 4 个密钥，分别为客户方的读密钥、客户方的写密钥、服务器方的读密钥、服务器方的写密钥。

（2）第二阶段。第二阶段的主要任务是对客户进行认证，此时服务器已经被认证了。服务器方向客户方发出认证请求消息：REQUEST—CERTIFICATE。当客户方收到服务器方的认证请求消息时，发出自己的证书，并且监听对方回送的认证结果。而当服务器方收到客户方的认证时，认证成功则返回 SERVER—FINISH 消息，否则返回错误消息。到此为止，SSL 握手协议全部结束。

下面用一个有趣的实例来简要说明 SSL 握手协议具体是如何运作的。

现假定黄裳和 Paul 要进行网上通信，通信过程被黑客白开心窃听并进行干扰。具体来看这一通信过程。

Paul——>白开心：你好

白开心——>黄裳：你好

黄裳——>白开心：嗨，我是黄裳，黄裳的校验

白开心——>Paul：嗨，我是黄裳，黄裳的校验

Paul——>白开心：Prove it

白开心——>黄裳：Prove it

黄裳——>白开心：Paul，我是黄裳{信息段[Paul ，我是黄裳]}黄裳的私钥

白开心——>Paul：Paul，我是黄裳{信息段[Paul ，我是黄裳]}黄裳的私钥

Paul——>白开心：OK 黄裳，here is a secret {secret}黄裳的公钥

白开心——>黄裳：OK 黄裳，here is a secret {secret}黄裳的公钥

黄裳——>白开心：[{some message}secret-key]

白开心——>Paul：Garble[{some message}secret-key]

在上述过程中，白开心忽略一些数据不修改，直到 Paul 和黄裳交换密码。然后白开心干扰黄裳给 Paul 的信息。在这一点上，Paul 相信黄裳，所以他可能相信已经被干扰的消息并且尽力解密。

需要注意的是，白开心不知道密码，他所能做的就是毁坏使用秘钥加密后的数据。基于协议，白开心可能不能产生一个有效的消息。但下一次呢？

为了阻止这种破坏行为，Paul 和黄裳在他们的协议中产生一个校验码消息（MAC）。一个校验码消息（MAC）是一部分由密码和一些传输消息产生的数据。信息段算法描述的上述特性正是它们抵御白开心的功能。

```
MAC= Digest[some message, secret ]
```

因为白开心不知道密码，他不能得出正确的值。即使白开心随机干扰消息，只要数据量大，他成功的机会微乎其微。

那么，在使用上述协议后，白开心能否得逞呢？再看这一通信过程。

Paul——>黄裳：你好

黄裳——>Paul：嗨，我是乙，乙的校验

Paul——>黄裳：Prove it

黄裳——>Paul：嗨，我是黄裳，黄裳的校验，Paul，我是黄裳

{信息段[Paul，我是黄裳]}黄裳的私钥

Paul——>黄裳：OK 黄裳，here is a secret {secret}黄裳的公钥{some message，MAC}secret-key

现在白开心已经无计可施了。他干扰了得到的所有消息，但 MAC 计算机能够发现他。Paul 和黄裳能够发现伪造的 MAC 值并且停止交谈。白开心不再能与黄裳通信。

3.4.3 SSL 协议的具体应用

1. 单向认证

单向认证又称匿名 SSL 连接，这是 SSL 安全连接的最基本模式。它便于使用，主要的浏览器都支持这种方式，它适合单向数据安全传输应用。在这种模式下，客户端没有数字证书，只有服务器端具有证书。典型的应用就是用户进行网站注册时采用"ID＋口令"的匿名认证，过去网上银行的所谓"大众版"就是这种单向认证。

2. 双向认证

双向认证是对等的安全认证，在这种模式下，通信双方都可以发起和接收 SSL 连接请求。通信双方都可以利用安全应用程序或安全代理软件发起认证，前者一般适合于浏览器/服务器（Browser/Server，B/S）结构，而后者适用于客户机/服务器（Client/Server，C/S）结构。安全代理相当于一个加密/解密的网关，在这种模式下，双方皆需安装证书，进行双向认证。这就是网上银行的企业对企业（Business-to-Business，B2B）的专业版等应用。

3. 电子商务中的应用

电子商务与网上银行交易不同，因为有商户参加，形成客户—商户—银行两次点对点的 SSL 连接。客户、商户、银行，都必须具有证书，进行两次点对点的双向认证。

3.5 数字证书的应用——PCI-DSS 协议

在网上支付过程中，信用卡数据泄露是引发各类欺诈行为的最大隐患。最初，支付卡安全保障是由各个支付卡品牌独立完成的，如 VISA 的 AIS。但随着卡基支付的发展，原先支付卡各自为营的安全标准不符合信息保密统一标准。2004 年 VISA 和 MasterCard 联合多家机构，成立了支付卡行业数据安全标准委员会，该委员会的主旨是鼓励所有关键业内机构采用数据安全标准；培养和管理全球范围内有资质的授权扫描服务商；以及邀请机构加入到此标准的维护行列。同时，为了建立统一的业界标准，最大程度地降低支付卡风险，该委员会联合制定了旨在严格控制数据存储以保障支付卡用户在线交易安全的数据安全标准，即 PCI-DSS 安全认证标准。

支付卡行业数据安全标准（PCI-DSS）由支付卡行业数据安全标准委员会的创始成员（VISA、MasterCard、American Express、Discover Financial Services、JCB 等）制定，其目的是使国际上采用一致的数据安全措施，简称 PCI-DSS。

支付卡行业数据安全标准（PCI-DSS）重点是对持卡人数据的保护，它旨在促进并增强持卡人的数据安全，以便于统一的数据安全措施在全球范围内的广泛应用。PCI-DSS 为旨在保护持卡人数据的技术和操作要求提供了一个基准，并为在任何平台存储、处理或传输的持卡人数据提供所需的控制。PCI-DSS 适用于所有涉及支付卡处理的实体，包括商户、处理机构、收单机构、发卡机构、服务提供商以及所有其他存储、处理或传输持卡人数据和/或敏感验证数据的实体。然而，很多商户目前没有就 PCI-DSS 的合规性进行正确的评估。

PCI-DSS 标准家族主要由 3 部分组成，分别是 PCI-DSS、支付应用数据安全标准（Payment

Application Data Security Standard，PA-DSS）与安全码传输安全（PIN Transaction Security，PTS），PCI-DSS 主要关注持卡人数据环境的安全，PTS 关注 ATM 或 POS 机进行支付交易处理时 PIN 码及其相关密钥的保护，而 PA-DSS 则关注整个支付应用软件的安全，使其更容易地部署在持卡人数据环境中，以支持持卡人数据环境合乎 PCI-DSS 的安全要求。

PCI-DSS 自发布以来，得到了国际信用卡组织和金融机构的支持和推广，他们通过制定最后合规期限、处罚条例等方式促使这一标准成为了商户和服务提供商必须遵循的一项强制规范。对于支付产业链中那些在国外上市的企业来说，PCI-DSS 就像是为企业护航的左膀右臂，从内控和安全两个方面保证必要的法律遵循及标准合规。

3.5.1 PCI-DSS 的主要内容及其要求范围

1. PCI-DSS 的主要内容

PCI-DSS 旨在规范支付交易相关的服务提供商和与其签约的大型商户，使他们遵循此标准，以促进信息安全建设。它通过 6 个控制域，具体包括 12 项控制目标（见图 3-49）、67 项要求来保护持卡人数据信息不遭受泄露。整个 PCI-DSS 基本就是围绕这些项目进行的。其 6 个控制域、12 项控制目标具体如下。

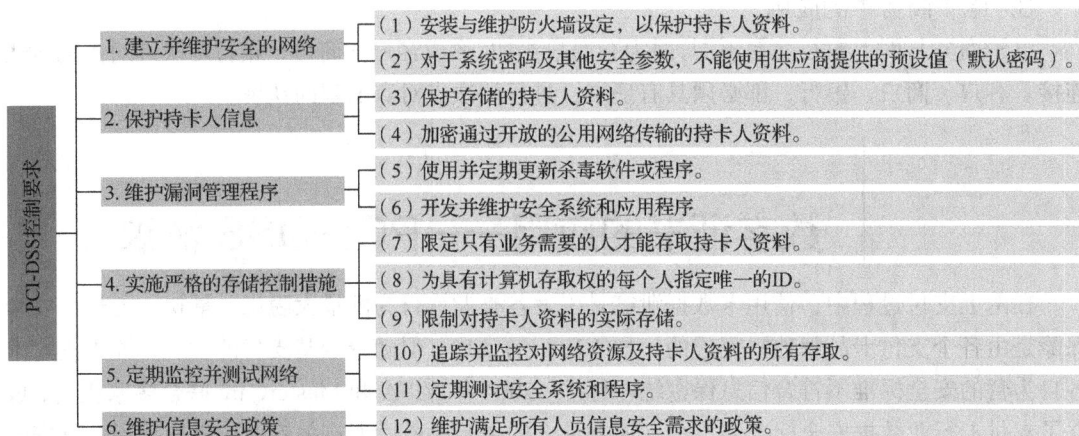

图 3-49 PCI-DSS 控制目标

（1）建立并维护安全的网络。
① 安装与维护防火墙设定，以保护持卡人资料。
② 对于系统密码及其他安全参数，不能使用供应商提供的预设值（默认密码）。
（2）保护持卡人信息。
③ 保护存储的持卡人资料。
④ 加密通过开放的公用网络传输的持卡人资料。
（3）维护漏洞管理程序。
⑤ 使用并定期更新杀毒软件或程序。
⑥ 开发并维护安全系统和应用程序。
（4）实施严格的存储控制措施。
⑦ 限定只有业务需要的人才能存取持卡人资料。
⑧ 为具有计算机存取权的每个人指定唯一的 ID。

⑨ 限制对持卡人资料的实际存储。

（5）定期监控并测试网络。

⑩ 追踪并监控对网络资源及持卡人资料的所有存取。

⑪ 定期测试安全系统和程序。

（6）维护信息安全政策

⑫ 维护满足所有人员信息安全需求的政策。

2. PCI-DSS 的要求范围

PCI-DSS 安全要求适用于持卡人数据环境中包含或与之连接的所有系统组件。持卡人数据环境（Cardholder Data Environment，CDE）包含存储、处理或传输持卡人数据或敏感验证数据的人员、流程和系统。系统组件包括网络设备、服务器、计算设备和应用程序。系统组件包括但不限于以下几个。

（1）提供安全服务、方便分段或可能提高 CDE 安全性的系统。

（2）虚拟化组件，如虚拟机、虚拟交换机/路由器、虚拟设备、虚拟应用程序/桌面和虚拟机监控程序。

（3）网络组件，包括但不限于防火墙、交换机、路由器、无线接入点、网络设备和其他安全设备。

（4）服务器类型，包括但不限于 Web、应用程序、数据库、验证、邮件、代理、网络时间协议（Network Time Protocol，NTP）和域名系统（Domain Name System，DNS）。

（5）应用程序，包括所有购买和自定义的应用程序以及内部和外部应用程序。

（6）位于 CDE 内或连接到 CDE 的其他任何组件或设备。

PCI-DSS 评估的第一步是确定审核范围。评估至少每年进行一次，接受评估的实体应在年度评估前查找持卡人数据的所有位置和数据流并确保其包含在 PCI-DSS 的范围内，从而确定实体 PCI-DSS 范围的准确性、适应性。

3.5.2　PCI-DSS 认证的实施

1. PCI-DSS 的认证机构

PCI-DSS 认证是非常严密的认证审查过程。PCI-DSS 的安全认证主要由 VISA 和 MasterCard 授权的独立审查公司完成。它是一次彻底对该支付公司在线支付系统的安全审查，其中有近 200 项审查内容。审查内容包含 6 大控制域、12 项控制目标，其认证过程非常严苛和繁杂，审核主要包括自我安全检测、漏洞分析以及由协会执行的安全调查 3 个阶段，考察范围涉及硬件、软件、员工和公司管理等多项指标。

在国外，被支付卡行业数据安全标准委员会授权的认证机构有 Applus（Shanghai）、Trustwave、Mcafee、Atsec 中国、UL 等。Trustwave 的 PCI-DSS 认证服务更是覆盖了全球。在中国也有适合国内行情的合作伙伴，为国内的第三方支付机构及银行提供服务。中国区合作伙伴是：北京航天亿展科技有限公司。Atsec 中国作为专业的第三方信息安全服务提供商，是经支付卡行业数据安全标准委员会授权认可的安全审核机构和弱点扫描服务商，并拥有第一批本土的授权认可安全审核机构的安全审核员。

（1）北京航天亿展科技有限公司。北京航天亿展科技有限公司是由航天科工集团世纪投资有限公司和第三方投资机构共同组建的企业。作为提供信息安全咨询、培训、安全管理评估、认证咨询服务的机构，已经成功地为多家企业完成 PCI-DSS、PA DSS 及 ISO 27000、ISO 20000 等的认证咨询服务，同时提供渗透测试以及安全加固和托管服务。

北京航天亿展科技有限公司是国内最早涉足 PCI-DSS 领域的企业，并于 2008 年年底直接参与了 VISA 在国内组织的，由中国银行、中国农业银行、中国建设银行等参与的国内 PCI 规则的制定。

公司经过多年的行业历练，不断发展壮大，成为了一家具有本土化的服务及深厚的行业积淀的专业信息安全服务商。

（2）北京三思网安科技有限公司。北京三思网安科技有限公司（Secspace，以下简称三思网安）是专业从事网络信息安全的创新型公司。公司拥有一支精益求精、高素质的工作队伍，聚集了一批毕业于国内著名高校的博士、硕士等高技术专业人才，凭着在信息安全领域多年的技术积累，在信息安全产业领域不断创新进取，及时为国内外广大客户提供迅捷、准确、完美、有效的服务。

Secspace 协助企业以最优的方式识别、评估并管理企业信息系统的风险，为客户解决信息及信息系统安全管理、业务连续性管理、合规性管理等方面的问题。Secspace 拥有自己的信息安全管理专家（多人获得 CISSP 认证，PCI-DSS 专家）和技术专家团队，团队成员曾经任职于著名大学、国内外咨询公司，有精通各行各业的资深专业咨询顾问，可以满足企业的信息及信息系统安全需求。Secspace 和客户之间采取可信任的交互方式，促使专业价值最大化，提供切实可行的信息安全解决方案和服务。

2．PCI-DSS 的主要作用

（1）交易流程保护更加严密、严谨，从每个环节把关。

（2）对信用卡信息保护更强，增加网上交易信誉度，提高公司的知名度和信任度。

（3）对商户来说，更完善、规范的交易流程可以赢得更多消费者。

（4）信用卡交易对消费者也更加便捷。

3．国内通过 PCI—DSS 认证的机构

中国已有越来越多的网络商户和支付网关完成了 PCI-DSS 数据安全标准的合规认证；同时，VISA 还进一步强调了通过 PCI-DSS 数据安全标准的合规认证来进行数据保护，进而确保中国持卡人利益的重要性。目前，国内已经完成 PCI-DSS 数据安全标准认证的包括但不限于以下机构。

华为云

中国南方航空股份有限公司（China Southern Airlines Co.，Ltd）

上海付费通信息服务有限公司（付费通）

网银在线（北京）科技有限公司（Chinabank 支付）

迅付信息科技有限公司（IPS 支付）

北京通融通信息技术有限公司（易宝支付）

支付宝（中国）网络技术有限公司（Alipay）

快钱支付清算信息有限公司（99Bill 支付）

上海汇阜信息技术有限公司（E 汇通支付）

世纪禾光科技发展（北京）有限公司（DHgate）

易智付科技（北京）有限公司（首信易支付）

深圳速汇通网络科技有限公司（速汇通支付）

中国民生银行股份有限公司信用卡中心

上海盛付通电子商务有限公司（盛付通）

武汉市易收通电子科技有限公司（易收通）

安利（中国）日用品有限公司

汇付数据服务有限公司（汇付天下）

重庆艾克沃电子商务有限公司（Ecward）

中银金融商务昆山分公司（中银商务）

深圳鼎付信息技术有限公司（Gleepay）

银联商务有限公司（ChinaUMS）

ZEAIE（HK）CO.，LIMITED

上海浩付网络技术有限公司（91hpay）

上海收汇宝

中国工商银行股份有限公司（ICBC）

招商信诺人寿保险有限公司

联款通（AsiaPay）

思 考 题

1. 对称密码学分为哪几类？有哪些典型的算法？其特点是什么？

2. 非对称密码学有哪些典型算法？其特点是什么？

3. 哈希函数的工作原理是什么？有什么特点？

4. 请简述数字签名的流程。

5. 数字证书认证机构有哪些？其职能是什么？

6. SET 协议的主要内容是什么？

7. 简述 SET 协议的工作原理及其在购物过程中的具体应用。

8. 简述 SSL 协议的组成部分。

9. SSL 协议的具体应用有哪些？

10. SET 协议和 SSL 协议有哪些异同？

11. 什么是 PCI-DSS 协议？其主要作用是什么？

12. 你认为在我国推广 PCI-DSS 协议的主要阻力在哪里？

第4章 电子支付概述

【学习目标】

- 了解我国 8 类支付系统。
- 掌握电子支付的概念，了解其分类及发展。
- 明确网络支付的条件，了解网络支付存在的安全问题。
- 了解电子货币的概念及分类。

【引导案例】

央行动态 | 中央银行发布 2017 年第三季度支付体系运行总体情况

2017 年第三季度支付业务统计数据显示，全国支付体系运行平稳，社会资金交易规模不断扩大，支付业务量保持稳步增长。数据显示第三季度末，信用卡（凭信用卡贷款）和借贷合一卡在用发卡数量共计 5.52 亿张，同比增长 11.18%，环比增长 6.13%。全国人均持有银行卡 4.71 张，其中，人均持有信用卡 0.36 张。

第三季度末，银行卡授信总额为 11.91 万亿元，环比增长 9.85%；银行卡应偿信贷余额为 5.17 万亿元，环比增长 10.25%。银行卡卡均授信额度 2.16 万元，授信使用率 43.39%。第三季度末，信用卡逾期半年未偿信贷总额 662.71 亿元，环比增长 1.85%，占信用卡应偿信贷余额的 1.36%，占比较上季度末下降 0.11 个百分点。第三季度末，发生移动支付业务 97.22 亿笔，金额 49.26 万亿元，同比分别增长 46.65% 和 39.42%。非银行支付机构处理网络支付业务 778.33 亿笔，金额 38.98 万亿元，同比分别增长 76.78% 和 47.99%。

4.1 支付系统

支付和支付系统是银行为社会提供的主要服务之一，本节主要描述由金融交易而引起的支付和支付系统的一般概念及其发展情况，并给出了我国目前支付系统的主要组成部分。

4.1.1 支付和支付系统

金融交易，是指在商品交易、证券交易和货币交易中产生的各种支付活动。上述各种交易双方的资金往来，称为支付。任何买卖活动都伴随着资金的往来。在自然经济和手工业经济为主的社会里，只有少量的商品交换，当时是以物易物，用实物作货币。在商品经济社会里，纸币和票据代替了实物货币。这样做的结果是，一方面加速了货币的流通速度，大大促进了商品生产的发展；另一方面除了现金交易外，使得商品交易双方的收付款活动变得复杂。由于银行的"信用"中介作用，商品交易双方的收付活动演化为交易双方开户银行之间的资金收付活动。

而这些银行之间的资金收付交易，又必须经过政府授权的中央银行，才能进行最终的清算，从而完成商品交易双方的资金往来。

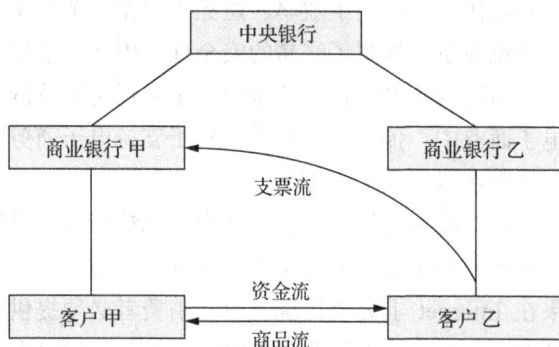

图 4-1 商品交易时的支付过程

如图 4-1 所示，如果客户甲和客户乙在不同的商业银行开户，甲向乙购买商品，用支票支付。那么，由于甲乙双方进行的商品交易而引发的支付全过程，将在两个层次上进行：低层是面向客户的，银行与客户（包括商业银行甲与其客户甲，商业银行乙与其客户乙）之间的支付与结算；高层是面向往来银行的，中央银行与各商业银行之间的支付与清算。在图 4-1 中，整个支付过程始于从客户乙到商业银行甲的支票流，然后，商业银行甲将客户甲的资金经反向拨付到客户乙在商业银行乙的户头上，才最后完成该笔商品交易的资金支付。在上述的资金流动过程中，往来银行之间的资金流动必须经过中央银行的资金清算才能实现。整个支付过程将各个经济交往的双方和银行维系在一起，组成了一个复杂的整体，这就是支付系统。在上述两个层次的支付活动中，银行与客户之间的支付与结算是银行向客户提供的一种金融服务，是支付系统的基础；中央银行与商业银行之间的支付与结算，使商品交易中的支付活动得以最终完成。

商品交易时支付过程的复杂程度，随商品交易双方开户银行之间的关系不同而异。若图 4-1 中的商业银行甲和商业银行乙是同一家银行，或是同一家银行的下属两个分行，则情况最简单，该银行自己就能完成全部支付过程。若商业银行甲和商业银行乙是本地的两个不同银行，则需通过中央银行的同城资金清算才能完成一笔商品交易的支付过程；若是异地的两个银行，则需通过中央银行的异地资金清算才能完成支付过程。若商业银行甲和商业银行乙是隶属不同国家的银行，则是国际支付，双方需经过同业的多重转手才能完成一笔国际性的支付活动。

在传统的支付方式中，经常使用的有现金、票据和信用卡 3 种方式。

在交易时“一手交钱，一手交货”的方式被称为货币即时结算，这是商品经济社会较低级阶段的主要结算方式，采用的支付媒体是现金。现金交易操作流程简单、方便灵活，交易双方在交易结束后马上可以各得其所，它曾是我国小额交易的主要形式，但目前已为新兴的移动支付所取代（移动支付的内容将在第 9 章介绍）。但现金交易受时间、空间的限制（必须是同一地点、时间），受面额的限制（携带数量有限），并不安全。因此，这些因素在一定程度上限制了以现金作为支付手段的使用。

票据在我国分为汇票、本票和支票 3 种。票据是出票人依票据法发行的无条件支付一定金额，或委托他人无条件支付一定金额给收款人或持票人的一种文书凭证。票据以金融机构的信用为保证，以票据的转移代替实际的金钱流动，通过银行中介来运行。票据的出现使付款和交货这两个环节在时间和空间上分离开来，成为异地交易的最好工具。

信用卡是由银行或金融公司发行的，是授权持卡人在指定的场所进行记账消费的信用凭证。与其他两种支付方式相比，信用卡功能多样，具有转账结算功能、消费借贷功能、储蓄功能和汇兑功能；此外，信用卡高效快捷，提高了效率，避免了误差，节约了交易和结算的时间，并且携带方便，减少了现金的流通量，提高了交易的安全性。因此，信用卡在近几十年成了经济发达地区的主要支付手段。信用卡是电子货币的雏形，至今仍是因特网上最普遍的支付方式。

在基于 Internet 的电子商务中，传统的支付手段对于支持电子商务所要求的在线操作，还具有较多的局限性，主要体现在以下几个方面。

（1）不方便。因为不是面对面的交易，所以现金交易无法在网上进行，而信用卡支付方式通常要求消费者离开在线平台，利用电话或发送支票来进行支付。

（2）安全性低。如果在 Internet 上完成传统支付，消费者必须提供信用卡的账户和密码以及其他个人信息，这在开放的 Internet 上是非常危险的。另外，通过电话或邮件传递账户详细信息，也存在安全风险。

（3）缺乏覆盖面。信用卡只能在与银行签约的客户处使用，目前一般不支持个人之间或企业间的支付。

（4）适应性不强。并不是所有的潜在消费者都具备合适的信用度，从而可以使用信用卡或支票账户。

（5）缺乏对微支付的支持。Internet 上许多交易的价值很低（微支付），使用电话或信用卡的处理成本较高，销售者很难盈利。

因此，新的电子支付手段是电子商务研究的重要内容之一。

4.1.2 支付系统的发展

自从出现纸币和票据以来，伴随着商品交易的上述两个层次的资金支付活动就一直存在。当时，资金支付活动中的各方通过各种票据的流动维系在一起，完成商品交易时的资金往来。纸质票据的流通速度慢，处理工作量大，影响了商品交易的发展，用之维系在一起的资金支付活动的各方也形成不了有机的整体。因此，严格来说，这时还没有形成现代意义上的支付系统。

在商品经济高度发展的市场经济社会里，纸币和票据的流动速度已不能满足急速发展的商品生产和流通的要求，这就促使银行研制开发新的支付工具和新的处理方法。银行卡的出现，促使货币从纸币发展为电子货币。电子货币的出现和推广应用，促使货币实现了又一次革命性的转变，从而对商品生产的高速发展产生了深远的影响。银行卡的推出、各种电子资金转账（Electronic Funds Transfer，EFT）系统的建立和推广应用，使资金支付活动的各方真正有机地联系在一起，形成了各种电子支付系统。在电子支付系统中，存在着频繁流动的两种反向的信号流：资金流和与之相关的信息（支付指令信息）流。在这里，传统的票据流由支付指令信息流代替。

电子支付早于 Internet 的产生，迄今为止经历了以下几个阶段：银行利用计算机处理银行间的业务，办理结算；银行计算机与其他机构计算机之间的结算，如代发工资等；利用网络终端向客户提供各项银行业务，如客户在自动取款（出纳）机（Automatic Teller Machine，ATM）上取款、存款等；利用销售终端（Point of Sells，POS）系统向客户提供自动的扣款服务；网上支付，即电子支付可随时随地通过互联网进行直接转账结算，形成电子商务环境。在电子支付系统里，支付指令信息流和资金流都是电子流，这样，不管支付系统多复杂，一笔支付活动瞬间就可完成，这大大加快了资金的流通速度。

现代化的电子支付系统是国民经济大动脉中的一个重要系统。它在国民经济系统中起着社会经济活动的枢纽作用，维系着整个社会的经济活动。国家只有通过电子支付系统才能实时掌握整个社会的资金运用状况和经济运行状况，并据此采取有效的宏观调控措施。中央银行通过与各商业银行之间的电子支付与结算活动，可以及时有效地控制信贷规模，监督商业银行的金融活动，办理政府财政业务，控制国家货币的发行和资金的储备，从而大大加强中央银行的宏观调控作用，以稳定货币，促进国民经济的持续、稳定、协调发展。

电子支付系统的形成，不仅使银行的业务处理实现了电子化，还使银行不断开发出大量新的自助银行服务项目。在这基础上，银行利用最先进的信息技术，对各种金融交易中产生的数据进行加工处理，产生各种有用的信息，为各类客户提供各种增值信息服务，从而使银行进入新的电子银行时代。电子银行的实现，使银行的业务重点、收入结构和职能都发生了质的变化，并大大加强了银行在国民经济中的宏观调控作用。

进入 20 世纪 80 年代，由于经济和金融的国际化发展，电子银行系统进一步发展成为全球性的支付系统和全球性的金融信息系统。全球经济一体化促进了全球金融一体化。在电子银行时代，银行间的竞争在加剧，银行业与其他行业之间的竞争也在加剧。金融界的专家普遍认为，现代的电子银行系统是金融业参与各种竞争和赖以生存的基础。从 20 世纪 90 年代中期开始，发达国家的银行纷纷开始利用 Internet 运营支付服务和信息服务。它们通过 Internet 为客户提供网上银行服务。通过 Internet，客户可利用网上银行服务系统访问自己的账户，了解自己的资金状况和投资进展情况，获取最新的商业报告，访问各地的各种经济信息，进行各种网上商品交易和金融交易。通过网上银行服务，一个地区性银行可以发展成为全国性银行以至全球性银行。1996 年，美国三家银行联合在 Internet 上成立了全球第一家网上银行——安全第一网络银行（Security First Network Bank，SFNB）。这是一种全新概念的虚拟银行，它通过 Internet 提供全球范围的金融服务。考虑到电子商务的快速发展，通过 Internet 将自己的银行服务推广到全国以至全球，已经是现代银行发展战略的重要组成部分。

4.1.3 我国的支付系统

中国的金融体制是以国有商业银行为主体、多种金融机构并存的现代银行体制。经过 20 多年的努力，中国已初步建立了与本国现代银行体制相适应的支付体系。目前，中国存在着如下 8 类支付系统：同城清算所、全国手工联行系统、全国电子联行系统、各商业银行的电子汇兑系统、银行卡支付系统、网上银行系统、邮政储蓄和汇兑系统、中国现代化支付系统。其中的中国现代化支付系统是正在建设中的系统，是中国支付系统的大动脉。

我国支付系统的基本构成

1. 同城清算所

同城清算所是由中央银行拥有和运行的，其主要职责是负责同城支付交易的资金清算。全部同城跨行支付和大部分同城行内支付，都是通过同城清算所进行票据交换，并完成资金结算的。现阶段中国有 2 500 多家城市清算所。在一个城市通过同一个同城清算所进行清算的银行为成员行。每个成员行把按照不同方向清分好的票据提交给同城清算所，清分好的票据按照不同的方向在成员行之间进行交换后，各成员行按发出和收到的所有贷记、借记支付项目，计算出一个净结算金额，提交给中央银行城市分行营业部，以便当日过账到结算账户。

为提高同城清算所的电子化程度，我国已有多个业务量大的同城清算所采用票据清分机；

近 200 个城市采用数据通信网传送支付数据，建立了电子资金转账系统；近 160 个城市采用磁介质交换支付数据。自动票据清分机可实现支票和其他纸凭证的自动阅读和清分，可加速支票和其他纸凭证的处理速度，同时，它可以将物理支票（即纸质支票）转变为逻辑支票（即电子支票）；然后，我们就可通过电子资金转账系统将逻辑支票传输到目标行，以实现快速的支票电子支付服务。1990 年，广州建成了我国第一个票据清分系统。1998 年 8 月投产的北京同城票据自动清分系统，使北京清算所成为我国最大规模的票据清分中心之一。该系统采用 WorldMark 主机，双机热备份，7 台 6 760 支票清分机，其中一台为备份机。该系统的处理范围覆盖北京和北京周边的部分河北地市，总共 1 000 多个交换点，可完成 30 万张的日交换量。该系统的建成，加快了北京地区的支票清分工作，进而加速该地区的社会资金周转速度。

2. 全国手工联行系统

国有商业银行以前都有自己的手工联行系统，办理异地支付交易的清算和结算。到 1996 年年底，4 大国有商业银行都用各自的电子汇兑系统取代了原先的手工联行系统。不过，中央银行仍然运行着全国手工联行系统，对跨行纸票据支付提供清算和结算服务，并办理中央银行各分行之间的资金调拨。

中国人民银行的全国手工联行系统，分县辖、省辖和全国三级，是三级联行系统。业务处理内容包括：支付凭证的交换，即一般是通过信汇或电汇在发起行和接收行之间进行直接交换；资金结算，即发起行和接收行根据支付项目的联行清算范围，将支付总金额记到相应账户；对账监督，即每天（有的为 5 天）每个分支行向其上级机构报告往来账发生额，以便管辖行实施对账监督，并计算联行往来汇差（净额结算金额）。

由于手工联行的票据传递和处理速度慢，会造成大量在途资金，它已为电子联行系统所取代。

3. 全国电子联行系统

为解决手工联行存在的效率低、在途资金多和安全性差等严重问题，中国人民银行于 1989 年开始建设全国电子联行系统，于 1991 年正式投入运营。到 1997 年年底，全国电子联行系统已经连接 1 000 多家人民银行城市分行和县支行入网，每天平均处理交易 7 万笔，金额 800 亿元，峰值日支付交易超过 3 000 亿元，年转账金额接近国内生产总值的 4 倍。该系统对加快我国的资金周转、提高社会资金的运用效益、促进国民经济的发展，发挥了重要的作用，是当时我国银行业异地资金划汇的主渠道。

4. 各商业银行的电子汇兑系统

到 1996 年年底为止，中国工商银行、中国农业银行、中国银行和中国建设银行都先后建成了自己的全国电子汇兑系统，并取代了各自原先的全国手工联行系统。这些系统的各级处理中心在日终或次日营业前，就可为各成员分支机构计算出净额结算余额，大大加快了支付指令的处理速度。对于跨行交易，当然还需要通过中央银行的系统（中国人民银行手工的或电子的联行系统）才能完成资金的最终清算。

5. 银行卡支付系统

为促进银行卡的跨行信息交换网络的建立，推动跨行和跨地区的自动取款（出纳）机（ATM）交易和电子收款机系统（POS）交易，自 1993 年起，全国"金卡工程"12 个试点城市开始了跨行的银行卡信息交换中心建设，并于 1997 年 9 月全部开通运行。全国银行卡信息交换中心也于 1998 年年底投入试运行。全国性和地区性的银行卡信息交换中心的建立和推广应用，在当时太大推动了我国自助银行系统的发展。

6. 网上银行系统

20 世纪 90 年代中后期，随着 Internet 的快速发展和电子商务的兴起，我国的银行开始建立网上银行系统，为客户提供网上支付和网上银行服务。例如，招商银行、中国银行、中国建设银行和中国工商银行等银行，都已初步建立了自己的网上银行系统，并已为客户提供网上支付服务和网上银行服务。当时的网上银行服务，主要是家庭银行服务和企业银行服务。进入 21 世纪后，电子商务在全球范围内获得大发展，网上支付和网上银行服务也得到了巨大发展，银行电子化建设也因此进入全新的发展时期。

7. 邮政储蓄和汇兑系统

除了银行外，我国的邮政系统也建立了自己的邮政储蓄和汇兑系统，为客户提供相应的金融服务。像许多国家一样，中国邮政支付系统在个人消费者支付汇款中起了重要作用。中国邮政提供的信汇和电报汇款服务，主要面向个人客户。汇款人通常要携带现金到附近邮局办理汇款手续，收款邮局通知收款人到指定邮局领取。中国邮政还开办了邮政储蓄业务，客户可以从其邮政储蓄账户汇出（或汇入）资金。

8. 中国现代化支付系统

中国现代化支付系统（China National Advanced Payment System，CNAPS）是在中国国家级金融通信网（China National Financial Network，CNFN）上运行的我国国家级的现代化的支付系统，是集金融支付服务、支付资金清算、金融经营管理和货币政策职能为一体的综合性金融服务系统。CNAPS 试点工程自 1997 年 6 月启动，目前，正在运行的是第二代 CNAPS 系统。

4.2　电子支付概论

电子商务作为互联网的主要应用，其涉及的领域已经拓展到 B2C、个人对个人（Consumer to Consumer / Customer to Customer，C2C）、在线离线/线上到线下（Online to Offline，O2O）等多种商业模式。而电子支付以其方便、快捷、成本低廉的优点已成为电子商务过程中的重要环节。

4.2.1　电子支付现状

随着互联网的全面普及，基于互联网的电子商务也应运而生，并已获得了巨大的发展。电子支付已成为一种全新的商务模式，许多经济专家认为，电子支付是新的经济增长点。

电子支付是互联网发展到一定时期的必然产物，它以虚拟的形态、网络化的运行方式适应电子商务发展的需要。电子支付是指从事电子商务交易的当事人，包括消费者、客户和金融机构，使用安全电子支付手段通过网络进行的货币支付或资金流转。它促进了金融企业结算业务与管理的创新和金融结算市场及体系的发展。电子支付的产生，能够减少各类金融结算针对同一客户的重复性劳动，拓宽金融企业结算产品功能和综合创新空间，向客户提供更加便捷和需要的服务。客户可以在家里、办公室内或者异国他乡，通过互联网指令使特定的银行进行各种金融结算，这打破了一手交钱一手交货的传统交易方式。

全球范围内电子支付正迅速发展，PayPal 这个全世界范围内的电子支付平台在全球有超过

2.5 亿的注册用户，它可以在全球范围内 56 个市场以 6 种货币使用。只要客户有一个电子邮件地址，就可以方便而安全地使用 PayPal 在网上发送和接收款项。在美国的网上交易中，PayPal 支付工具的使用率已达到 90%。PayPal 可为客户建立账户，账户中的资金可以用于支付，也可以参加 PayPal 的货币市场储备基金以获取收益，或者转入银行账户。PayPal 还发行自己的借记卡，而且 PayPal 已准备将 PayPal 信用卡转换成"虚拟借贷卡"。PayPal 已成为美国现代生活的重要组成部分，具有举足轻重的地位。甚至连以搜索引擎著称的 Google 也推出了 Checkout 网上支付服务，目的是进军 C2C 结算这一庞大的市场。

2005 年 2 月，阿里巴巴旗下的淘宝网花费 3 000 万美元巨资，联合中国工商银行、中国建设银行等国内多家金融机构共同打造"支付宝"交易服务工具。4 月 7 日，从事多元化电子支付应用及服务的提供商通融通公司推出 Yeepay 电子支付平台，进军国内电子商务支付市场。5 月 12 日，云网正式推出企业级在线支付系统支付@网。5 月 20 日，网银在线携手 VISA 国际组织共同宣布，在中国电子商务在线支付市场推广"VISA 验证服务"的信用卡安全支付标准，期望提高在线支付的便捷性和安全性。

在 2005 年阿里巴巴董事局主席马云喊出中国"电子支付元年"的口号之后，电子支付在 2006 年迅速进入了以价格战为代表的"行业恶性竞争"阶段。而政策的不确定性也一度让投资商蠢蠢欲动但又多持观望态度，直接造成电子支付行业缺乏资本引擎的局面。

2006 年年初，国内最早出现的支付公司首信易支付与其母公司首信股份剥离，被卖给了境外一家叫 PayEase 的支付公司。同样在 2006 年，YeePay 易宝则收购了西部支付公司，以作为其在西部的据点。

如果说 2005 年是中国电子支付的元年，那么 2006 年就是各电子支付公司的合作之年。

2010 年随着互联网的发展，越来越多的年轻人习惯在网上完成电话费、机票等多领域支付。支付宝、财付通等第三方互联网在线支付市场交易规模已达 10 000 亿元，2010 年第 1 季度第三方互联网在线支付市场交易规模也接近 4 000 亿元，环比增长 10%，同比增长接近 100%。

2011 年是国内第三方支付发展的里程碑时点。2011 年，中国人民银行分别在 5 月 18 日、8 月 29 日以及 12 月 22 日向 27 家、13 家和 15 家国内知名的第三方支付企业颁发了运营牌照。中国第三方支付企业的身份得到了正式的认可，其中就包括我们熟悉的支付宝、快钱等。第三方支付牌照的发放标志着中国的电子支付产业正式迈上了制度化、正规化、法制化的道路，对国内第三方支付业及其相关产业都将产生深远的影响。从数据来看，2011—2015 年，中国人民银行共发放 271 张第三方支付牌照，2016 年暂停发放新牌照。

2016 年 4 月，中国人民银行下发文件对支付机构分级分类监管，8 月给首批支付牌照续展，这标志着第三方支付牌照进入存量时代，并且随着牌照管理和审核续展的越发严格，不断有牌照被注销。截至 2018 年 7 月，中国人民银行累计注销支付牌照量已增加到 33 张，最新的支付牌照数量为 238 张。

4.2.2 电子支付的定义

电子支付的定义有很多种，针对不同的方面有不同的定义方式，以下是电子支付的一些定义。

考虑到电子支付的实现方式和支付手段，其定义是：电子支付，是将传统的支付业务，利用有线、互联网、无线通信技术，延伸到个人、家庭、企业；或利用信息技术，用电子信息流支付指令代替现金支付行为，使得用户可以实现远程支付或即时支付的行为。

考虑到电子支付的基础和实现手段，其定义是：电子支付是以金融电子化网络为基础，以商用电子化工具和各类交易卡为媒介，以计算机技术和通信技术为手段，以电子数据形式存储在银行的计算机系统中，并通过计算机网络系统以电子信息传递形式实现流通和支付的行为。

考虑到电子支付的实现目的，其定义是：电子支付是指单位、个人通过电子终端，直接或间接向银行业金融机构发出支付指令，实现货币支付与资金转移的行为。

较为全面和准确的电子支付的定义是：单位或个人通过电子终端，直接或间接向银行业金融机构或其他具有资金转移能力的企业发出支付指令，实现货币支付与资金转移的行为。

4.2.3 电子支付的分类

电子支付按照不同的分类标准可分为不同的类别。

1. 按照采用的通信手段

电子支付根据是否采用通信手段可分为在线支付和离线支付。

在线支付根据采用的通信渠道的不同，又可以分为电话支付、互联网支付、移动支付；离线支付根据卡的介质分为接触式支付和非接触式支付。

2. 按照支付模式

电子支付按照支付模式来划分，主要分为 4 种，如图 4-2 所示。

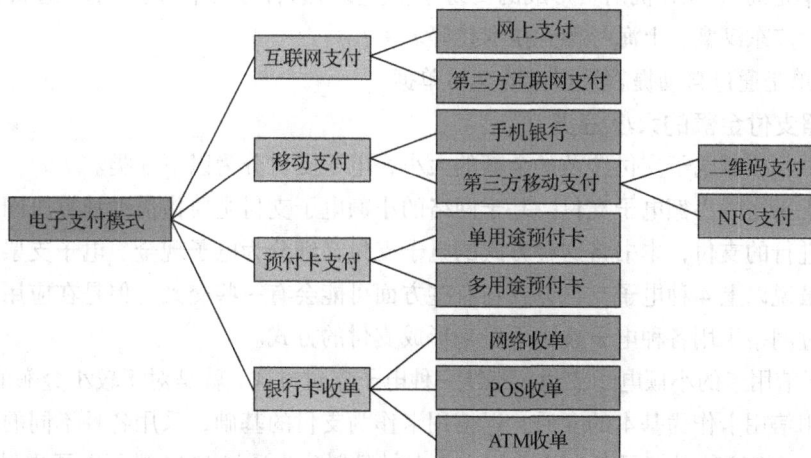

电子支付系统的分类

图 4-2 电子支付按照支付模式的分类

（1）互联网支付。互联网支付主要指通过互联网完成的支付活动，也就是下面所说的网络支付。主要包括网上支付以及第三方互联网支付。对这两部分，下面会有进一步的说明。

（2）移动支付。移动支付也称手机支付，就是允许客户使用其移动终端（通常是手机）对所消费的商品或服务进行支付的一种支付方式。单位或个人可通过移动设备、互联网或者近距离传感器直接或间接地向银行金融机构发送支付指令以产生货币支付与资金转移行为，从而实现移动支付功能。移动支付将终端设备、互联网、应用提供商以及金融机构相融合，为客户提供货币支付、缴费等金融业务。

移动支付在大的方面分为两个部分：一种是使用手机银行进行支付，主要为各大商业银行开发的针对手机客户的系统；另一种是第三方移动支付，主要分为两个技术方向，即以支付宝和微信为代表的二维码支付和以 ApplePay 和 HCE 为代表的 NFC 近场移动支付。对于移动支付部分，我们会在第 9 章进行详细的介绍。

（3）预付卡支付。预付卡，是指发卡机构以盈利为目的，通过特定载体和形式发行的，可在特定机构购买商品或服务的预付凭证。预付卡是由发卡机构发行的，可在商业服务业领域使用的债权凭证，具体表现为购物券或消费卡，体现了持卡（券）人作为消费者对发行机构享有的债权。

商业预付卡按使用范围不同可划分为单用途预付卡和多用途预付卡。

① 单用途预付卡。单用途预付卡是由发卡机构发行的，只可在本企业或同一品牌连锁商业企业购买商品或服务用的一种预付卡。其包含规模发卡、集团发卡和品牌发卡。例如，苏宁卡、沃尔玛卡、家乐福卡、百盛卡、美容卡等，只能在发卡企业内部使用。

② 多用途预付卡。多用途预付卡是由发卡机构发行，可在发行机构之外的企业或商户购买商品或服务用的一种预付卡，可跨地区、跨行业、跨法人使用。例如，商通卡、福卡、新生易卡、欢付通卡、连心卡等，这种卡可在商场、便利店、餐馆等多个签约客户处使用。

（4）银行卡收单。银行卡收单是指签约银行向商户提供的本外币资金结算服务，也就是持卡人在银行签约商户那里刷卡消费，并通过银行完成结算。

银行卡收单分为：网络收单、POS 收单、ATM 收单。

网络收单是通过网络结算的形式形成的交易单据。

POS 收单是通过 POS 机消费形成的交易单据。参与的有各收单行、银联、通联、嘉联支付、数字王府井、广东汉鑫、上海杉德、拉卡拉等。

ATM 收单是通过自动提款机形成的交易单据。

3. 按照支付金额的大小分类

在本书中，按照电子支付涉及的金额的大小，电子支付分为以下 3 类。

（1）基于网络的小额电子支付。基于网络的小额电子支付主要指借助计算机网络，采用电子的方式来进行的支付，本书将这种方式的电子支付又细分为电子现金、电子支票、微支付和移动支付。虽说以上 4 种电子支付方式在有些方面可能会有一些交叉，但是在应用上，这几种方式都是通过网络采用各种电子技术手段来形成支付的方式。

（2）基于信用卡的小额电子支付。另外一种电子支付方式，就是对于较小金额的一种支付，这种支付采用信用卡作为基本的介质，以信用卡作为支付的基础，采用各种不同的手段来实现电子支付。本书将这种以信用卡为基础的电子支付又划分为通过ATM 进行电子支付、通过 POS 机进行电子支付以及通过网络进行电子支付。

（3）大额电子汇兑系统。那些涉及大额资金的划转，一般通过各种专用的电子汇兑系统来完成。

4. 根据支付信息形态分类

电子支付根据支付信息形态，分为电子代币支付和指令支付。

（1）电子代币支付是指消费者使用电子代币支付时，网络中传输的数据流本身就是货币，和现实中的人民币、美元的意义一样，只不过是将其用特殊的数据流表示。

（2）指令支付是指将包含币种、支付金额等信息的数据指令通过网络传输给银行，银行根据此指令在支付双方的账户间进行转账操作，完成支付。

5. 根据支付时间分类

电子支付根据支付时间，分为预支付、后支付和即时支付3种。

（1）预支付就是先付款，然后才能购买到产品和服务，如中国移动公司的"神州行"。

（2）后支付是消费者购买一件商品之后再进行支付。在现实生活的交易中，后支付比较普遍，和我们平时所说的"赊账"类似。

（3）即时支付指在交易发生的同时，资金也从银行转入商户账户。随着电子商务的发展，即时支付方式越来越多，它是"在线支付"的基本模式。

6. 根据载体的不同分类

电子支付又可以分为"卡基"电子支付和"数基"电子支付。

所谓"卡基"电子支付，其载体是各种物理卡，包括银行卡、IC卡、电话卡等，消费者在使用这种支付时，必须携带卡介质。

"数基"型电子支付工具完全基于数字的特殊编排，依赖软件的识别与传递，不需要特殊的物理介质。

4.2.4 电子支付产业存在的问题

虽然电子支付产业在我国的发展十分迅速，可以说是"百家争鸣"，电子支付市场前景广阔，但是由于我国特殊的国情，我国电子支付产业还存在一些问题。

在产业发展方面，"从持续发展的角度来看，中国电子支付产业在研发、生产、应用等方面，仍然面临着终端设备生产企业的产品研发速度赶不上产业应用升级，产品应用水平满足不了用户不断提高的期望，产品性能难以更快提高，以及客户的终端总体拥有成本难以有效降低这四大瓶颈。"

这些瓶颈的存在，不仅给电子支付产品生产企业带来了巨大的经营成本压力，在某种程度上制约了我国电子支付产业的可持续发展，也降低了我国电子支付产品生产企业的国际竞争力。

这是电子支付产业发展存在的生产问题，在大的环境上，目前电子支付产业内企业众多，竞争十分激烈，一些企业甚至采取赔本的方式经营，这给其他企业造成了很大的困扰。因此，电子支付行业需要受一定的规范制约，这就需要国家出台相应的政策来进行市场规范，否则可能会造成电子支付整个市场的混乱。

有鉴于此，2006年，我国银监会正式发布了《电子银行业务管理办法》（以下简称《办法》）和《电子银行安全评估指引》（以下简称《指引》），这是继中国人民银行2001年发布《网上银行业务管理暂行办法》、2005年发布《电子支付指引（第一号）》后，我国银行监管部门发布的关于电子银行业务监管的法规，于2006年3月1日开始实施。

在立法方面，2005年8月中国人民银行支付清算司颁布的《支付清算组织管理办法》和6月10日颁布的《电子支付指引（第二号）》，对非银行电子支付业务提出相应的管理规则。从机构角度来说，由于非银行机构提供电子支付服务，涉及清算、交易等业务，因此我国在已颁布的组织管理办法中对牌照和管理都提出了要求。包括电子支付平台在内的第三方支付结算属于支付清算组织提供的非银行类金融业务，理应纳入中国人民银行的监管范畴；中国人民银行将以牌照的形式提高企业进入这一行业的门槛。

电子支付平台是否能得到牌照主要从注册资本金、缴纳的保证金、企业的风险化解能力等方面来进行考核。根据《支付清算组织管理办法》（征求意见稿）的规定，设立全国性支付清算组织的注册资本金最低限额为 1 亿元人民币，设立区域性支付清算组织的注册资本金最低限额为 3 000 万元人民币，设立地方性支付清算组织的注册资本金最低限额为 1 000 万元人民币，其还将对电子支付企业数目进行一定的限制。

4.3 | 网络支付

4.3.1　网络支付的概念

网络支付不等同于电子支付，网络支付只是电子支付的一个子集。一般来说，人们很容易将电子支付和网络支付混为一谈，其实严格地说，二者还是有很多差异的。如上所述，电子支付包括很多方式，其中，只有在线，并且是通过公共网络进行的支付才是网络支付。

广义地讲，网上支付是以互联网为基础，利用银行所支持的某种数字金融工具，完成的发生在购买者和销售者之间的金融交换行为。它实现了从购买者到金融机构、商户之间的在线货币支付、现金流转、资金清算、查询统计等过程，可为电子商务服务和其他服务提供金融支持。

狭义上讲，网络支付，是指参加电子商务活动的一方向另一方付款的过程，是网上交易当事人，包括消费者、商户和金融机构，使用安全电子支付手段通过公用网络进行的货币支付或资金流转的行为。伴随着电子商务的浪潮，网络支付方式逐渐深入人心。这种快捷和日渐安全地在网络上支付货款、支付各项公用事业费用的账单，甚至进行个人网上理财的方式，让使用者感到新鲜和方便，同时随着消费者对信息安全技术信心的提高，网络支付越来越受到人们的欢迎。

随着 Internet 的日益普及，人们已开发出了很多网络支付系统。网络支付是通过公用网络进行货币支付，其本质是在网络上把现有的支付结构转化为电子形式。

总的来讲，网上购物的付款方式可以分成两大类：一类是脱网付款的传统方式，如利用电话、电传等手段传递信用卡信息或银行账户信息。这种付款方式虽然很不方便，但是比较安全。另一类就是在网上直接付款的网络支付方式，形式可以是直接传递信用卡、银行账户信息，或间接（即通过第三方）传递付款信息，或把银行存款转化为电子货币，用电子货币直接付款。一个安全、有效的支付系统是实现电子商务的重要前提，这一系统必须能够实现对各方的认证，对业务进行加密，保证业务的完整性和不可否认性。

4.3.2　网络支付的条件

网络支付是以开放性的 Internet 为基础的在线电子支付。从技术角度看，实现网络支付至少需要 4 个方面的条件，即商户系统、客户系统、支付网关和安全认证。其中后三者是网络支付的必要条件，也是网络银行运行的技术要求。

1. 商户系统

商户系统指安装在商户网络服务器上的支付服务系统，它与支付网关相连。

2. 客户系统

客户系统指安装在客户计算机上的支付系统，如电子钱包等。它的安装程序可以从网上下载，或直接到银行领取安装光盘。

3. 支付网关

支付网关是连接银行网络与 Internet 的一组服务器。其主要作用是完成两者之间的通信、协议转换和进行数据加密、解密，以保护银行内部网络的安全。支付网关的功能主要有：将 Internet 传来的数据包解密，并按照银行系统内部的通信协议将数据重新打包；接收银行系统内部反馈的响应消息，将数据转换为 Internet 传送的数据格式，并对其进行加密。实际上，支付网关起着一个数据转换与处理中心的作用。

4. 安全认证

安全认证包括 SET 协议、SSL 协议与认证机构。网上支付与网络安全如同孪生兄弟，提到网上支付，必然要提交易安全。目前在交易过程中使用的安全协议主要有两种，即 SET 协议与 SSL 协议。为了确认交易各方的身份以及保证交易的不可否认性，在网上交易中交易双方需要由认证机构发放数字证书进行安全认证。

4.3.3 网络支付的特征

与传统支付方式相比，网络支付的特征主要包括以下几个。

1. 网络支付的一切都是数字的

网络支付与传统支付方式本质的不同在于其各种支付方式都是采用数字化的方式来完成款项的支付，而传统的支付方式则是通过现金、支票及信用卡等物理实体的流转来完成款项的支付。

2. 网络支付基于 Internet 和虚拟专用网

网络支付的工作环境主要是基于 Internet 的，同时也可以使用虚拟专用网（Virtual Private Network，VPN）等私有网络处理电子数据交换业务。

网络支付的工作环境是一个开放的系统平台，基于这样的工作环境要求配备有相应的软、硬件配套设施以保证支付操作的顺畅与安全。传统支付在较为封闭的系统中运行，相对而言，对软、硬件标准的要求不高。网络支付需要有一定的社会基础，主要包括信用卡公司、ATM 网络以及自动清算所（Automated Clearing House，ACH），这些现已存在的机构或系统已经构成了网络支付的社会基础。

3. 网络支付基于 Internet，具有方便、快捷等优势

网络支付相对于传统支付而言，具有方便、快捷、高效、经济的优势。客户只要拥有一台可以上网的个人计算机，就可以足不出户地在很短时间内完成整个交易过程。支付费用仅相当于传统支付费用的几十分之一，甚至几百分之一。同时，因为电子系统的维护开销很小，无论小公司还是大公司都可以从中受益。除了要有传统支付系统要求的完整性外，网络支付还有新的要求，即可接受性、适用性、匿名性和效率，以及数字货币与其他类型货币的可兑换性、可靠性、安全性。

4.3.4 网络支付的安全性问题

人们对于 Internet 的安全总是抱有怀疑，商户建立了网上商店，并不害怕有人来窃取信息，但会担心商品送出后收不到钱。客户上网进入网上商店购物，也会担心碰到的是家黑店，付了款拿不到商品，或者信用卡资料在传输途中被别人窃取，结果信用卡被别人冒用，造成较大的损失。银行则担心会产生坏账。因此，网络中电子交易的安全性问题是电子商务中最为重要的问题之一。电子商务中的支付环节是将通常方式下的信用卡消费转移至公共信息网也就是 Internet 上，这就对网络支付系统的安全机制提出了更高的要求，具体来说，要解决以下问题。

1. 机密性问题

机密性问题即指信息在信息存取和信息传输过程中不能被非法窃取，我们应有足够的技术手段来保证公共网络上信息的机密性，保证数据（特别是信用卡号与付款金额）在传输作业中不被非法截获，账户中的现金不被窃取。

2. 完整性问题

电子交易各方信息的完整性是电子商务的基础，我们不但要防止对信息的随意生成、修改和删除，同时还要防止在数据传送过程中信息的丢失和重复，并保证信息传送次序的正确。完整性要求具有足够的技术手段来验证传输数据的完整性，防止交易双方按照不完整数据来处理交易。

3. 审查能力问题

审查能力问题即根据机密性和完整性的要求，对数据审查的结果进行记录。我们应有足够的技术手段来确认交易双方的身份，如客户应能通过身份认证来确认他选购商品的商店是具有合法身份的真实商店等。

4. 不可否认性问题

在电子商务方式下，我们必须在交易信息的传输过程中为参与交易的个人、企业或服务部门提供可靠的标识，通过第三方提供的有效数字化过程记录，来防止任何一方出现抵赖行为，并应有足够的技术手段来保证交易各方对所做的交易无法抵赖。

5. 有效性问题

有效性问题即必须保证电子商务活动所传输的数据在确定的时刻、确定的地点是有效的。

电子商务需要建立综合的安全支付协议。目前电子商务中的金融交易仍然存在安全性方面的许多问题，许多金融机构、信息技术公司和电子商务应用企业都在采取措施来解决电子交易的安全问题。

思 考 题

1. 在社会化的大生产中，支付系统处于什么样的位置？
2. 支付系统经历了怎样的发展过程？
3. 我国的支付系统有哪些？

4. 什么是电子支付？什么是网络支付？二者有什么区别和联系？

5. 我国目前电子支付的现状如何？未来的发展趋势怎样？

6. 电子支付都有哪些主要的方式？就你个人来说，你都体验过哪些方式？

7. 你认为在现阶段，我国应该对电子支付行业采取什么样的政策？并说明理由。

8. 什么是网络支付？网络支付的条件是什么？它的特征有哪些？

9. 你使用过网络支付吗？就你的理解，你认为网络支付发展最重要的影响因素是什么？

第5章 | ATM 与 POS

【学习目标】

- 了解银行卡的种类以及银行卡主要发行组织。
- 掌握银行卡不同费用的计算方法。
- 了解 ATM 的基本概念及主要功能。
- 掌握 ATM 系统的几种典型网络结构及其适用领域。
- 了解常见的 ATM 系统故障及应对措施。
- 了解 POS 的基本概念及主要功能。
- 掌握 POS 的业务处理流程。
- 了解典型的 POS 系统接入技术。
- 掌握如何正确、安全使用 ATM 与 POS 系统。

【引导案例】

广西桂林 ATM 机被装盗取信息设备　1 名嫌犯被抓现行

2018 年 7 月 21 日,有市民在网络上直播市区某银行柜员机被犯罪分子安装了盗取他人银行卡的信息设备。该事件网帖迅速转发扩散,引起广大市民的恐慌,群众纷纷要求事件真相与官方说法。

案发后,桂林市公安局高度重视,立即调集刑侦部门精干警力侦破。经一天一夜的侦查布控,于 7 月 22 日晚 8 时许,在桂林市七星区南城百货商场工商银行柜员机附近,抓获 1 名正在实施通过读卡器盗取他人银行卡信息的犯罪嫌疑人廖某,缴获读卡设备 1 套。

经初审,廖某对其违法行为供认不讳。

5.1 | 银行卡

银行卡是我们日常生活中经常使用的支付工具,下面首先为大家介绍它的发展历程与不同类型银行卡的主要用途。

5.1.1 银行卡概述

银行卡也称金融交易卡,是由商业银行(含邮政金融机构)向社会发行的具有消费信用、转账结算、存取现金等全部或部分功能的信用支付工具,也是客户用以启动 ATM 系统和 POS 系统等电子银行系统,进行各种金融交易的必备工具。

1. 银行卡的产生和发展

19 世纪中后期，随着商品交易的规模、金额和频度的增大，仅用现金现场支付和支票支付等传统支付方式已经不能适应现代商品交易快速发展的要求。为解决这个问题，一些商户于 19 世纪末和 20 世纪初，自行设计和使用了各种结算卡，开始了支付手段的变革。

到 20 世纪 40 年代，一些旅游娱乐信用卡已开始跨地区使用，同时，信用卡开始由银行统一发行和统一管理。这不仅使信用卡的使用范围和使用地区大为扩展，也使信用卡的信誉得到加强。

到 20 世纪 60 年代，信用卡在发达国家已经发展成为一种普遍的支付方式。信用卡的产生和推广应用，导致银行建立先进的电子系统，信用卡也进一步成为一种全新的电子支付工具，其大大推动了电子资金转账系统的建立和发展。当今的银行卡已成为启动电子银行系统的一种必备工具，是电子支付系统中的一个重要组成部分。银行卡的推广应用，大大推动了 EFT 系统和后来的电子银行的建立和发展，促进了商品经济的发展，促进了社会信息化的进程，也推动了全球经济一体化和全球金融一体化的进程。20 世纪 80 年代初推出集成电路（Integrated Circuit，IC）卡后，银行卡不仅可作为金融交易卡，还可储存持卡人的许多其他信息。由于在 IC 卡上，多种系统可共用同一张卡，因此，银行卡也在向多功能卡方向发展。

国际上有 5 大信用卡品牌，分别属于威士国际组织（VISA International）、万事达卡国际组织（MasterCard International）、美国运通国际股份有限公司（America Express）、大莱信用卡有限公司（Diners Club）以及 JCB 日本国际信用卡公司（JCB）5 家专业信用卡公司。在各地区还有一些地区性的信用卡组织，如欧洲的 EUROPAY、我国的银联等，我国的银联目前也已跨入国际化专业信用卡领域。

VISA 是全球最富盛名的支付品牌之一，VISA 全球电子支付网络——VISANet 是世界上覆盖面最广、功能最强和最先进的消费支付处理系统。VISA 国际组织本身并不直接发卡，在亚太区，VISA 国际组织有超过 700 个会员金融机构发行各种 VISA 支付工具，包括信用卡、借记卡、公司卡、商务卡及采购卡。VISA 分别于 1993 年和 1996 年在北京和上海成立代表处。其在中国拥有包括银联在内的 17 家中资会员金融机构和 5 家外资会员银行。截至 2005 年 3 月月底，VISA 在中国发行的 VISA 卡约 540 万张，自动柜员机达 17 000 台，VISA 在中国交易额达 32 亿美元。

万事达卡（MasterCard）国际组织于 20 世纪 50 年代末至 60 年代初创立了一种国际通行的信用卡体系，随后便风行于全世界。1966 年，公司组成了一个银行卡协会（Interbank Card Association）的组织；1969 年银行卡协会购下了 MasterCharge 的专利权，统一了各发卡行的信用卡名称和式样设计。随后十年，其将原名 MasterCharge 改名为 MasterCard。万事达卡国际组织是一个包罗世界各地财经机构的非营利协会组织，其会员包括商业银行、储蓄与贷款协会，以及信贷合作社。其基本目标始终不变：沟通国内及国外会员之间的银行卡资料的交流，并方便发行机构，不论规模大小，进军银行卡及旅行支票市场，以谋求发展。VISA 和 MasterCard 是世界两大信用卡，一般美国用 VISA 比较多，欧洲用 MasterCard 比较多。

美国运通国际股份有限公司以 49 种货币发行了运通卡，构建了全球最大的自成体系的特约商户网络，并拥有超过 6 000 万名的优质持卡人群体。成立于 1850 年的美国运通国际股份有限公司，最初的业务是提供快递服务。随着业务的不断发展，其于 1891 年率先推出旅行支票，主要面向经常旅行的高端客户。可以说，其服务于高端客户的历史长达百年，积累了丰富的服务经验和庞大的优质客户群体。1958 年，美国运通国际股份有限公司推出第一张签账卡。凭借着百年老店的信誉和世界知名的品牌，当时红极一时的猫王成为第一批持卡人之一，很多经常旅行的生意人成为美国运通卡这一新兴产品的积极申请者。在美国运通卡开业时，签约入网的商户便超过了 17 000 个，特别是美国旅馆联盟的 15 万卡户和 4 500 个成员旅馆的加入，标志着银行卡终于被美国的主流商界所接受。

1950 年春天，麦克纳马拉与他的合伙人施奈德合伙投资，在纽约注册成立了第一家信用卡公司——"大莱俱乐部"（Diners Club International），后改组为大莱信用卡有限公司。大莱俱乐部实行会员制，向会员提供一种能够证明身份和支付能力的卡片。最初他们与纽约市的 14 家餐馆签订了受理协议，并向一批特定的人群发放了"大莱卡"。会员凭卡可以在餐馆实行记账消费，再由大莱俱乐部做支付中介，延时为消费双方进行账务清算。信用卡的雏形由此诞生。

JCB 卡和大莱卡是日本信用卡产业发展史上发行最早的两个信用卡品牌。美国的大莱信用卡有限公司于 1960 年在日本成立了日本大莱信用卡公司，JCB 主要向当地的高端客户发行大莱卡，发卡量微乎其微。JCB 成立之后，决定选择与大莱发行的高端客户卡不同的道路，把卡片定位于大众化的 JCB 卡。处于日本信用卡产业发展初期的 JCB，不论在发卡量还是在交易额上都领先于其他信用卡公司，在 20 世纪 70 年代至 80 年代间业务量成倍快速增长，促使 JCB 卡成为了日本最普及的信用卡。

中国银联是经中国人民银行批准，由 80 多家国内金融机构共同发起设立的股份制金融服务机构，注册资本 16.5 亿元人民币。公司于 2002 年 3 月 26 日成立，总部设在上海。作为中国的银行卡联合组织，中国银联处于我国银行卡产业的核心和枢纽地位，对我国银行卡产业发展发挥着基础性作用。各银行通过银联跨行交易清算系统，实现了系统间的互联互通，进而使银行卡得以跨银行、跨地区和跨境使用。在建设和运营银联跨行交易清算系统、实现银行卡联网通用的基础上，中国银联积极联合商业银行等产业各方，推广统一的银联卡标准规范，创建银行卡自主品牌，推动银行卡的发展和应用，维护银行卡受理市场秩序，防范银行卡风险。

2．银行卡的种类

银行卡有多种分类法。我们可按银行卡的性质、银行卡使用的信息载体、银行卡发行的对象、银行卡使用的币种等多个维度，对银行卡进行分类。其中，最重要的是按性质和信息载体进行分类。从性质上分，银行卡可分为信用卡、借记卡、复合卡和现金卡 4 种。

银行卡也可以按信息载体分类。银行卡经历了塑料卡、磁卡、集成电路卡和激光卡 4 个发展阶段。此外，还有一种在磁卡中内藏 IC 芯片的复合介质卡。

5.1.2　信用卡

信用卡是一种非现金交易付款的方式，是一种简单的信贷服务。信用卡也称贷记卡，是银行向金融上可信赖的客户提供无抵押的短期周转信贷的一种手段。信用卡的持卡人在消费处所消费或预支款项后，只做挂账处理。就是说，将持卡人的消费费用记入发卡行的账目上，待持卡人信用期满时，银行才向持卡人索还部分或全部贷款，或者对持卡人做扣账操作。除部分与金融卡结合的信用卡外，一般的信用卡与借记卡、提款卡不同，信用卡不会由客户的账户直接扣除资金。

信用卡 1915 年起源于美国。最早发行信用卡的机构并不是银行，而是一些百货商店、饮食业、娱乐业和汽油公司。这些商户为招徕顾客，推销商品，增加营业额，有选择地在一定范围内发给客户一种类似金属徽章的信用筹码，后来演变成为用塑料制成的卡片，作为客户购货消费的凭证，开展了凭信用筹码在本商号或公司或加油站购货的赊销服务业务。客户可以在这些发行筹码的商店及其分号赊购商品，约期付款，这就是信用卡的雏形。

1952 年，美国加利福尼亚州的富兰克林国民银行作为金融机构首先发行了银行信用卡。

1959 年，美国的美洲银行在加利福尼亚州发行了美洲银行卡。此后，许多银行加入了发卡银行的行列。到了 20 世纪 60 年代，银行信用卡受到社会各界的普遍欢迎，并得到迅速发展，信用卡不仅在美国，而且在英国、日本、加拿大以及欧洲各国也盛行起来。从 20 世纪 70 年代开始，中国以及新加坡、马来西亚等国家也开始发行信用卡。

对持卡人来说，信用卡可以有以下 3 种基本用途：在国内外特约商店购物；从参与该信用卡组织的成员金融机构预支现金；在 ATM 上预支现金。

现代化程度高的银行，在银行里安放有由客户自行操作的电子柜员机，持卡人可利用这种电子柜员机自行做预支现金的交易，而无须银行柜员的干预。发卡行的处理中心保有其持卡人的账目。持卡人用信用卡购物或预支现金时，处理中心会把它们过账到该持卡人的信用卡账户上，并每月给其持卡人一张附带说明的有关他的账目的月结单（对账单）。该月结单列出开账单期间，银行收到的该持卡人的所有签账交易，列出到期应付给银行的总金额，以及用信用卡购物的最少的支付款项是多大金额。

5.1.3　借记卡

借记卡在外形、用途和用之购物时可快速将资金转账到商户等方面，同信用卡相似，不同的是，它不像信用卡那样，靠增加债务来体现消费，而是将客户在银行存款账户上的资金直接划拨到商户的账户上。正因为具有这一公认的特点，借记卡具有低风险和低运行成本等优点，因此，金融机构越来越多地推广借记卡，并向几乎所有的存款客户提供借记卡服务，而不管其信用级别如何。

一个典型的借记卡系统的业务操作如图 5-1 所示。做借记卡交易时，涉及 4 个参与者：持卡人、商户、金融机构，以及地区性或全国性的银行卡组织。从图中可看出，借记卡同信用卡一样，有 3 种主要用途：在指定的特约商店购物消费；在各成员银行存取现金；在 ATM 上存取现金。

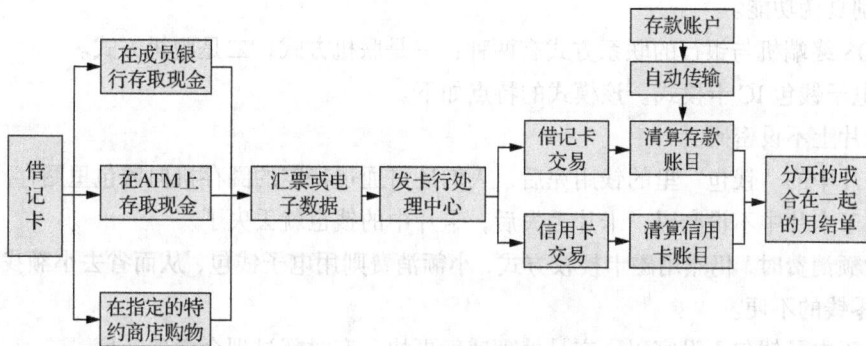

图 5-1　借记卡系统的业务操作

提供给借记卡持卡人的各项服务，依发卡行所提供的条件而定。在成员银行存取现金是借记卡的一项经常性服务，是典型的存款账户通存通兑服务。在 ATM 上存取款是上述服务的一种延伸，由持卡人自助完成。用借记卡进行购物消费的过程同用信用卡购物消费的过程类似，它们之间的主要区别在于交易的账务处理方法不同。借记卡是做扣账处理，而信用卡是做挂账处理。由于这两种卡的账务处理方法不同，导致它们的交易授权处理方法也不一样。

借记卡的上述3种用途中，最具潜力也最重要的是代替现金和支票在指定的特约商店购物。因此，借记卡将是通往"无现金""无支票"和"无纸社会"的一把钥匙，从这个意义上讲，借记卡代表着电子银行的未来。

5.1.4 IC卡

1. IC卡的分类

IC卡是在塑料卡上封装一个非常小的微型集成电路（IC）芯片的卡片，用以存储记录数据。依据IC卡上是否含有中央处理器（Central Processing Unit，CPU）和其他元件，IC卡可分为存储卡、智能卡和超级智能卡；依据IC卡的结构区分，IC卡可分为有外部接触点的接触型卡和没有外部接触点的非接触型卡。

2. IC卡作为银行卡的使用模式

IC卡广泛地应用于各行各业，这里仅讨论IC卡被当作银行卡使用时的使用模式。

目前世界上使用IC卡的模式，主要有普通IC卡、电子存折IC卡和电子钱包IC卡3种模式。

（1）普通IC卡模式。采用这种模式时，IC卡只作为IC信用卡。此时，IC卡芯片中存储的信息内容与磁卡中的相同，其功能也与磁卡相同。脱机操作时，授权限额以上的消费仍需通过信用卡中心联机到银行主机中去查询、授权和转账。同磁卡相比，采用IC卡只是提高了保密性、安全性及防伪性。这种卡的IC芯片中，不存储货币余额，也就没有货币概念的存在。

（2）电子存折IC卡模式。这种IC卡是电子存折式的有密码的IC现金卡。这种现金卡与上述的IC信用卡相比有以下特点。

① 这种现金卡中的IC卡芯片上的内容，除了记录有持卡人的个人资料和密码信息外，还写入了持卡人的存款余额。

② 采用这种现金卡时允许脱机操作。

③ 在POS交易中做脱机操作时，采用卡—机（POS终端机）对查和卡—机互为作用方式，以提高鉴别真伪功能。

④ POS终端机与银行的联系方式有两种：一是联机方式；二是脱机方式。

（3）电子钱包IC卡模式。该模式的特点如下。

① 卡片上不设密码。

② 卡片中的"钱包"里的钱用完后，人们还可通过特定的圈存机向钱包里圈存。

③ 由于卡片中不设密码，卡片丢失后，卡片中的钱也就丢失了。

④ 大额消费时，仍然用磁卡授权方式，小额消费则用电子钱包，从而省去小额找零钱及需要带小额零钱的不便。

⑤ 由于电子钱包不设密码，交易处理速度更快，有时超过现金消费速度。

总之，IC卡作为银行卡，是20世纪90年代才开始发展起来的新型的银行卡，具有广阔的发展前途。

5.2 | 银行卡的"费"

银行卡的使用涉及了诸多使用费用，本节为大家介绍在银行卡使用过程中我们需要知道的那些费用。

5.2.1 信用卡年费

信用卡年费即持卡客户每年需要向发卡行缴纳的一定数量的管理服务费用。各大银行依卡种不同，年费也略有不同。

目前，我国信用卡市场还处于发展阶段，各大银行为了增加信用卡的市场占有份额，纷纷推出一系列的优惠措施。其中，在年费政策上的活动，可谓最吸引普通客户的眼球了。然而，涉及年费的纠纷也越来越多，究其原因，主要还是广大持卡人对年费的认知不够深入。

信用卡年费就是持卡客户每年需要向银行缴纳的管理费用，其随着信用卡等级的不同而改变，基本呈现等级越高，年费也越高的趋势，如表 5-1 所示。

表 5-1　　　　　　　　　　　　信用卡年费及信用额度　　　　　　　　　　　单位：元

信用卡等级	信用额度	年费平均值
普卡	1 000～10 000	91
金卡	10 000～50 000	204
白金卡	50 000 以上	2 191
钻石卡	100 000 以上	8 600
无限卡	500 000	7 500

不同银行在年费的收取金额上有所不同。据相关调研，中国工商银行的年费均值最低，浦发银行最高，两者均值差距在 150 元左右，浦发银行年费均值大约为中国工商银行的 2.4 倍；同时，同一家银行内部，不同类型的信用卡收费也不一样。图 5-2 所示为不同银行的信用卡年费均值比较。

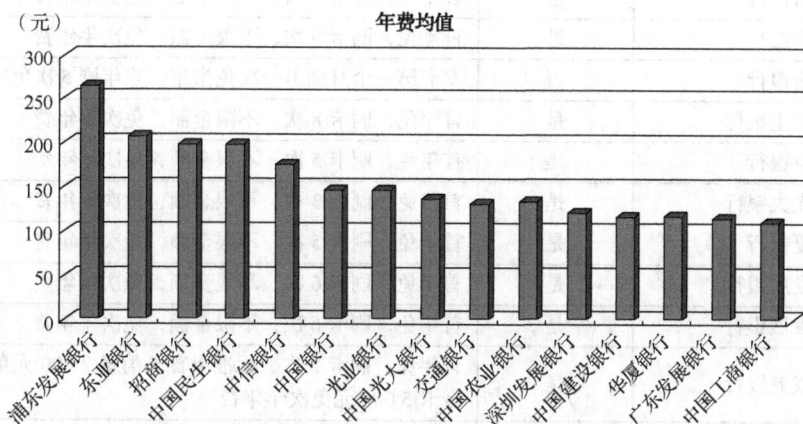

图 5-2　不同银行的信用卡年费均值比较

不同等级的信用卡，年费也不一样；同时年费的减免政策也有所不同。以标准双币卡年费为例，图 5-3 所示为不同银行不同等级的信用卡年费的比较图。

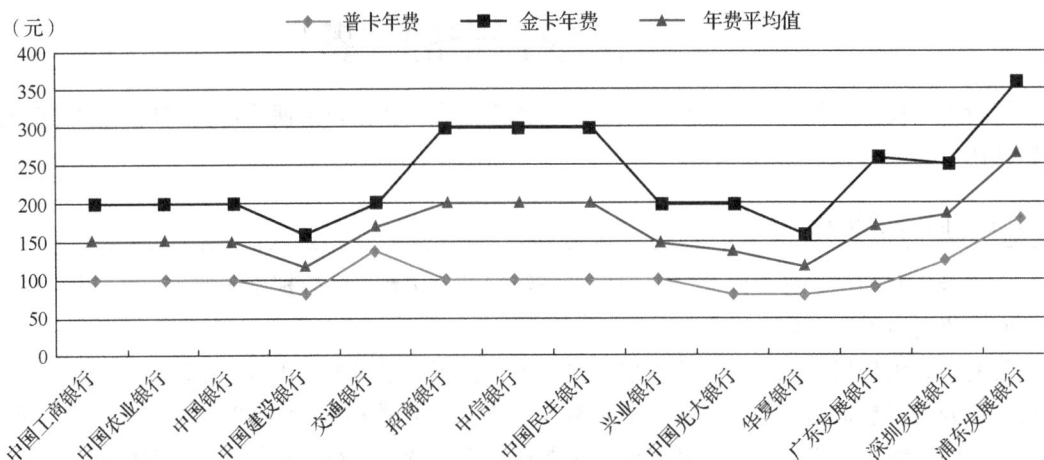

图 5-3　不同银行不同等级信用卡年费比较

　　信用卡年费不是按照自然月进行计算的，我们根据首年年费收取时间，往后推 12 个月，确定下一年年费收取时间。例如，信用卡首年年费在 2009 年 3 月 2 日收取，则下一年年费在 2010年 3 月 2 日扣收，而非 2010 年 1 月 1 日。

　　目前，国内大部分银行发行的信用卡，都采取首年免年费的政策。但是，并非所有信用卡都是如此，即使是同一家银行发行的信用卡，在具体的减免政策上也有所不同。表 5-2 所示为不同银行的相关年费减免政策（各别银行政策可能会有调整，具体请查询银行官网）。

表 5-2　　　　　　　　　　　　　　不同银行的年费减免政策

发卡银行	首年免除	免年费规则
中国工商银行	否	一年内刷卡 5 次，不限金额，免当年年费
中国农业银行	是	首年免，刷卡 5 次，不限金额，免次年年费
中国银行	是	首年免，刷卡 5 次，不限金额，免次年年费
中国建设银行	是	首年免，刷卡 3 次，不限金额，免次年年费
交通银行	是	首年免，刷卡 6 次，不限金额，免次年年费
招商银行	是	首年免，刷卡 6 次，不限金额，免次年年费
中信银行	否	发卡第一个月刷卡一次免当年，当年刷 5 次免次年年费
中国民生银行	是	首年免，刷卡 8 次，不限金额，免次年年费
兴业银行	是	首年免，刷卡 5 次，不限金额，免次年年费
中国光大银行	是	首年免，刷卡 3 次，不限金额，免次年年费
华夏银行	是	首年免，刷卡 5 次，不限金额，免次年年费
广东发展银行	是	首年免，刷卡 6 次，不限金额，免次年年费
深圳发展银行	是	首年免，刷卡 6 次，不限金额，免次年年费
浦东发展银行	是	首年免，刷卡 5 次，标准卡普卡消费 2 000 元免次年年费，金卡 5 000 元免次年年费
东亚银行	是	首年免，普卡刷 5 次或消费 2 000 元，金卡刷 10 次或消费 5 000 元免次年年费

当然，尽管各大银行现行的免年费规则五花八门，但也有不少银行通过间接的手段向客户收取年费，我们可以称之为"变相年费"。虽然有的银行信用卡声称终身免年费，但客户要享受免年费，还需要缴纳一定数额的"入伙费"，如浦发银行的 WOW 卡，客户需要缴纳 260 元的"入伙费"才能享受免年费。招商银行的 ANA CARD 全日空信用卡，规定终身免年费，不过银行会代 ANA 全日空收取会员费，主卡 650 元/年，附属卡 325 元/年。

所以，客户不一定非要选择终身免年费的信用卡，选择适合自己的信用卡，合理使用，照样能免除不必要的费用。

5.2.2　信用卡利息

信用卡利息是在超过到期还款日后才足额还款的，银行按比例收取的费用。由中国人民银行统一规定为每日万分之五。一般信用卡都有 50 余天的免息期，在免息期结束前（到期还款日）足额还款，则银行对消费透支可免收透支利息。例如，华夏信用卡的最长免息期为 56 天，而到期还款日为对账单生成日后的第 25 日，在每期账单上其均会明确提示到期还款日。

信用卡账单日是指发卡银行每月定期对你的信用卡账户当期发生的各项交易、费用等进行汇总结算，结计利息，计算你当期总欠款金额和最小还款额，并为你邮寄对账单的日期。此日期即为你信用卡的账单日。

信用卡最低还款额即使用循环信用时需要偿还的最低金额，一般不低于欠款余额的 10%。在到期还款日持卡人如果不能全部偿还最低还款额，银行将收取持卡人的滞纳金。滞纳金收取标准为持卡人最低还款额未还部分的 5%。

那么，信用卡利息如何计算呢？一般而言，主要是以上期对账单的每笔预借现金、POS 消费金额作为计算利息本金，按日利率万分之五进行计算。预借现金自该笔账款交易日起至该笔账款还清日止为计息天数，且不享受免息期；持卡人如在最后还款日前全额还款，则可享受免息待遇。若未能全额还款，则该笔账款记账日起至该笔账款还清日止为计息天数。透支利息按月计收复利。

5.2.3　信用卡提现

信用卡提现是信用卡本身固有的功能之一，持卡人可以使用信用卡向银行预借现金，使用信用卡提取现金的过程为信用卡提现。

信用卡提现是银行为满足持卡人对现金的紧急需求而设立的。目前信用卡提现的收费标准非常高，信用卡提现的时候银行会即时扣除 1%～3%的手续费，提现的金额按照日息万分之五计算利息，并按月计算复利。所以非紧急情况下请勿使用信用卡提现功能。

下面，分别按照溢缴款取现和透支取现说明信用卡提现手续费的算法。

1.　溢缴款取现

溢缴款是信用卡客户还款时多缴的资金或存放在信用卡账户内的资金。该笔款项可增加信用卡的可用额度，或直接用于消费还款。如存在溢缴款，消费时先扣溢缴款，再扣信用额度。

溢缴款取现的前提条件是提现金额≤溢缴款，此时持卡人的取卡方式对应的手续费费率与取现金额相乘就是需要缴纳的手续费。其中，有些银行，如浦发银行的持卡人在同行的柜台取款是不需要缴纳手续费的；有些银行规定了手续费的上限和下限。溢缴款取现不需要收利息。

$$溢缴款取现手续费=取现金额×手续费费率$$

溢缴款取现手续费=min{ max {下限，取现金额×手续费率}，上限}（存在上限、下限的规定）

2．透支取现

透支取现的条件是溢缴款<提现金额≤取款限额，此时的手续费是溢缴款的手续费、透支金额的手续费以及利息之和。其中溢缴款的手续费算法与上面相同，利息各行相同，为国家规定，银行从提现后的第二天就开始计算利息。

透支取现手续费=溢缴款手续费+（取现金额-溢缴款）×取现手续费费率+利息

透支取现手续费=溢缴款手续费+min{max{下限，（取现金额-溢缴款）×取现手续费率}，上限}+

利息（存在上限、下限的规定）

5.2.4 信用卡分期付款

信用卡分期付款是发卡银行向信用卡持卡人提供的一项信用卡增值服务，是指信用卡持卡人在一次性进行大额购物消费的时候，将购买的商品或者服务的总额平均分解成若干期数（通常以月为单位），每期按时偿还款项，直至商品总价清偿完毕为止的一种消费方式。

在国内，银行提供这种服务通常都要收取一定的手续费。分期付款业务手续费包括免手续费、小额固定手续费和固定比例手续费等多种形式。各家银行的分期付款手续费存在着不小的差别，持卡人在选择银行的时候需要首先了解银行信用卡分期付款的相关政策。

表5-3所示是信用卡分期付款与银行普通消费信贷的比较。从表中可以得出，站在消费者的角度，信用卡分期付款业务在多方面具有比较优势，但在费率、还息方式方面普通消费信贷更具吸引力；此外，从银行的角度考虑，普通消费信贷的资金保障方式更为有力。

表5-3　　　　　　　　　　信用卡分期付款与银行普通消费信贷比较

比较项目	信用卡分期付款	普通消费信贷
需要条件	拥有一张信用卡	需满足个人消费信贷的有关条件
办理程序及时间	程序简单，刷卡后即可办理	程序相对复杂，需要一段时间才可办理完毕
贷款额度	一般以卡片的信用额度为限	根据贷款人对借款人的资信评级情况、贷款担保情况确定
贷款起点	各家银行不同，500～1 500元不等	较高，主要为购房、购车、装修等
受理渠道	银行各网点、商户、电话银行	银行各网点
有无消费积分	多数都有	无
是否受行业限制	不限行业	有一定限制，主要是购房、购车、装修等大额贷款
贷款期限	3、6、9、12、18、24个月（中短期，各银行不同）	半年、一年、两年及以上（中长期）
基本费率/利率（按月计算）	通常0.6%/月左右	通常低于0.6%/月，有的低至0.3%/月
还息（手续费）方式	缴付首期时一次性收取；平摊到每期收取	可平均到每个月收取
提前还款	办理简单，对已收取的手续费是否退回、是否收取额外费用，因银行不同而异	办理手续复杂，但还款后不再收取相关利息
是否需要担保、抵押等资金保障	一般没有担保，主要依赖客户的个人信誉	在款未还清前，有房屋产权、车辆所有权等作为抵押或担保

因此，与普通消费信贷相比，信用卡分期付款的最大优势就是：办理方便快捷、范围广、起点低、灵活性强；而普通消费信贷办理程序相对复杂，一些环节需要单独缴费，且利率有上浮的空间，但其分期还本付息的方式和较长期限对客户有较强的吸引力。

总体而言，一般信用卡分期付款 1 年的手续费要低于年 18%的取现利息，高于银行 1 年商业贷款利息 5.31%。值得一提的是，商业银行贷款利率自 2008 年以来多次下调，但信用卡分期付款手续费和取现利息的标准却鲜有变动。

尽管各家银行信用卡分期付款手续费的标准不一样，但计算方法大致相同。假设分期付款金额为 1 200 元，分 12 期，每期（月）还款 100 元，手续费为 0.6%/月，每月实际扣取 100+1 200×0.6%=107.2 元。如果不考虑其他因素，可折算的名义年利率为 7.2%。但是，持卡人并非一直欠银行 1 200 元，到最后一个月，实际上只欠银行 100 元，但银行仍按 1 200 元收取手续费。根据测算，持卡人所要支付的真正年利率约为 15.48%。当然，在手续费的扣收方式上，也有很多银行是在首期的时候一次性收取。

5.2.5　银行卡交易手续费

银行卡交易手续费是指当持卡人在发卡行或非发卡行的其他银行进行各项交易时产生的费用。一般而言，不同的银行对其他银行的跨行交易手续费都有不同的规定，其主要体现在两个方面：一方面是使用 ATM 进行跨行取款的手续费；另一方面是使用信用卡提现的手续费。

下面简要列示几项，以供读者参考（个别银行具体费用会有改变，具体请查询各银行官网）。

1．ATM 跨行取款手续费

表 5-4 所示为不用的银行 ATM 跨行取款手续费的比较表，从中可以得到不同银行在 ATM 跨行取款方面的不同政策。

表 5-4　　　　　　　　　　不同银行 ATM 跨行取款手续费比较表

银行	同城跨行	省内跨行	省外跨行
中国银行	4 元/笔	9 元/笔	12 元/笔
中国建设银行	0.5%+2 元/笔	1%+2 元/笔	1%+2 元/笔
中国农业银行	2 元/笔	2 元/笔	1%+2 元/笔
中国工商银行	4 元/笔	1%+2 元/笔	1%+2 元/笔
招商银行	2 元/笔	2 元/笔	0.5%+2 元/笔
中国交通银行	2 元/笔	0.8%+2 元/笔	0.8%+2 元/笔
中国民生银行	免费	5 元/笔	5 元/笔
中国华夏银行	免费	2 元/笔	2 元/笔
中信银行	每月前两笔免费，后 2 元/笔	每月前两笔免费，后 2 元/笔	0.5%，最多 200 元
上海浦东发展银行	免费	免费	免费
深圳发展银行	1%	1%	1%
兴业银行	免费	前三笔免费，后 2 元/笔	前三笔免费，后 2 元/笔
南京市商业银行	免费	免费	免费

2. 银行信用卡提现手续费

表 5-5 所示为不同银行信用卡提现手续费的比较表。从表中可以得到，虽然总体上各个银行相差不大，但是不同的银行在实际操作当中还是存在差异的（个别银行具体费用可能会有所调整，具体请查阅各银行官网）。

表 5-5　　　　　　　　　不同银行信用卡提现手续费比较表

信用卡	收费情况
中国工商银行信用卡	本地本行：免费　　　　　　　本地跨行：2 元/笔 异地本行：按提现金额的 1%收取异地取现费，最低 1 元，最高 50 元 异地跨行：按提现金额的 1%收取异地取现费，最低 1 元，最高 50 元，另加收每笔 2 元的跨行提现费
中国农业银行信用卡	境内本行预借现金：取现金额的 1%，最低 1 元 境内他行预借现金：（取现金额的 1%+2 元）/笔，最低 3 元 境外预借现金：取现金额的 3%，最低 3 美元（或等值其他外币）
中国银行信用卡	境内本行：提现金额的 1%，柜台提现最低人民币 10 元或 1 美元；ATM 提现最低人民币 8 元 境内他行：提现金额的 1%，最低人民币 12 元 境外预借现金：提现金额的 3%，最低 3.5 美元
中国建设银行信用卡	境内本行：提现金额的 5‰，最低 2 元，最高 50 元 境内他行：提现金额的 5‰，最低 2 元，最高 50 元；另加收每笔 2 元的跨行提现费 境外预借现金：提现金额的 3%，最低 3 美元
交通银行信用卡	境内本行：提现金额的 1%，最低每笔人民币 10 元 境内他行：提现金额的 1%，最低每笔人民币 10 元；另加收每笔 2 元的跨行提现费 境外预借现金：提现金额的 1%，最低 5 美元
中信银行信用卡	境内：提现金额的 3%，最低每笔 30 元人民币 境外：提现金额的 3%，最低每笔 3 美元/30 港币
中国光大银行信用卡	境内：提现金额的 1%，最低每笔 3 元人民币 境外：提现金额的 1%，最低每笔 3 美元
中国民生银行信用卡	境内本行：免费 境内他行：预借现金额的 1%，最低人民币 1 元 境外预借现金：预借现金额的 3%，最低 3 美元
招商银行信用卡	境内：提现金额的 3%，最低每笔 30 元人民币 境外：提现金额的 3%，最低 3 美元
广东发展银行信用卡	境内：提现金额的 2.5% 境外：提现金额的 3%，最低 3 美元
深圳发展银行信用卡	境内：提现金额的 1%，最低每笔 10 元人民币 境外：提现金额的 3%，最低每笔 3 美元/30 港币
上海浦东发展银行信用卡	境内：提现金额的 3%，最低每笔 30 元人民币 境外：提现金额的 3%，最低每笔 3 美元
兴业银行信用卡	境内：提现金额的 3%，最低每笔 30 元人民币 境外：提现金额的 3%，最低每笔 3 美元
上海银行信用卡	境内本行：提现金额的 1%，最低每笔 1 元人民币 境内他行：提现金额的 1%，另加收每笔 2 元的跨行提现费；最低每笔 3 元人民币 境外：提现金额的 1%收取，最低每笔 2 美元

5.3

ATM

自动柜员机系统，即 CD/ATM 系统（简称 ATM 系统），是利用银行发行的银行卡，在现金配出器（Cash Dispenser，CD）或自动柜员机上，执行存取款和转账等功能的一种自助银行系统。ATM 系统自 1969 年推出以来，就深受客户的欢迎，有效地提高了银行的效率，降低了银行的运行成本，是最早获得成功的电子资金转账系统。

5.3.1 ATM 系统概述

1．ATM 系统的功能

在 ATM 系统中，只能作为现金配出器使用的终端机被称作 CD；不仅可用于取现，还可接收存款，可在不同账户之间进行转账的终端机为 ATM（自动柜员机）。ATM 系统可提供多种功能。一台典型的 ATM，可提供下述一部分或全部功能。

（1）提现功能。从一个支票账户提现；从一个存款账户提现；从一个信用卡账户提现。

（2）存款功能。存（现金）到一个支票账户；到一个存款账户；到另一个账户。

（3）转账功能。从支票账户到存款账户；从存款账户到支票账户；从信用卡账户到支票账户。

（4）支付功能。从支票账户扣除；从存款账户扣除。

（5）账户余额查询功能。当客户提出查询请求时，系统就检索该特定账户的余额，并将结果显示于屏幕上，或打印出来。

（6）非现金交易功能。如修改个人密码（PIN）、支票确认、支票保证、电子邮递、验证现钞，缴付各种公共事业账单等。

（7）除了交易和非交易功能外，ATM 还能提供各种管理性处理功能。例如，查询终端机现金余额；终端机子项统计；支票确认结果汇总；查询营业过程中现金耗用、填补及调整后的数据；安全保护功能等。

当今的 ATM 系统正向多功能化发展。ATM 不仅可用于存取款作业，还可当作自助银行的一台自助银行终端机使用。

2．ATM 系统的分类

按网络性质分类，ATM 系统将分为专有系统和共享系统。专有系统服务的对象是本行客户；共享系统服务的对象，除本行客户外，还涉及他行客户。依据作用范围的大小，共享系统还可分为地区性的共享系统、全国性的共享系统和全球性的共享系统。

（1）专有系统。专有系统是由一个金融机构独自购置网络中的 ATM、其他硬件和所需软件，并独自发行其银行卡的系统。这种系统的优点是，该金融机构可完全控制整个系统及其所有的装置，其产品也仅为该金融机构所识别。其缺点是投资大，交易额受该金融机构的持卡人规模限制，偿还期长等。

（2）共享系统。当一个或多个金融机构的客户，可以在自己的或别的金融机构操纵的 ATM 上进行存取款交易时，共享就发生了。从技术上讲，在专有的 ATM 网络里，当业主银行将其多余的 ATM 服务销售给往来银行时，该网络就是一种共享的网络。但是，由于网络的控制权依然归业主银行所有，从性质上讲，其依然是专有系统。

共享系统的普遍形式是同其他金融机构一起组成合营企业。该企业的组织结构和该ATM网络上的各项重要决策，全部由成员行一起商定。例如，商定要部署的ATM品种，是单独拥有还是共有；是购买还是开发特殊软件包；网络的交换中心（它将ATM交易指向持卡人的银行）是处于银行的"前方"还是"后方"；还要商定一个客户在他行ATM上进行交换交易的收费标准等问题。

共享ATM网络的进一步发展，就是形成全国性共享系统。这种全国性共享系统，可使各金融机构平摊新产品的开发费用和分摊风险；可大大降低支付产品的运行管理费用；可克服地理限制，使地区银行能经营跨地区的银行业务。全国ATM交换网络的建立，对于电子支付系统的建设会有重大的影响。

目前，发展共享系统已经成为一种趋势，不论大小银行都要选择参加一个共享系统。随着VISA和MasterCard提供其全球性的ATM服务后，ATM系统又朝着国际化方向发展。一卡行天下，已经不再是一个口号、一种理想，而是一种现实。

3. 共享系统的基本组成

共享系统，常常是由许多专有系统互连而成。共享系统内至少包括下列部分。

（1）持卡人。

（2）自动存取款机（CD、ATM）。

（3）发卡行：是共享系统的成员行，发卡行对外发行银行卡。

（4）收单行：指联行交易中兑付现金或与商户签约进行联行交易资金结算，并且直接或间接地使交易达成转接的银行。

（5）清算银行：负责共享系统内跨行账务清算的处理单位，通常是由中央银行担任。

（6）交换中心：负责共享系统内各种交易信息的转接（交换）处理和管理等工作。

上述ATM系统各成员之间，通过交换中心，连接成一个大型的共享网络。交换中心负责共享ATM系统内各种交易信息及相关信息的转接和处理工作。有的交换中心，还可暂时代替发卡行做暂代性银行卡授权（Stand-in）处理。交换中心可由某个发卡行，也可由多个发卡行合作经营管理，还可由第三方担任。在这种共享系统里，成员行的持卡人可在共享网络内的任何一台ATM上进行存取款交易。

5.3.2 ATM系统的网络结构及处理流程

不同的ATM系统有不同的网络结构。同其他电子银行系统一样，根据交换中心在系统中的不同位置，我们可将ATM系统的网络结构分为后方交换型、前方交换型和复合型3种。

1. 后方交换型

这种结构的特点是：交换中心位于各成员行之后；各成员行都可拥有自己的CD和ATM；自己的持卡人在自有系统的CD和ATM上所做的交易，留在自己行内处理；在共享ATM系统上所做的跨行交易，均送交换中心转发到相应的发卡银行去处理；发卡行收到代理行经交换中心送交的交易请求信息后，经必要的确认处理和账务处理，再将授权信息经交换中心发给代理行，请其按指示代为处理。

若是存取款和转账交易，代理行执行完响应指令后，还需通过交换中心向发卡行发送确认信息。发卡行收到确认信息，执行完提交处理后，才能最终完成一笔ATM交易。日终时，代理行和发卡行之间要通过中央银行进行跨行交易的资金清算和手续费计付处理。一个 ATM 系统，同已有的其他 ATM 系统互连后，通常是生成后方交换型的共享系统，如图 5-4 所示。

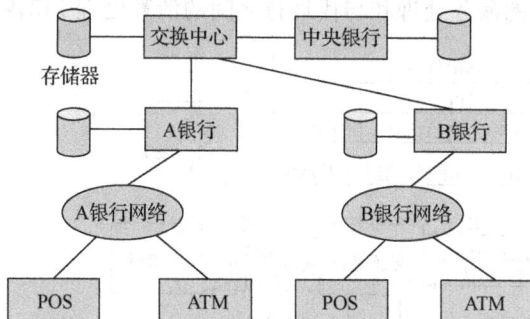

图 5-4 后方交换型的网络结构

后方交换型的数据处理流程分为本行交易的数据流程和跨行交易的数据流程。

（1）本行交易的数据流程。本行持卡人在自有的 ATM 上做交易时，ATM 系统内的数据传输过程如图 5-5 所示。

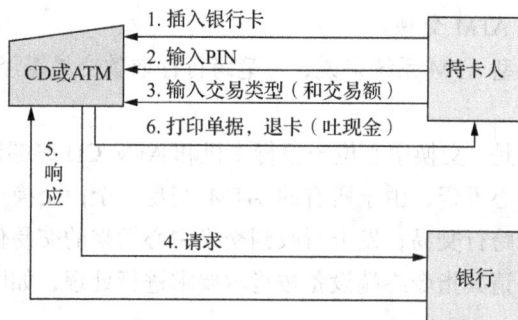

图 5-5 本行持卡人成功交易的数据传输过程

持卡人将银行卡插入 ATM，ATM 的读卡机经检验是合法的银行卡后，就提示客户输入个人识别码（Personal Identification Number，PIN）。ATM 对输入的 PIN 格式进行检验，若检验通过，提示客户输入交易类型和交易额，并将请求信息（含银行卡信息和持卡人输入的相应数据）发往银行主机。银行主机对请求信息进行检验，检验操作者是否是该卡的合法持卡人，是否有权做本笔交易，若检验通过且是存取款交易时，还需进行相应的账务处理。银行主机做完上述响应处理后，向 ATM 发出响应信息。ATM 根据响应指令做相应的处理。例如，如果响应信息是肯定性指令，ATM 则打印单据、退卡，对于取现交易还要吐现金；若响应信息是否定性指令，ATM 则吞卡或按响应指令做相应处理。

（2）跨行交易的数据传输流程。持卡人在后方交换型网络结构的 ATM 上做跨行交易的数据传输流程比较复杂，这里以跨行存取款为例进行说明。为保证资金安全，跨行交易通常需要采用 3 个传输处理流程：请求处理、响应处理和确认处理。与此相对应，在系统中传输着 3 种信息流，即请求信息、响应信息和确认信息，如图 5-6 所示。

① 请求信息。当持卡人输入 PIN、交易类型和交易额后，由代理行终端机（CD 或 ATM）启动请求信息，请求持卡人所要求的存取款交易。请求信息经代理行、交换中心发往发卡行。

② 响应处理。发卡行接收到交换中心发来的交易请求信息后，检查银行卡和持卡人等的合

法性、交易额的合理性，然后启动响应信息，通过交换中心，授权代理行指令ATM（或CD）按响应指令指示进行交易。与此同时，若发卡行授权代理行进行存取款处理，则发卡行还要进行账务处理（包括持卡人的账务处理和与代理行之间的清算处理）和各种交易费用的计付处理。

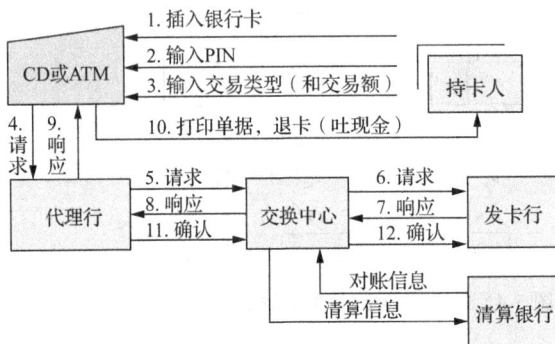

图 5-6　ATM 系统的 3 个传输流程

③ 确认处理。完成一笔ATM交易后，代理行启动确认信息，针对交易执行结果提出确认报告。发卡行接收确认信息后，提交上述账务处理和交易费用计付处理结果，修改数据库中的相应数据，最终完成一笔ATM交易。

因此，对于后方交换型ATM系统来说，一笔跨行存取款交易需经过8个路段，才算完成。

2. 前方交换型

这种网络结构的特点是：交换中心位于银行主机和ATM/CD终端机之间；系统中所有的终端设备，原则上由交换中心投资；由于所有的 ATM 交易，全由交换中心直接转发到相应的发卡行进行处理，因此没有跨行交易；发卡行收到交换中心发来的交易信息后，经确认处理，发送授权信息给交换中心，请其指令终端设备按指示要求进行处理，如图5-7所示。

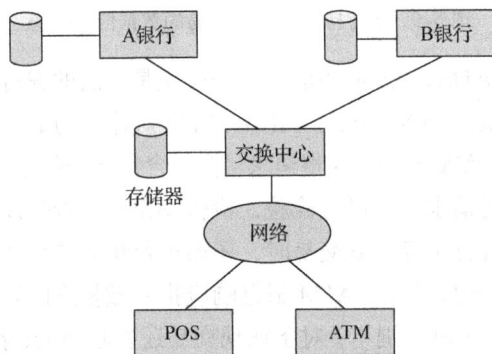

图 5-7　前方交换型网络结构

对于前方交换型ATM系统来说，进行一笔存取款交易时，持卡人输入PIN、交易类型和交易额后，由 ATM 发出请求信息，经交换中心发往相应的发卡行；发卡行进行响应处理和账务处理后，发出响应信息给交换中心，授权它按指示向ATM发指令；交换中心向ATM发出响应指令后，若非查询交易，还需向发卡行发确认信息；发卡行收到确认信息后，就执行提交操作，修改数据库数据，完成该笔ATM交易。因此，在前方交换型ATM系统中做一笔ATM存取款交易，需经过5个路段才能最终完成，如图5-8所示。

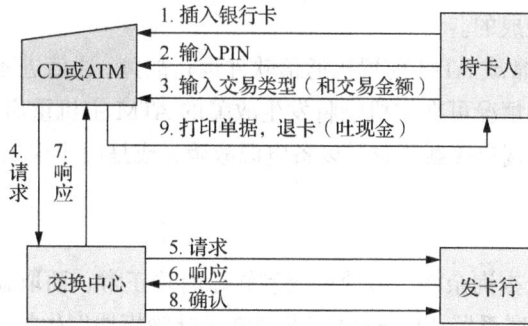

图 5-8　前方交换型系统的交易处理流程

前方交换型网络系统没有跨行交易，因此也不存在银行之间的资金清算问题，没有中央银行的参与交易仍可正常进行。

但是，中央银行为了掌握资金的流动情况，仍可直接同交换中心联机，并用法律法规的形式，规定交换中心定时向中央银行发送其所需的数据。通常，只有在新建一个网络系统时，才可考虑采用前方交换型网络结构。

3．复合型

若系统中既含前方交换型网络结构又含后方交换型网络结构，则其就是复合型网络结构系统。在图 5-9 所示的复合型网络结构里，对 ATM1 来说，交换中心在银行之前，是前方交换型共享网络；对 ATM2～ATM5 来说，交换中心在银行之后，是后方交换型共享网络。因此，图 5-9 所示的系统网络结构是复合型的。持卡人在 ATM1 上做的交易，按前方交换型网络系统的交易处理流程处理；持卡人在 ATM2～ATM5 上做的交易，按后方交换型网络系统的交易处理流程处理。

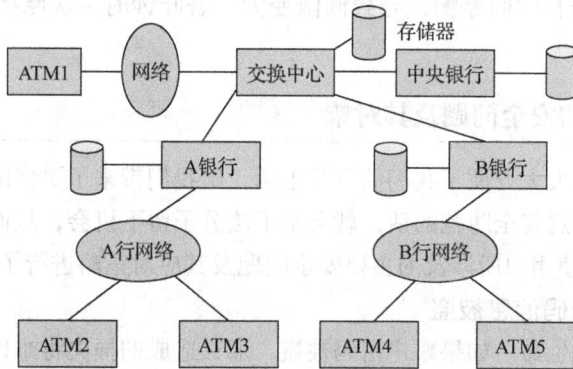

图 5-9　复合型的网络结构

5.3.3　ATM 系统的安全

ATM 系统的安全主要体现在通信和吐钞模块。

1．通信类

通信类故障是 ATM 的主要故障之一。从 ATM 的运行状况来看，通信类故障产生的原因主要有以下几个。

（1）电信局通信线路连接中断。ATM 通过数字数据网（Digital Data Network，DDN）、X.25 专线或公共交换电话网络（Public Switched Telephone Network，PSTN）与主机相连，所以电信局线路质量对 ATM 联机就显得至关重要。据经验，通信故障有一半是电信局线路问题（如更改参数、线路检修等）造成的。

（2）主机通信模块异常或 ATM 前置机通信软件运行故障，通信进程受阻，导致主机与 ATM 无法建立连接。遇到这种情况可在主机端将发生故障的 ATM 主机重启，再彻底查找故障原因。

（3）通信设备的数据端口接触不良、设备电源故障，或是由于未加装避雷器而导致 Modem 被雷击等。

2．吐钞模块

有时客户在 ATM 上查询余额、修改密码和转账时均正常，而取款时则显示"服务因故未能完成，请取回卡与本行联系"，出现这种情况通常是吐钞模块发生故障。造成吐钞模块故障的原因主要有以下几个。

（1）操作员操作不当，如废钞箱盖子未拉下或钱箱的提升杆没有提起来。

（2）ATM 开机自检时正常，但应用程序运行不正常。用检测盘对 ATM 进行测试，一切正常，ATM 无任何故障。但应用程序启动 ATM 时，若钱箱提升杆不能升降，说明 ATM 应用程序有病毒干扰，应先杀病毒再重装应用程序。

（3）ATM 自检时只听到出钞门响，而 ATM 无动作，这可能是因为电缆未接好或电源接法不对。若电源接反还可能造成其他故障并损坏器件（如电机与控制板烧毁等）。

（4）传感器工作电压应大于 5V，若工作电压过低，传感器不能正常工作，将导致判断失误，造成吐钞故障。另外，若 ATM 供电电源零地电压太高（接地不好或未接地），也会导致传感器损坏。

（5）ATM 自检时有异常的声音，表明吐钞口被堵塞、光电管被灰尘遮住、出钞口的传感器损坏或落尘，这时应针对故障原因予以清洁或更换部件。

（6）出钞橡胶轮经长时间摩擦，导致间隙变大。若吐钞时一次摩擦出钞两张，就可判断 ATM 为吐钞故障。

5.3.4　ATM 使用的安全问题及其对策

虽然 ATM 的使用大大方便了我们的日常生活，给我们带来了更多的便利，但我们在享受便利的同时，如果不注意安全防范的话，就会给不法分子留下机会，从而对我们的财产造成损害。本小节就 ATM 在使用中所涉及的主要安全问题及其应对策略进行了简要的描述。

1．防止卡号、密码信息被盗

密码是一个账户的生命。如果账户密码被盗，那么造成的损失将难以估量。

首先，在每一次进行交易需要输入密码时，一定要用一只手遮住，然后输入密码，而且操作尽量要快，防止密码被别人窥视。

在进行交易时，一定要注意不能让陌生人靠近，如果有陌生人靠近，可以让他远离或者选择另外的 ATM 进行交易。如果陌生人紧追不舍，那就需要报警了。

在进行交易需要输入密码时，一定要用手摸一摸键盘上是否有异物。有些不法分子会采用高科技手段来获得持卡人的账户密码，指纹膜就是一张覆盖在 ATM 密码键盘上面的一层薄膜，不法分子可以利用它来提取持卡人的密码。所以，我们要确定自己进行操作的 ATM 是安全的。

不法分子也会通过安装摄像头来偷窥持卡人的密码，所以，持卡人在进行交易时一定要注意观察四周，看看除了 ATM 前正规的监控摄像头之外还有没有其他的摄像头。如果发现，需要立即报警。

2. ATM "吞卡"

在我们进行交易时，往往会出现这样的现象，那就是前面的一切操作都正常，到了最后确认后，却出现服务因故未能完成的提示。最常见的就是"吞卡"，如图 5-10 所示。

图 5-10　ATM 吞卡的处理

吞卡往往是由很多原因造成的，如银行卡超过有效期限、账户已经被冻结、操作失误或机器本身出现故障等。

如果是正常"吞卡"现象，那么 ATM 在吞卡后会吐出一张凭条，并在屏幕上提示"吞卡"原因，持卡人需要拿着凭条到相应的开户行进行咨询。

如果是非正常"吞卡"，那肯定是不法分子所为。不法分子在插卡口安装吞卡装置，使卡不能正常退出，使持卡人误以为是吞卡。待持卡人离开后，不法分子伺机取走银行卡，并利用虚假提示等手段非法获取持卡人密码，从而盗取持卡人资金。如果发生这种吞卡事件，持卡人一定不要离开 ATM，同时赶紧打银行客服电话或报警，或者使用 ATM 旁边的报警按钮（见图 5-11 左侧的报警按钮）进行报警处理。

图 5-11　吞卡后的报警按钮

3. 交易信息外泄

当持卡人进行交易完毕并打印凭条后，一定要将交易的凭条收好，如果将凭条随意丢弃，这样非常容易泄露自己的交易信息，如凭条上的取款金额、取款账号等信息，从而给不法分子留下可乘之机。

4. 严防电话和短信诈骗

电话和短信诈骗案件现在时有发生，很多人往往在不经意间就上了不法分子的当，蒙受了重大的经济损失。其实这种短信诈骗都是有固定套路的，下面进行详细介绍。

　　首先，受害人会收到一条有关信用卡或其他储值卡消费记录的短信。这一般都是非常大额的消费，主要是为了引起受害人的恐慌（见图 5-12）。在短信后面往往会有一个指定的"咨询电话"，但其实那是一个诈骗电话（见图 5-13）。

ATM 安全问题及
安全对策

图 5-12　电信诈骗第一步：引起恐慌

图 5-13　电信诈骗第二步：提供"咨询电话"

　　如果受害人打电话咨询，往往会有不法分子告诉受害人是在哪里如何消费的，而且会告诉受害人马上要进行账户扣费。当然，对于这无中生有的事情受害人当然会感到很茫然。这时，为了让受害人更加确信，不法分子往往会提供一个"银行"咨询电话。

　　当受害人打过去之后，当然，早已有一位"银行经理"在恭候（见图 5-14）。经理会很确定地告诉受害人其账户已被人盗过（见图 5-15），让受害人赶紧报警，当然，他提供的报警电话还是那个不法分子的号码。只不过这时受害人已经被彻底迷惑，无法看清事件的真相。

图 5-14　电信诈骗第三步：假冒银行经理

图 5-15　电信诈骗第四步：谎称账户被盗

受害人打电话"报警"后，不法分子一定会谎称为了保证账户安全，要求给受害人提供安全账户进行监管，其实就是转账（见图 5-16）。如果受害人跟着指令进行操作，那结果就是将自己账户上的钱转入了不法分子的账户（见图 5-17）。就这样，诈骗分子完成了诈骗的过程，而受害人被骗，损失了财物。

图 5-16　电信诈骗第五步：要求转账

图 5-17　电信诈骗第六步：转账完成，用户被骗

其实，对于这种电信诈骗，受害人只要稍微注意就可以识破。因为一般地，如果真是银行发来相关账户信息，信息中一定会有专门的客户服务电话，而且一定附有持卡人的银行卡账号或尾部若干数字。而不法分子是无法获得持卡人的账号的。所以，当以后接到类似的诈骗短信或电话时，无论对方说得如何头头是道，我们也要提高警惕，坚决做到"不听、不信、不汇款、不转账"，如果有必要，直接拨打 110 报警！

5. 其他 ATM 诈骗手段

ATM 的诈骗手段非常多，除了上面刚刚介绍过的窃取卡号、密码信息，短信电话诈骗等外，还有一些常用的手段，列举如下。

（1）安装假门禁刷卡器盗取银行卡信息。不法分子在 ATM 插卡口上安装假插卡槽，或在自助区入口安装假门禁刷卡器，当受害人插卡或刷卡时，银行卡信息就会被读卡装置窃取。特别是假门禁刷卡器，还配有密码键盘，可同时盗取银行卡信息和密码。

（2）封堵 ATM 出钞口。不法分子在 ATM 出钞口安装挡板，使 ATM 不能正常出钞。当受害人以为发生 ATM 故障离开后，不法分子用作案工具从出钞口内取走现金。

（3）销售 ATM 干扰器。不法分子利用互联网及短信方式推销"ATM 干扰器"，声称其发出的高频电磁波信号能使 ATM 记忆功能失灵，存款 1 000 元可被 ATM 识别为 2 000 元，还能存假币而不被发现。据了解，这种干扰器售价从数千元到上万元不等，不法分子利用这种手段骗取用户资金。

（4）张贴虚假告示诈骗。不法分子在 ATM 上张贴虚假风险提示，提供假冒的银行服务电话，诱使受害人拨打虚假服务电话，伺机套取受害人信息。或以"银行程序调试"等为理由，要求受害人在限定时间内将自己银行卡的资金通过 ATM 转账到指定账户上，盗取资金。

（5）冒充银行员工或热心人。受害人对 ATM 操作不熟、遇到"吞卡"或"故障"需要求助时，不法分子冒充银行员工或热心人帮忙指导操作，伺机盗取资金。受害人拨打了虚假的服务电话，不法分子冒充银行员工指导受害人操作，伺机盗取资金。

（6）银行卡掉包。不法分子还会制造情景。例如，在受害人取钱的时候告知对方钱掉了，然后当受害人弯腰捡钱的时候，不法分子就用自己备好的假卡替换了受害人的真卡，然后通过已经窃取到的密码信息，不法分子就可以对受害人的账户为所欲为了。

5.4

POS

POS 系统是随着计算机与通信（Computers and Communications，C&C）技术的发展而产生和发展的。C&C 技术的发展，促使银行业与商业之间建立起密切的、现代化的联系，这种联系充分体现在零售商业的销售点服务中。销售点处的电子转账系统（EFT/POS 系统，以下简称 POS 系统）是 20 世纪 80 年代 EFT 系统中增长最快的一个应用项目，已经取得了长足的发展。在日本和美国等发达国家，POS 交易额已占市场总销售额的 70% 以上。POS 系统已成为发达国家的主要支付系统之一。

5.4.1 POS 系统概述

1. POS 系统的主要功能

POS 系统的基本处理模块，应包括有关立即转账及信用挂账两种作业处理的各项功能。随着电子银行业务的发展，POS 系统增加了许多扩展处理功能。

POS 系统的业务处理至少包括以下几个部分。

（1）授权处理。它有联机处理和脱机处理两种方式。

（2）销货处理。用借记卡交易时，从持卡人账户扣除消费额，并以联机方式或批处理方式将账款转入特约商店账户中去。

（3）结账清算处理。它包括发卡行同持卡人之间、收单行与特约商店之间、各银行之间的账务清算，以及各种手续费的计付等。

2．POS 终端

为确保 POS 作业的安全，应尽量选择功能强的 POS 终端。这种 POS 终端具有联机检验银行卡合法性及持卡人 PIN 的功能，可提供立即转账和信用挂账两种服务，能读磁卡第二和第三磁道数据，能收集和传输交易数据，有加密和解密功能，配置掌上型密码输入器，有打印收据功能和显示功能等。

一套 POS 终端，可由下列设备组合而成：处理器、票据打印机、键盘、银行卡读入器、顾客显示屏、电动钱箱、条码扫描器及其他有关的硬件和应用软件。但不是所有的客户都需要相同的配置。POS 终端的配置，同很多因素有关，除与零售业务范畴、货品经营方式有关外，还同经营规模和企业形象等多种因素有关。因此，几乎所有厂家的 POS 终端产品都允许客户以不同的方式组合和修改其系统。

近年的 POS 终端采用开放式的系统设计，采用 PC 技术与规范，这样可以方便进行扩充，对产品的维护和更新换代都有好处。POS 终端要有很强的网络通信和数据处理能力，方便实现 POS 终端与服务器之间的双向实时通信。POS 终端除有各种标准 PC 接口外，还有一些专用接口，如有与磁卡或 IC 卡阅读器、钱箱、条码阅读器和电子称等的接口。考虑到商场流量大，干扰因素多，POS 终端还要有很强的抗干扰能力、防尘抗震能力。开放式结构允许客户选择现有的软件实现促销管理，也允许客户根据实际需要自行开发应用软件，以完善商店的管理。在安全方面，其采用分级授权、口令和专用钥匙，以加强系统的安全。考虑到银行卡介质的发展，不少 POS 终端产品不仅可识别磁卡，也可识别 IC 卡。

3．系统组成

POS 系统主要由下列各部分组成：POS 终端、集线器或终端控制器、通信网、交换中心、各银行主机系统和其他银行卡授权系统。图 5-18 所示为典型的商用 POS 机。

图 5-18　典型的商用 POS 机

POS 终端安放于特约商店内。银行卡中的信息、PIN 和商品交易数据等从该终端输入，并传送到交换中心或相关的银行主机系统去处理；该终端还从交换中心或银行主机系统接收、显示发卡行响应交易（授权）的通知。POS 终端可由银行、商店或第三方投资购置。

为使系统通信更有效、更经济，人们在 POS 终端较集中的地方，通常设置一个集线器或终端控制器。它通过低速通信线路集中各 POS 终端发来的信息，再经由高速线路把汇总来的信息送往交换中心或银行主机去处理。

根据交换中心在系统中的位置，我们可把共享的 POS 系统的网络结构分为前方交换型、后方交换型和复合型 3 种。对于前方交换型网络结构，交换中心位于 POS 终端与银行主机系统之间，所有的 POS 交易都需经过交换中心转送到相关的银行主机系统去处理。对于后方交换型网络结构，交换中心位于银行主机系统之后，银行主机系统从各 POS 终端发出来的交易信息中选出自己用户的交易信息进行处理，而将其余交易信息送交换中心，再由交换中心转送到相关的银行主机系统去处理。

4. POS 接入技术

在 POS 交易过程中，对交易速度影响最大的是网络接入设备以及 POS 接入方式。

POS 网络接入方式是提高 POS 交易速度的最重要环节，一般分为下联接入方式和上联接入方式。下联接入方式指 POS 与网络接入设备之间的连接方式，上联接入方式指网络接入设备与 POS 前置机之间的连接方式。常用的网络接入设备有 NAC、华为、3Com 公司 Ouidway 系列路由器、Modem 等。

（1）下联接入方式。

① 传统拨号方式。这种方式的特点是简单易行，一般适用于小型超市、百货、专卖店等场所，不用申请线路，插上电话线即可使用。除了利用"预拨号"技术来提高交易速度外，人们也可以在网络接入设备端增加拨入电话线路，并且把这些号码置为拨号连选方式。这样可以有效提高 POS 的拨通率，相对提高交易速度。

② 专线组网方式。利用分组网组建 POS 网络，商户内部子母 POS 组成 RS-485 网络，在母 POS 端增加 POS 的接入设备。它们之间通过串口通信，POS 通过 X.25 端口与公用分组网连接。银行端 X.25 线通过 Modem 连接到网控器的 X.25 下行卡。

POS 专线方式接入，速率可以是 9 600 比特/秒或者更高，POS 交易时间在 4 秒左右，大为缩短交易时间。人们申请一条 16 条逻辑信道的专线就可允许 16 个 POS 同时接入，而且月租费固定，不受交易量大小的影响，大大低于公用电话网的收费标准。这种方式适用于大型百货商场、购物中心、超市。

③ 电子收款机（Electronic Cash Register，ECR）改造方式。利用商场收银系统和管理信息系统（Management Information System，MIS）受理银行卡，把 ECR 和 POS 合二为一。商场三代 ECR 一般自带刷卡器，可以读取银行卡的第一至第三磁道，只需要配备符合银行安全标准的外接密码键盘和一台与银行 POS 前置通信的控制机即可达到要求。软件改造时人们需要在商场收银系统中嵌入银行卡受理模块，该模块负责采集信用卡磁条信息、持卡人密码、交易金额等要素，按银行 POS 报文标准打包送通信控制机。通信机通过 TCP/IP 方式与银行 POS 接入设备或 POS 前置机通信，在交易完成的同时送商场 MIS 系统，MIS 系统也记录 POS 交易信息。

这种接入方式可以把商场网络系统与银行系统通过 2M 专用光纤连接起来，大大提高交易速度。由于银行卡受理与收银一体，操作简便，可以有效提高商场收银员受理银行卡的积极性。商场 MIS 系统存有交易记录，可以与银行实现自动对账，对商场和银行来讲是个双赢的合作方式。

④ 无线 POS 方式。无线 POS 从最早的短信和 GSM 拨号方式，到目前获得广泛应用的 GPRS

或 CDMA，无线通信技术有了较大的飞跃。

无线 POS 通过无线网络连接到移动公司的网关 GPRS 支持节点 （Gateway GPRS Support Node，GGSN），移动公司的 GGSN 通过专用光纤与银行连接，移动公司为每个移动 POS 分配一个动态或静态的 IP 地址，为与银行连接的专线分配一个 IP 地址，并在 GGSN 上配置相应的路由信息，在通用分组无线服务技术（General Packet Radio Service，GPRS）无线 POS 上设置了银行方的 IP 地址和端口后，POS 就能够与银行进行 TCP/IP 通信。一般采用两种典型接入方案，一是 GGSN 通过专线连接到银行路由器，通过 TCP/IP 与网络准入控制（Network Admission Control，NAC）的 LET61 下行卡连接，再通过 LET61 上行卡与 POS 前置机连接；二是 GGSN 通过专线连接到银行端路由器，并直接上送 POS 前置机，考虑到安全因素，我们可以在路由器端加器防火墙。

采用 GPRS/码分多址（Code Division Multiple Access，CDMA）无线通信的 POS，具有一次登录网络永久在线的特点，可以实时与银行前置机通信。无线通信网络的传输速度已经达到30～150 千比特/秒，通常情况下，每笔交易 3～4 秒即可完成。无线数据通信没有漫游费，按流量计费。每笔交易通信成本保持在 1～3 分钱，而且省却了布线的麻烦。特别适合在需要移动支付的场所使用，如烟草配送、交警处理违章罚款、超市、各种临时性代收费、移动售票等。

（2）上联接入方式。网络接入设备与 POS 前置机之间一般采用流方式或 IP 方式通信。

① RS232 串口方式。比较常用的连接方式，通信速率 9 600bit/s，NAC、华为和 3Com 公司的路由器在不增加硬件设备的情况下均可实现，但路由器需要手工配置异步连接方式。

② TCP/IP 方式。NAC 需要增加 LET61 上行卡。交易速度比串口方式要快，但由于 POS 的传输数据量较小，相对于 POS 一笔完整交易来说，体现不出来。

5.4.2 POS 系统的网络结构及处理流程

1. POS 系统的网络结构

在 POS 系统的发展过程中，常常是一些大银行首先开发自己的专有 POS 系统。其结构如图 5-19 所示。POS 终端，或直接或通过集线器同银行主机系统通信。这种布置方式，只能处理提供这种装置的银行的商店客户与其持卡人之间的 POS 交易。这种系统只适用于那些具有雄厚技术力量，又有大量持卡人和大量特约商店的大银行。

图 5-19 专有的 POS 系统

对于中小银行，要想开发图 5-19 所示的专有 POS 系统显然是不可能的，它们只能走联合开发的道路，即在集线器与银行主机系统之间加进一个交换中心，这就构成如图 5-20 所示的带交换中心的共享的前方交换型 POS 系统。一个金融机构只要能同交换中心连线，它就能提供 POS 交易服务。该系统中的 POS 终端，能处理该系统成员银行的所有持卡人所参与的 POS交易。

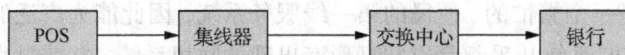
图 5-20 带交换中心的前方交换型 POS 系统

POS 系统经过进一步发展可将两个系统合并，发展成联合系统。这是一个共享程度更高的既含前方交换型又含后方交换型的复合系统，如图 5-21 所示。

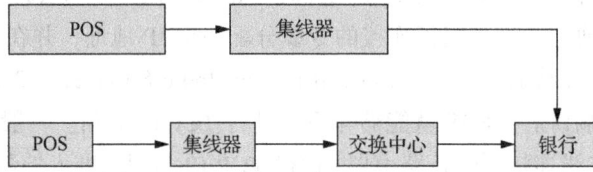

图 5-21　联合形式的 POS 系统

如果把超级市场和大百货公司开发的 POS 系统纳入系统，则发展成图 5-22 所示的共享 POS 系统。有自己 POS 终端和计算机系统的商店要参加到共享的 POS 系统中去，必须同某个银行签约，通过该银行的主机系统进入共享的 POS 系统；也可通过某集线器连接到交换中心，进入共享的 POS 系统。

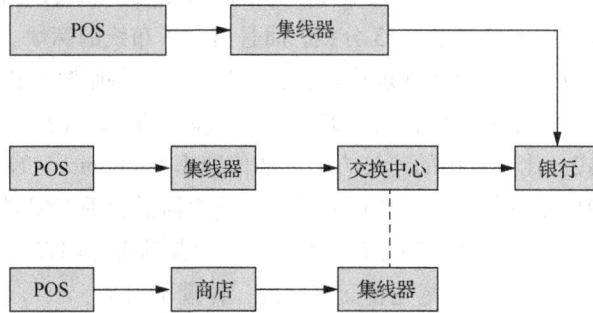

图 5-22　同商店系统联合的 POS 系统（虚线为可选方案）

如果建立了全国性的银行卡授权网络交换中心，并且将地区性的 POS 系统同它连接起来，上述的地区性 POS 系统就可处理全国范围异地的 POS 交易；若银行再同国际信用卡组织处理中心连接起来，就可处理国际卡持卡人所做的 POS 交易。这种系统就是图 5-23 所示的圆满的 POS 系统。

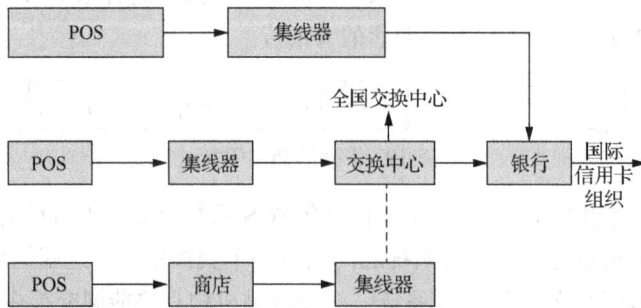

图 5-23　圆满的 POS 系统

2. POS 处理流程

由于 POS 系统是一个繁忙的、便民的第一线服务系统，因此能为广泛的持卡人和特约商店提供服务。现代的 POS 系统几乎都是以共享形态出现的联机系统，并兼具直接转账和信用挂账双重功能。

　　共享的 EFT/POS 系统，涉及持卡人、特约商店和银行 3 个方面。可将它们进一步细分为如下几个实体。

　　（1）持卡人，即消费者。他们持有可用于消费的银行卡。

　　（2）成员金融机构，即参加 POS 系统的金融机构。按执行的业务功能，成员金融机构可进一步分为发卡行和收单行。发卡行是将其银行卡发行给持卡人的银行。收单行是同特约商店签约，处理销售点电子转账及相关事项的银行。参与 POS 系统的成员行，可同时兼具发卡行和收单行二者的功能。由于 POS 系统运营中涉及许多特约商店，而与特约商店往来、协调和业务推广等事务又都十分烦琐，因此，最好由特定的组织（即收单行）来担任特约商店的管理工作。

　　（3）特约商店，与收单行签约提供 POS 服务的商店。POS 终端就装在特约商店内。

　　（4）清算中心，负责执行参加 POS 系统成员行间跨行账务清算的金融机构。在我国为各级的中国人民银行。

　　（5）国际信用卡集团，例如，发行 VISA 卡、MasterCard 卡等国际上知名的信用卡的机构。国内金融机构若同这些国际信用卡集团签约授权，就可在国内发行和使用它们的银行卡。此时，国内银行可通过地区交换中心与国际信用卡组织的全球网络连接起来，本国的国际卡持卡人即可在全球任何地方购物消费，其他国的国际卡持卡人也可在本国购物消费。如果该特约商店安装有联机 POS 终端，还可利用联机方式与原发卡行通信，进行银行卡和 PIN 的检验授权和账务处理工作，如图 5-24 所示。

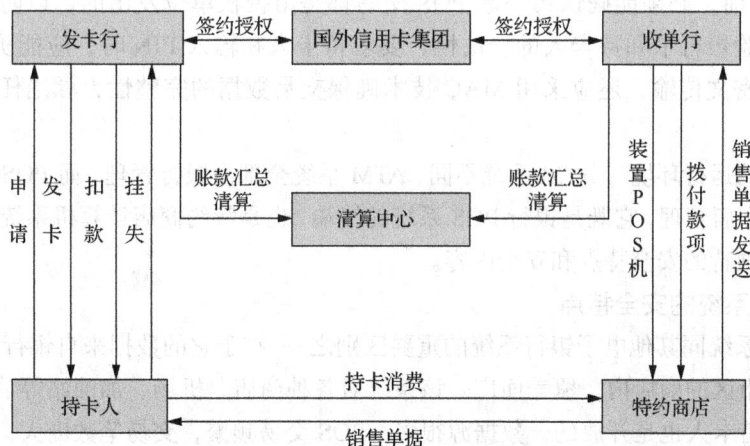

图 5-24　EFT/POS 系统业务处理关系图

　　持卡人持卡消费时，特约商店将销售单据数据发送给收单行，收单行同发卡行通过清算中心进行资金清算后，即将货款拨付给商店。如果是国际旅行者用国际卡消费，则需经由国外信用卡集团进行资金清算。POS 系统各成员之间，通过交换中心连接成一个大型的共享网络。交换中心负责与共享 POS 系统有关的各种交易信息的转接和处理工作，如各种信息的转送、结账、清算及管理，有的交换中心还可暂时代替发卡行做暂代性授权处理工作。

　　交换中心同 ATM 系统一样，根据交换中心在系统中的位置不同，可将网络结构分成前方交换型、后方交换型和复合型三种。后方交换型网络结构的特点是，各成员行都可有自己的 POS 终端，自有系统内的 POS 交易留在自己行内处理，跨行交易则送交换中心转发处理。跨行交易最后还需通过清算银行清算才能最终完成。前方交换型网络结构的特点是，所有的 POS 交易全由交换中心转发到发卡行进行处理，没有跨行交易。既含前方交换型又含后方交换型的系统，就是复合型的 POS 系统。

采用不同的网络结构时，其应用系统的设计和作业处理流程会略有差异，但并不影响整个系统所能提供的功能。持卡人用银行卡消费时，其银行卡在 POS 终端槽中刷卡后，系统即可检查银行卡的有效性；从 POS 终端输入 PIN 和交易额后，包含这些数据的请求信息通过交换中心的主机送往相关的发卡行的主机系统去处理；其经核实授权后，就可成交了。商品成交后，POS 终端为持卡人打印账单收据，商店的计算机可修改商店的存货清单和有关的数据库文件；与此同时，有关的银行主机系统会更新持卡人和商店的账目，即自动地从持卡人的存款账户中扣除款项（若用借记卡购物时），并将其过账进商店的账户内。

此外，POS 交易还要通过 POS 系统进行清算结账处理，包括发卡行与持卡人之间的扣账处理、收单行与特约商店的入账处理、发卡行与收单行之间的账务清算及各种手续费的计付等才算最终完成。上述各种电子转账工作，可在商品成交后立即进行，也可经一协议期（如 1~2 天）后进行。这样，POS 交易既完成了商品交易，也完成了相关的电子转账工作。所有上述过程，在数秒钟内就可全部完成。

5.4.3　POS 系统的安全

POS 系统安全包括交易的认证性、隐秘性和完整性。为确保系统的安全可靠，人们处理每笔 POS 交易前，必须能确认每一笔 POS 交易都是由授权单位发出的，以防止伪造交易侵入系统；要检验银行卡和持卡人的合法性，要求持卡人在输入 PIN 时，应能防止他人窥视；重要信息应以密文传输，还应采用 MAC 技术确保交易数据的完整性，杜绝任何可能的篡改机会。

POS 系统的运行环境与 ATM 系统不同，ATM 系统全部由银行管理，而 POS 系统中的 POS 终端则由特约商店管理，它既是银行 POS 系统的终端，也是特约商店计算机系统的终端。因此，POS 系统有其独特的安全特点和安全内容。

1. POS 系统的安全特点

EFT/POS 系统同其他电子银行系统的重要区别之一，在于它的数据来自银行系统之外。POS 交易发生于闹市区的商店内，覆盖面广。该系统对各种商店、机场、加油站等消费点都是开放的，对所有的持卡人也是开放的，数据源很多，POS 交易频繁，交易笔数庞大，是一个开放系统。POS 交易的各种数据都是由 POS 终端的使用者和持卡人输入的，而且 POS 系统通常都是联机系统，可进行实时的电子资金转账工作。因此，POS 系统必须对每笔 POS 交易进行严格的风险控制。

2. POS 系统的安全内容

POS 系统的安全内容包括 POS 交易的认证性、交易的隐秘性和交易的完整性。

（1）认证性。所谓交易的认证性，就是在处理每笔 POS 交易之前，系统必须事先确认该笔 POS 交易是由有权单位发送的，严防伪造的非法交易介入。为确保这一点，原则上每个终端用户和每台终端机都有一个密码，这个密码可由终端用户自定，且一旦设定，就存入系统的密码文件中。除极少数有权人能读写该文件外，其他人都无法调看。该文件记录了每个合法用户的名称、密码和所能用的文件名称，还对每个用户的存取权限做了严格的规定。例如，有的用户仅限于检索，有的可提交作业，有的只可下指令，从而严防使用者越界，闯入他人禁区。

（2）隐秘性。所谓交易的隐秘性，就是在处理 POS 交易前，要识别持卡人的身份，严防他人盗用合法持卡人身份进行非法的 POS 交易，以保护消费者数据的完整性和保密性。现阶段，人们通常采用个人标识码（PIN）来识别持卡人的身份。持卡人在 POS 终端输入其 PIN 时，不能被他人窥见，传输 PIN 时应加密，以防止中途被人窃取。PIN 的检验方法与 ATM 系统相同，这里不再重复讲述。

（3）完整性。所谓交易的完整性，就是要确保 POS 交易数据正确，杜绝对这些数据做任何可能的篡改。为此，交易数据和相关的重要数据，在 POS 系统中传输时，必须经加密后以密码方式传输，在电文后还需加送电文识别码 MAC。接收方检验电文识别码，可检验电文在传输过程中是否被篡改。

5.4.4 POS 系统使用的若干安全问题及对策

1. POS 常用攻击方法

（1）改造 POS 机。据央视新闻报道，不法分子之所以能够通过 POS 机盗刷银行卡，主要是因为在 POS 机上加装了以下两部分。

① 在磁条旁加装测录器，用于读取银行卡的各种信息；

② 安装键盘膜，用于记录银行卡密码。

当这两种信息被盗取之后，不法分子通过无线连接将模块信息导出，导出之后利用写卡器直接将银行卡信息写到一张空白卡上，由此这张空白卡和原来那张卡就相当于是一张卡。不法分子便可以随意刷卡取现、转账或消费了。

一般来说，键盘与刷卡口分开的 POS 机基本不会被盗刷。因为键盘与刷卡口分开的机器，通常是台式机配密码键盘的形式，主机可以用来刷卡，密码键盘用来确认金额和输入密码。这种机器需要同时改装两个设备，难度较大，成本相对较高，所以这种密码键盘和刷卡口分体式 POS 机安全系数相对较高。

（2）刷卡购油。

案件场景

通过低价花生油骗取小区居民在经过改造的 POS 机上刷卡，盗录磁条信息和密码。

风险分析

在这里，安全问题主要体现在刷卡的 POS 机中，但 POS 机是如何窃取银行卡信息和密码的呢？

对于磁条卡，银行在交易过程中只校验卡片中存储的磁道数据是否合法、用户输入的密码是否正确。因此，如果磁道数据和密码同时丢失，那么不法分子即可通过磁道数据制作伪卡，在任何合法的地方进行交易。

风险防范

首先，POS 机问题，银联对 POS 机有强制的安全要求，符合要求的 POS 机不容易被改造，不容易用于窃取磁道数据和密码。本案例中的 POS 机是被不法分子改造的非认证产品，可获得明文的磁道数据和密码。在整个交易过程当中，商户的 POS 机需要接入正规的收单机构、银联和银行，交易才可能成功。一般正规的商户使用的 POS 机会经过安全认证，但不排除有不法商户专门窃取银行卡信息，因此，持卡人要对这种情况有所提防！最后，现在的银行卡都支持芯片卡，为了应对防不胜防的欺骗行为，将磁条卡换成芯片卡，这样骗子就更难获取你的银行卡信息了。

（3）扫码下载 App。

案例场景

扫一扫，下载 App，送"好礼"，给"优惠"！

风险分析

不法分子利用各种"优惠"活动诱使大家下载 App，这类 App 带有恶意的木马程序，能够获取手机里存储的信息、大家输入的信息甚至短信信息。各类 App 重置密码可能只需要身份证和短信验证，如果你的身份证信息和短信信息被恶意软件控制，那就无法保证手机信息的安全性和保密性。

风险防范

① 不要轻易扫码下载 App，虽然智能手机给生活带来了各种方便，但也一样带来了风险。为了保证个人信息、银行卡信息甚至人身安全，大家一定要对手机的操作多加注意。

② 针对主流的两类智能手机操作系统，我们需要特别提醒 Android 操作系统手机用户。因为其代码的开放性，多数的恶意软件都出现在 Android 平台上。当然也不是说 iOS 系统百分之百安全。

③ 二维码技术本身是很难防范风险的，因此消费者在日常使用某些二维码支付时应提高警惕。

（4）伪 mPOS 攻击。

案件场景

用同一部手机、同一个 App 在同一个 mPOS 中进行消费，第一次消费 400 元，为正常刷卡输密消费。第二次用随意一张卡触发交易并随意输密码，结果第一张卡再次消费 500 元。

风险分析

重放攻击，指攻击者发送一个目的主机已接收过的包，特别是在认证的过程中用于认证用户身份所接收的包，来达到欺骗系统的目的。其主要用于身份认证过程，破坏认证的安全性。这种攻击会不断恶意或欺诈性地重复一个有效的数据传输。

风险防范

重放攻击可以由发起者拦截并重复发该数据到目的主机进行。那么,如何防范重放攻击呢？

防范重放攻击重要的一点是保证每笔交易的唯一性，如在报文中添加时间戳、随机数或者能代表每次传输的报文唯一性的其他要素。简而言之，就是每笔交易都应该有唯一的标志。mPOS 由手机、手机 App 和外挂终端组成，手机 App 主要处理订单和支付请求，外挂终端负责存储安全秘钥和采集卡片信息，交易报文可以在 App 中也可以在终端中进行。

简而言之，就是黑客通过改造了配合收款的手机上的 App 程序，偷取了上一次你合法交易中使用的卡号和密码后，假造了一笔真实的交易骗过了银行验证，扣了你卡上的钱。依据银联关于 mPOS 的相关要求，这种情况是不可能发生的，因为手机 App 是不允许接触这些数据的，因此这台是伪 mPOS，一定不是认证的安全 mPOS 产品。对用户来说，防范案例一和案例三的较好方式是使用芯片卡。芯片卡较磁条卡更难被复制，且芯片卡在刷卡交易过程中的数据即使被窃取，也无法被直接用于制造伪卡。

2．POS 机安全使用策略

大家在使用 POS 系统进行消费的时候，借鉴以下的安全策略，可以有效地减少被诈骗的风险，避免遭受财物损失。

（1）观设备。虽然 POS 机给人们带来了诸多便利，但是随着越来越多的人使用 POS 机刷卡消费，一些不法分子便开始利用 POS 机盗刷银行卡进行非法牟利。POS 产品作为金融服务工具，承载着大额的资金流动，不仅关系到商户的账户资金安全，也关系到广大持卡人的账户资金安全。大家在刷卡前需要观察 POS 机外观有没有被改装的痕迹，在刷卡时，请勿让银行卡远离自己的视线。

POS 系统的安全使用策略

（2）核金额。很多持卡人刷卡时不太注意金额，有时会产生误刷的情形。曾经发生过一名营业员把 300 元误刷成了 3 000 元，持卡人到家后才发现，还好保留了购物小票和刷卡小票，才追回这笔钱。因此，持卡人在持卡消费时，签字确认前，请仔细核对签账单上的卡号、金额，确认无误后在签账单签名栏内签字，注意签字要与银行卡背面的签名一致。

（3）防掉包。有一些持卡人使用信用卡刷卡时，为了省事，常常让服务人员代替刷卡，结果就会产生信用卡被掉包的现象。尤其是，一些信用卡不需要密码，只需要签名，那么对方很容易就可以盗刷你的卡。因此，为保证银行卡使用安全，大家刷卡时请勿让银行卡远离自己的视线。当收银员将你的银行卡交还给你时，请确认是自己的卡片，防止信用卡被掉包盗刷。

（4）防窥视。现在很多盗卡者手段高明，他们在 POS 机上放一些仪器，可以记录你的密码。因此，输入密码时，大家应尽可能用身体或另一只手遮挡操作手势，以防不法分子窥视。

（5）慎签名。大家请勿随意在空白签账单上（即没有写明或打印交易金额、时间、卡号、效期、内容等的签购单）签名。这可防止不法分子利用此盗刷犯罪，防止自己利益受到侵害。

（6）索凭条。很多持卡人没有保留刷卡小票的习惯，随手丢弃。小票如果被不法分子掌握，他们很可能根据小票上的信息盗取你的密码和盗刷你的信用卡。因此，请尽量保留商户签账单的存根联，以便与银行卡对账单核对。

（7）开提醒。将自己经常用的卡开通短信提醒功能。这样，你进行每一笔正规的消费后，都会收到银行发过来的确认消费短信。一旦出现不合理或者其他非正常交易，也可以及时获悉。

（8）对账单。刷卡购物后，请核对好对账单。很多人马马虎虎，即使自己的信用卡被盗刷也没有察觉。因此，在收到对账单后，请认真核对账单，如发现不明支出及时与银行客服中心联系。

思 考 题

1. 银行卡有哪几种分类方法？银行卡有哪些功能？
2. 有哪些银行卡发行组织？其各自侧重点有什么不同？

3. 银行卡使用过程中主要产生哪些费用？如何计算？

4. 简述 ATM 系统的组成及主要功能。

5. 简述 ATM 系统的网络结构及其处理流程。

6. ATM 有哪些安全薄弱点？

7. ATM 使用过程中存在哪些风险？该如何防范？

8. 简述 POS 系统的组成及其主要功能。

9. POS 系统有哪几种接入方式？其工作流程有什么特点？

10. 简述 POS 系统的安全内容。

大额电子汇兑系统 | 第6章

【学习目标】

- 了解大额汇兑系统的含义、特点及其类型。
- 掌握电子汇兑系统的处理流程与控制方法。
- 了解国内典型电子汇兑系统的基本概况。
- 掌握中国国家金融通信网和中国现代化支付系统的具体内容。
- 了解国外典型电子汇兑系统的基本概况。
- 了解国际汇款的主要方式及汇款的流程。

【引导案例】

国际汇款到账的一些事宜

在进行国际汇款时，我们主要关心两个问题，一是汇款的到账时间，二是未收到汇款的原因，下面就这两个问题做一下讲解。

1. 各汇款银行到账时间

（1）中国银行。

① 电子银行：客户在提交外币跨境汇款交易要求后，如果信息没有错误，那么在下一个工作日时交易便会成功并且款项也会立刻汇出。境内向境外汇款，如果有中转行存在，那么到账时间就取决于中转行以及收款行对于交易的处理进程，若进程顺利，则收款人24小时内就可以收到汇款。若遇到交易审核等，收款人收到汇款就需要一个星期左右。

② 柜台渠道：银行在受理了国际汇款业务之后，于工作日当天就会向国外发送电报信息，国外的银行应该在一至两个工作日内处理这笔汇款，但同时也需要考虑不同国家存在的时差问题。一般，汇款在 3~5 个工作日就会到账，但最终入账时间还要看汇入行的处理速度。

（2）西联汇款。西联汇款在国际上的地位是首屈一指的，影响力非常大。但西联汇款目前存在的比较大的问题是，在中国境内达成合作的公司很少，不利于业务的展开，以至于业务进程并不顺利。同时，由于很多因素的限制，汇款流程十分复杂，仅仅是到账就需要消耗一个工作日的时间。同时在中美节假日之时，所有业务均无法办理，较为麻烦。

（3）开心汇。开心汇是国际上第一家完全由华人创办并经营的公司，同时也专注于为华人提供汇款服务，同时操作过程也十分简便，客户在微信端便可直接汇款回国。目前，开心汇已经入驻了美国市场，客户同样在微信上进行简单的操作，关注特定公众号便可，汇款轻松便捷。同时，开心汇也与美国当地机构达成了合作，并且也已经取得了多个国家的运行许可，且到账十分迅速。

（4）速汇金。速汇金是一家传统汇款公司，它与西联汇款有许多方面十分相似，如手续费用高，与国内机关机构展开的合作较少，业务内容不够丰富，而且到账的时间甚至比西联汇款的时间还要长。除此以外，它还有仅仅只支持线下业务的办理，只能工作日办理业务的限制。

2. 汇款未收到的原因

如今，出国已不再像过去一样那么稀奇少见。但不管到哪都得花钱，尤其出境，对现金额度有着严格的限制，这就涉及国际汇款。有人说他们的国际汇款一直未到账，都有点不敢汇了。众所周知，电汇是人们用得最多的一种国际汇款方式。在此过程中，很可能出现国际汇款一直未到账的情况，通俗点讲，就是国际汇款失败，但是国际汇款一直未到账是什么原因造成的呢？让我们一起来了解一下。

一般来说，国际汇款一直未到账的原因有以下几个。

（1）不存在的汇款。假如国际汇款一直未到账，在排除一些确定因素的影响后，一般我们需要去查证是不是真的已经汇出这笔款项。特别要注意的情况是，当人们只提供申请书时，原因多半就是汇款并不存在。

（2）国际汇款一直未到账也可能是受到工作日时间的影响。

（3）涉及洗钱。假如汇过来的报文附言中的任何一信息账户恰好能相匹配于反洗钱部门的黑名单，那么这笔款项就很有可能会被这家银行所拦截，要经过调查与核实后才能够放行。

（4）汇出行汇款信息填写不正确或者不完整。这是国际汇款一直未到账的一个很常见的原因。例如，你没有填写合作银行的账户行，且汇款经过的中间行比较多，这样会造成收汇时间延长。另外，若你没有填银行的 SWIFTCODE，则账户行需要手工处理，如此也会导致汇款时间相对延长一些。此外，假如你的汇款信息没有填写正确，则你的汇款请求会被退回汇款行，这些问题都是造成国际汇款一直未到账的原因。

国际汇款，通常情况下，只有发出行才能对钱进行定位和查询。接收行的权利只有在汇款到了之后才可以行使。如果国际汇款没有到账，首先，用户可以先与收款银行联系，同时，还可以拜托好友联系一下汇款银行，找寻原因。如果用户已经确定款项汇出了，且信息无误，那么钱肯定不会没有理由地消失，这个时候，不妨查看一下，钱是不是被"挂"在了什么地方。

6.1 | 电子汇兑系统概述

电子汇兑系统是银行之间的资金转账系统，它的转账资金额度很大，是电子银行系统中最重要的系统。

6.1.1 汇兑系统的含义

广义的电子汇兑系统，泛指行际间各种资金调拨作业系统。它包括一般的资金调拨业务系统和清算作业系统。一般的资金调拨业务系统，如托收系统、资金转账系统、支付系统等，用于行际间的资金调拨；清算作业系统用于行际间的资金清算。

任何一笔汇兑交易，均由汇出行发出，至汇入行收到为止。其间的数据通信转接过程的繁简，视汇出行与汇入行（也称解汇行）二者之间的关系而定。根据汇出行与汇入行间的不同关系，汇兑作业可分成两类：联行往来汇兑业务和通汇业务。

联行往来汇兑业务，是指汇出行与汇入行隶属同一个银行的汇兑业务，联行间汇兑属于银行内部账务调拨，必须遵守联行往来约定，来办理各项汇入和汇出事宜。通汇业务的资金调拨作业需要经过同业多重转手处理才能顺利完成，因此通汇业务是一种行际间的资金调拨业务。

6.1.2　汇兑系统的特点

社会大众很少使用电子汇兑系统，它的客户是单位，主要顾客是公司企业，其次是政府机构。这种系统同前面各章介绍的 ATM 系统、EFT/POS 系统和家庭银行系统等自助银行系统相比，有许多不同的特点。前者额大量小，主要面对公司企业单位和政府部门；后者额小量大，主要面对社会公众。因此，国外把前者划归批发银行系统，把后者划归零售银行系统；我国则把前者划归大额支付系统，把后者划归小额支付系统。

电子汇兑系统有如下显著的特点。

1．交易额大，风险性大

在银行系统的案例中，犯罪分子在电子汇兑系统里的作案比例大，作案金额居各类案例之首。因此，金融机构对电子汇兑系统的安全性特别重视。

2．对系统的安全性要求高于时效性要求

由于通过电子汇兑系统的汇兑金额一般较大，客户汇款时最关心的是安全，其次才是及时送到。因此，系统的响应时间，不必像 ATM 系统和 POS 系统那样快。为了系统的安全，在设计电子汇兑系统时，信息的传输方式几乎都是先存后送，以确保信息在传输过程中所通过的每个站点都有确切的记录。如此万一汇兑业务出现问题，也能迅速找出出事点。

3．跨行和跨国交易所占比例较大

汇兑的业务处理有巨额的国际支付，有行际间的资金调拨，有企业间的贸易往来，也有个人的小额汇兑，还有各种托收和代付。在这些业务中，随着国际贸易的发展、跨国公司的壮大和全球经济一体化进程的加速，跨行和跨国交易所占的比重很大。因此，设计电子汇兑系统时，应适应国际上通行的各种标准、规格和要求。国际标准化组织（International Organization for Standardization，ISO）为此制定了各种数据通信处理标准，如通信传输约定标准和信息传输格式标准。遵守这些标准，才能顺利进行国际汇兑业务。

6.1.3　汇兑系统的类型

为适应国际贸易和国际金融交易快速发展的需要，国际上建立了许多著名的电子汇兑系统。这些系统所提供的功能不尽相同，依其作业性质，可以分成 3 大类：通信系统、资金调拨系统和清算系统。

1．通信系统

通信系统主要提供通信服务，专为其成员金融机构传送同汇兑有关的各种信息。成员行接收到这种信息后，若同意处理，则将其转送到相应的资金调拨系统或清算系统内，再由后者进行各种必要的资金转账处理。

这种系统的典型实例，就是国际环球同业财务电信系统（SWIFT）。通过该系统，人们可把原本互不往来的金融机构全部串联起来。

2．资金调拨系统

资金调拨系统是典型的汇兑作业系统，它们的功能较齐全。这类系统有的只提供资金调拨处理服务，有的还具有清算功能。在这类系统中，有代表性的系统如在美国的纽约清算所银行同业支付系统（Clearing House Interbank Payment System，CHIPS）、美联储转移大额付款系统（Federal Reserve Wire Network，FedWire）和日本的全银系统。我国各商业银行的电子汇兑系统、中国人民银行的全国电子联行系统也都属于这类系统。

3．清算系统

清算系统主要提供清算处理服务。当汇入行接受汇出行委托，执行资金调拨处理，导致行际间发生借差或贷差时，若汇入行与汇出行之间无直接清算能力，则需委托另一个适当的清算系统进行处理。

以美国为例，CHIPS除可用于资金调拨外，还可兼做清算，但对象仅限纽约地区的银行。纽约以外的银行清算则要交由具有清算能力的美联储转移大额付款系统（FedWire）进行处理。我国的异地跨行转汇，必须经过中国人民银行的全国电子联行系统才能最终得以清算。

其他如英国的国际英镑清算系统（Clearing House Automated Payment System，CHAPS）、新加坡的行际转账清算系统（Clearing House Interbank Transfer System，CHITS）和日本的日银系统，都是纯粹的清算系统，负责行际间的所有账务清算工作。

6.1.4　电子汇兑的处理流程与控制

电子汇兑系统是一个复杂的系统，不少电子汇兑系统是一个跨地区、跨国、跨系统的大系统。汇一笔款项往往要经过很多站点的转接，才能最后完成。

尽管电子汇兑系统的种类很多，功能也不尽相同，但是汇出行和解汇行的基本作业流程及账务处理逻辑是很相似的。

电子汇兑流程如图6-1所示。

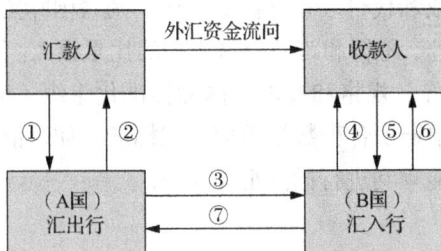

图6-1　电子汇兑流程

（1）汇款人填写电汇申请书，交款付费给汇出行。

（2）汇款人取得电汇回执。

（3）汇出行拍出加押电报或电传，发电委托汇入行解付汇款。

（4）汇入行收到电报或电传，核对密押无误后，缮制电汇通知书，通知收款人取款。

（5）收款人持通知书到汇入行取款时，须在收款人收据上盖章。

（6）汇入行付汇款。

（7）汇入行将付讫借记通知收寄给汇出行，从而使双方的债务得以结算。

在整个处理流程中，每个边界点都要做相应的检查，进行边界控制，以防止错误的信息进入。当信息通过边界检查进入各个系统后，各子系统要根据相应的指令执行其分内的工作。在做这些处理工作时，也都必须进行有效的处理控制，以确保系统能正确地执行处理操作。通过系统内上述的双重控制，即边界控制和处理控制，人们可使各类交易电文能正确无误地从一个端点送到另一个端点。

为确保交易电文的真实性和不可伪造性，同时防止数据传输过程中电文被截获和篡改，可采用密文传送，并加数字签名或 MAC（信息识别码）控制。

为方便用户使用，大型的电子汇兑系统通常都为终端用户设计标准的接口产品。这种接口产品含硬件和软件。

6.2 中国现代化支付系统

支付系统是金融业赖以生存、发展和参与竞争的基础，因此，支付系统的建设向来受到各国的特别关注。为适应我国市场经济的发展，强化中央银行稳定货币职能，加强对金融业的监管，进一步促进市场经济发展，我国迫切需要加快金融电子化建设步伐，建立高效、安全可靠的跨行通信网络，实现支付系统和金融业管理现代化。

20 世纪 90 年代以来，由中国人民银行主持的中国现代化支付系统（China National Advanced Payment System，CNAPS）项目是对原有支付系统的改造，采用了先进的设计与技术以适应未来的需求。CNAPS 项目包括建设覆盖全国的中国国家金融数据网（China National Financial Network，CNFN）这一基础设施，并借此将众多银行机构联结到全国和地区支付业务清算和结算中心；开发一系列支付应用处理系统，如大额实时支付系统、小额批量电子支付系统等，以逐步取代原有分散的各个支付系统。

大额实时支付系统（High Value Payment System，HVPS）由中央银行拥有和运行，是所有支付应用系统的核心，采用实时全额支付系统（Real Time Gross Settlement，RTGS）方式，为跨行资金转账、金融市场、证券市场、外汇市场提供当日资金结算，也为小额支付系统、同城清算所、银行卡网络以及商业银行电子汇兑系统提供日终净额结算。系统于 2005 年完成全国推广，有 1 500 家金融机构直接参与，覆盖 6 万多分支机构。原有分散的银行账户结构需要进行合并进行集中化改造以适应全国统一市场的需求。小额批量电子支付系统（Bulk Electronic Payment System，BEPS）基于批处理方式，支持各类借记与贷记业务，自 2005 年年底开始试点，在 2006 年完成全国推广。

6.2.1 中国现代化支付系统概述

中国现代化支付系统（CNAPS）是建立在中国国家金融电信网（China National Financial Telecommunications Network，CNFN）上的。CNAPS 和 CNFN 是分别独立设计的，由 CNFN 提供标准的接口、应用软件开发平台，以及联机事务处理过程（On-Line Transaction Processing，OLTP）环境等。CNAPS 是中国人民银行按照我国支付清算需要，利用现代计算机技术和通信网络自主开发建设的，能够高效、安全处理各银行办理的异地、同城各种支付业务及其资金清算和货币市场交易的资金清算应用系统。它是各银行和货币市场的公共支付清算平台，是中国人民银行发挥其金融服务职能的重要核心支持系统。中国人民银行通过建设现代化支付系统，将逐步形成一个以中国现代化支付系统为核心，商业银行行内系统为基础，各地同城票据交换所并存，支撑多种支付工具的应用和满足社会各种经济活动支付需要的中国支付清算体系。

1996年11月28日在人民大会堂举行了中国现代化支付系统（CNAPS）项目合同签字仪式和新闻发布会。这标志着CNAPS项目从此进入了工程实施阶段。CNAPS项目由中国人民银行筹建，得到了世界银行的支持。项目的总体设计始于1991年，世界银行和美国、日本、德国、英国、瑞士和中国6家中国人民银行的专家组成的国际专家组，先后在中国召开了七次国际专家会议，协助中国人民银行对项目的总体规划、系统目标和技术要求等进行评议，完成系统的业务和技术需求设计。英国PA咨询公司和美国REAL计算机公司的专家为中国人民银行完成项目需求设计和招标采购提供了技术咨询服务。CNAPS项目的实施，表明中国现代化支付系统现代化建设进入了一个新阶段。

2005年6月，中国人民银行建成大额实时支付系统，并实现该系统与各银行业金融机构行内支付系统、中央债券综合业务系统、银行卡支付系统、人民币同业拆借和外汇交易系统等多个系统以及香港、澳门人民币清算行的连接，可以为银行业金融机构及金融市场提供安全高效的支付清算服务，并支持香港、澳门的人民币清算业务。2006年6月，中国人民银行建成小额批量支付系统，该系统支撑多种支付工具的应用，实行7×24小时连续运行，为银行业金融机构的小金额、大批量跨行支付清算业务提供了一个低成本的公共支付平台。2007年7月，中国人民银行建成全国支票影像交换系统，运用影像技术将实物支票转换为支票影像信息，处理银行机构跨行和行内的支票影像信息交换，实现支票全国通用。近年来，中国人民银行不断改善全社会金融服务环境，推动现代化支付系统的建设，有效促进了社会资金的安全高效运转，提高了全社会资金的使用效率。当前，我国现代化支付系统在经济领域中已发挥越来越重要的作用，它每天清算的资金量数额巨大。

中国现代化支付系统建有两级处理中心，即国家处理中心（National Process Center，NPC）和全国省会（首府）及深圳城市处理中心（City Clearing Processing Center，CCPC）。国家处理中心分别与各城市处理中心连接，其通信网络采用专用网络，以地面通信为主，卫星通信备份。

政策性银行和商业银行是支付系统的重要参与者。各政策性银行、商业银行可利用行内系统通过省会城市的分支行与所在地的支付系统CCPC连接，也可由其总行与所在地的支付系统CCPC连接。同时，为解决中小金融机构结算和通汇难问题，我国允许农村信用合作社自建通汇系统，比照商业银行与支付系统的连接方式进行处理；城市商业银行银行汇票业务的处理，由其按照支付系统的要求自行开发城市商业银行汇票处理中心，依托支付系统办理其银行汇票资金的移存和兑付的资金清算等业务。

中国人民银行会计核算系统是现代化支付系统运行的重要基础。为有效支持支付系统的建设和运行，并有利于加强会计管理，提高会计核算质量和效率，中国人民银行会计核算也将逐步集中，首先将县支行的会计核算集中到地市中心支行，并由地市中心支行的会计集中核算系统与支付系统CCPC远程连接。地市级（含以上）国库部门的国库核算系统可以直接接入CCPC，通过支付系统办理国库业务资金的汇划。

为有效支持公开市场操作、债券发行及兑付、债券交易的资金清算，公开市场操作系统、债券发行系统、中央债券簿记系统在物理上通过一个接口与支付系统NPC连接，并由其处理其交易的人民币资金清算业务。为保障外汇交易资金的及时清算，外汇交易中心与支付系统上海 CCPC 连接，处理外汇交易的人民币资金清算，并下载全国银行间资金拆借和归还业务数据，供中国人民银行对同业拆借业务进行配对管理。

CNAPS 报文信息格式，基本上采用 SWIFT 报文格式标准。

6.2.2　CNAPS 的主要目标

CNAPS（中国现代化支付系统）是从中国的现实情况出发，预测未来的市场需求以及借鉴国外，特别是发达国家支付系统建设的经验，建立起来的一体化的中国现代化支付系统。

CNAPS 的设计目标如下。

（1）建立起中国未来支付系统的技术基础设施，即连接支付应用系统处理中心和各家银行机构的全国通信网络和在网络节点上建立的全国性和地区性处理中心。

（2）开发出功能齐全的支付应用处理系统，其中包括大额实时支付系统、小额批量电子支付系统、中国人民银行会计集中核算系统、全国支票影像交换系统、银行业金融机构行内支付系统以及银行卡支付系统。目前的同城清算所将仍作为一个单独的分系统继续存在，并逐渐被提高自动化程度。

（3）为了实现"一网多用"的目标，通信网络将保持独立于应用系统的设计原则，即它只负责提供文件和报文转输服务、鉴别服务、通用信息服务和用户目录服务，以便支持在系统参与者和各种应用系统之间高效率传递数据。只有这样才能实现各种银行应用系统［包括金融管理信息系统（Financial Management Information System，FMIS）］共享通信网络和许多数据处理设备，减少投资。

6.2.3　CNAPS 的主要作用

1．加快资金周转，提高社会资金的使用效益

中国现代化支付系统，特别是其中的大额实时支付系统，采取从发起行到接收行的全过程的自动化处理，实行逐笔发送、实时清算，是一个高效、快捷的系统。通过支付系统处理的每笔支付业务，不到 60 秒即可到账，这实现了全国支付清算资金的每日零在途，为促进市场经济的快速发展发挥着重要作用。

2．支撑多样化支付工具的使用，满足各种社会经济活动的需要

中国现代化支付系统，尤其是其中的小额批量处理系统能够支撑各种贷记、借记支付业务的快速处理，并能为其提供大业务量、低成本的服务，可以满足社会各种经济活动的需要。

3．培育公平竞争的环境，促进银行业整体服务水平的提高

随着中国金融体制改革的不断深化，我国逐步形成了政策性银行、国有独资商业银行、股份制银行、城市商业银行、农村合作银行、城乡信用合作社以及外资银行的组织体系，它们相互之间既有合作也有竞争。建设运行的中国现代化支付系统，是中国人民银行为金融机构提供的一个公共的支付清算服务平台，所有符合条件的银行及其分支机构都可以参与到这个系统中，从而为各金融机构创造一个公平竞争的经营环境，推动各银行的有序竞争，促进银行业整体服务水平的提高。

4．增强商业银行的流动性，提高商业银行的经营管理水平

流动性、盈利性、安全性是商业银行经营的基本原则。商业银行是经营货币的特殊企业，

讲究流动性是现代商业银行经营的核心。中国现代化支付系统可以为银行提供日间透支、自动质押回购、预期头寸查询等服务；它还可以帮助商业银行进一步提高其资金的使用效率，使其资金的使用尽可能最大化；可以有效支持商业银行对其流动性的管理。中国现代化支付系统将商业银行的法人及其分支机构的清算账户在物理上集中摆放在国家处理中心进行跨行资金清算的处理。商业银行法人、管理行以及开户行可以随时查询监控其头寸的变动情况，根据需要及时地调度资金。中国现代化支付系统是一个高效运转的系统，有利于商业银行头寸的快速调度和从货币市场寻找资金的及时到账，提高头寸的运用水平。

5. 适应国库单一账户改革，提高财政资金的使用效益

近年来，财政国库管理制度改革正在逐步深入。建立以国库单一账户体系为基础，集中收付为主要形式的国库核算体系，可以加强财政资金的管理，提高财政资金的使用效益。要保证这一改革的有效实施，必须要有一个高效的支付系统给予支持。中国现代化支付系统适应了这一改革的需要，加快了国库资金的汇划。

6. 支持货币政策的实施，增强金融宏观调控能力

实施货币政策加强金融调控，是中国人民银行的重要职能。公开市场操作是当今各国中央银行运用的一种主要货币政策工具；实行存款准备金制度，也是一国中央银行实施货币政策和加强宏观调控的重要手段。上述货币政策工具、宏观调控手段都需要中国现代化支付系统的有效支持，才能得到更好的实施。中国现代化支付系统与中央债券簿记系统直接连接，实现公开市场操作业务的即时转账，可以大大提高其资金清算和公开市场运转的效率。中国现代化支付系统可以对法人存款准备金进行考核，中国人民银行及其分支行通过中国现代化支付系统及时掌握存款准备金的余额信息，便于对其进行管理。此外，中国现代化支付系统还蕴藏着大量的支付业务和资金清算信息，可以为研究货币政策和宏观调控提供决策参考。

7. 支持货币市场资金清算，促进货币市场发展

近年来，随着中国的金融改革，中国的债券市场、外汇市场、同业拆借市场发展相当迅速，且交易量不断增加，对资金清算要求的时效性逐渐增强。中国现代化支付系统与这些市场主体相连接，可以实现贷券交易资金的即时转账（即钱券对付）和外汇交易的人民币资金、同业拆借资金的高效汇划，促进货币市场的发展。

8. 防范支付风险，维护金融稳定

商业银行经营的风险往往会从清算环节发生，甚至会导致系统性风险，如一家银行的清算问题可能导致支付瓶颈，引发多米诺骨牌效应，蔓延到整个系统。这是一些发达国家中央银行乃至商业银行在建设支付系统时关注和改革的重点。现阶段中国的商业银行，特别是一些中小金融机构的风险控制能力还比较弱，表现在支付清算方面的风险系数可能会进一步加大。为此，中国人民银行在建设中国现代化支付系统时，将防范支付系统风险作为一个重要目标，采取大额支付实时清算，小额支付净额清算，不足支付排队处理；设置清算窗口时间，用于头寸不足的银行及时筹措资金；设置清算账户控制功能，对有风险的账户进行事前控制等措施。这些措施的采用能有效地防范支付风险的发生，维护金融稳定。

6.2.4 CNAPS 的应用系统

中国现代化支付系统（CNAPS）是中国人民银行建设、运行维护、管理的，为我国金融机构之间以及金融机构与中国人民银行之间的支付业务提供最终资金清算的重要核心业务系统，

是各商业银行电子汇兑系统资金清算的枢纽系统，也是金融市场的核心支持系统，是全社会资金流动的"大动脉"，对中国经济金融运行发挥了重要作用。其主要包括了大额实时支付系统、小额批量电子支付系统、支票影像交换系统、电子商业汇票系统、网上支付跨行清算系统以及境内外币支付系统等几大系统，如图 6-2 所示。

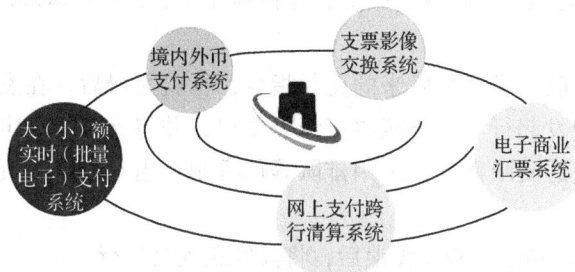

图 6-2　中国现代化支付系统包括的主要应用系统

1．大额实时支付系统

大额实时支付系统主要处理同城和异地跨行之间和行内 5 万元以上的贷记及紧急小额贷记支付业务、中国人民银行系统的贷记支付业务以及即时转账业务等，为各机构和金融市场提供高效、安全的跨行结算服务。

大额实时支付系统实行逐笔实时处理，全额清算资金。建设大额实时支付系统的目的，就是给各银行和广大企业单位以及金融市场提供快速、高效、安全、可靠的支付清算服务，防范支付风险。同时，该系统对中国人民银行更加灵活、有效地实施货币政策具有重要作用。该系统处理同城和异地、商业银行跨行之间和行内的大额贷记及紧急的小额贷记支付业务，处理中国人民银行系统的贷记支付业务。

在中国人民银行开设有备用金或清算账户的金融机构，可通过该系统及时划拨大额资金，如证券市场和货币市场的资金调拨与结算、银行内部和银行之间的资金头寸调拨等。这种支付活动金额大、风险大，要求实时逐笔全额最终完成。考虑到系统的安全，以及我国商业银行目前必须在中国人民银行保持较高比例法定储备金等情况，中国人民银行将允许大额实时支付系统的参与者在限额内出现日间透支，但是不允许出现隔夜透支。对账户余额不足的支付指令，采用排队等待机制，等待有足够的资金进入该账户时再自动支付。

由于大额实时支付系统要把全国各地区经济和金融中心连接在一起，形成全国统一的市场并连接国际市场，因而这个系统不再区分全国与地方、行内和跨行。就是说，该系统的全国处理中心将处理在中国人民银行开立账户的系统直接参与者之间的全部大额支付交易。由于目前法定储备金要求比例较高，跨行日间资金市场尚未健全，因而中国人民银行将对这个系统的参与者提供日间信贷，即允许账户在规定限额内出现日间透支，但不允许出现隔夜透支。中国人民银行对其提供的日间信贷和隔夜信贷将要收取费用，以促使系统的各参与者采取充分的风险管理措施，减少或避免账户出现透支。

中国人民银行通过该系统，将能对我国 80%的资金进行直接的监督和控制，能对每个清算账户资金头寸进行实时跟踪，进而实现有效的宏观调控。因此，该系统对社会经济、支付体系和金融体系本身的平稳运作关系重大，因此对系统的安全性要求非常高。特别是异地的大额支付，经过的节点多，链路长，安全的难度更大。为保证系统的绝对安全，每笔支付经过每个节点都要严格控制法律并进行确认，保证交接的严密性。

大额实时支付系统的主要支付处理过程如下。

（1）发起行收到发起人（客户）发来的支付指令，经检验无误后，借记发起人账户，并立即将支付指令逐笔发送发报行。

（2）发报行收到发起行发来的支付指令，经检验无误后，以排队顺序逐笔定时转发全国处理中心。

（3）全国处理中心收到发报行发来的支付指令，检验无误后，在发起行清算账户存款余额或透支限额内，借记发起行、贷记接收行清算账户，并将支付指令定时转发收报行。对清算账户余额不足或超过透支限额的，采用排队等待机制，当有足够的资金进入该账户时，则自动支付。

（4）收报行收到支付指令，检验无误后，将其发送到接收行。

（5）接收行收到支付指令，检验无误后，贷记收益人账户，并通知收益人。同时，以反向顺序经收报行、全国处理中心、发报行向发起行发送完成支付的确认信息。

大额实时支付系统于 2002 年 10 月 8 日投产试运行，2005 年 6 月 24 日推广至全国。该系统主要处理同城和异地的大额贷记支付业务和紧急的小额贷记支付业务。第二代支付系统已于 2013 年 10 月 8 日在国家处理中心先期投产运行，并于 2014 年年底推广至全国。

2．小额批量电子支付系统

小额批量电子支付系统主要处理同城、异地跨行之间的借记支付业务以及金额在规定金额以下的贷记支付业务，旨在为社会提供低成本、大业务量的支付清算服务。

该系统适用于诸如付款到收款存在时间差的支付、预先授权的循环支付（如代发工资，以及代付房租、水电费、电话费、税金、保险费等）、截留票据的借记和贷记支付等。它可处理同城和异地的跨行与行内的电子支付服务。这类支付金额不大，时间性要求不高，但交易笔数多，为提高效率和降低成本，一般采用批处理方式，净额结算资金。BEPS 可有效地加快资金流动，减少现金、支票和各种票据的流通量，降低风险性，节约转账成本，方便客户。

小额批量电子支付系统支持 5 类业务，即普通贷记业务、定期贷记业务、普通借记业务、定期借记业务、实时贷记业务、实时借记业务，条件成熟时陆续开办其他业务种类。

（1）普通贷记业务：指付款人通过其开户银行办理的主动付款业务，主要包括规定金额以下的汇兑、委托收款（划回）、托收承付（划回）、网上银行支付等业务。2010 年 5 月以前，小额支付系统处理贷记业务的金额上限为 2 万元，即只有金额不超过 2 万元的贷记支付业务可以通过小额批量电子支付系统处理，金额超过 2 万元的业务应通过大额实时支付系统处理。中国人民银行可根据管理需要对金额上限适时调整。为促进相关支付系统业务均衡发展，自 2010 年 5 月 4 日起，小额批量电子支付系统普通贷记和定期贷记业务金额上限由 2 万元调整到 5 万元。

（2）定期贷记业务：指付款人开户银行依据当事各方事先签订的合同（协议），定期向指定的收款人开户银行发起的批量付款业务，如代付工资、养老金、保险金、国库各类款项的批量划拨等。其特点是单个付款人同时向多个收款人发起付款指令。定期贷记业务也受金额上限的控制。

（3）普通借记业务：指收款人通过其开户银行向付款人开户银行主动发起的收款业务，包括中国人民银行机构间的借记业务、国库借记汇划业务和支票截留业务等。

（4）定期借记业务：指收款人开户银行依据当事各方事先签订的合同（协议），定期向指定的付款人开户银行发起的批量收款业务，如收款人委托其开户银行收取水、电、煤气等公用事业费用。其特点是单个收款人向多个付款人同时发起收款指令。

（5）实时贷记业务：指付款人委托其开户银行发起的，将确定款项实时划拨到指定收款人账户的业务，主要包括国库实时缴税、跨行个人储蓄通存等业务。

（6）实时借记业务：指收款人委托其开户银行发起的，从指定付款人账户实时扣收确定款项的业务，主要包括国库实时扣税、跨行个人储蓄通兑等业务。

小额批量电子支付系统在一定时间内对多笔支付业务进行轧差处理，净额清算资金。建设小额批量电子支付系统的目的，是为社会提供低成本、大业务量的支付清算服务，支撑各种支付业务的使用，满足社会各种经济活动的需要。该系统处理同城和异地纸凭证截留的商业银行跨行之间的定期借记和定期贷记支付业务、中国人民银行会计和国库部门办理的借记支付业务，以及每笔金额在规定起点以下的小额贷记支付业务。小额批量电子支付系统采取批量发送支付指令，轧差净额清算资金。

该系统的输入方式，既允许基于纸凭证（如支票等）输入，也允许基于脱机或联机电子输入。如果采用纸凭证输入，较好的方案是先经票据自动清分机阅读和清分，将这些物理凭证转换成逻辑凭证，然后再以电子的方式进行电子支付处理。

该系统的用户可以是直接参与者，即在中国人民银行开设有结算账户的金融机构，也可以是由直接参与者代理的间接参与者。

小额批量电子支付系统的主要处理过程如下。

（1）发起行将支付指令按小额贷记（如汇兑、委托收款划回等）、事先授权借记（如银行汇票、承兑汇票、银行本票和旅行支票等）和定期借记（如收取税款、水电费、房租等）进行分类。对当日发送的小额贷记和事先授权借记支付，分别借记、贷记发起人账户。对定期借记支付记入定期借记登记簿，待生效日未被退回时，销去登记簿，贷记发起人账户；对生效日前被退回的定期借记支付，销去登记簿中相应的支付指令。做完上述账务处理后，向发报行发送支付指令。

（2）发报行收到支付指令后，按规定的时间批量发送全国处理中心。

（3）全国处理中心对收到的支付指令，按接收行清分，批量发送收报行。

（4）收报行将收到的支付指令转发接收行。

（5）接收行对收到的小额贷记、事先授权借记和定期借记分别贷记、借记接收账户并通知接收人。对不属于本行事先授权的借记支付、发起人与接收人之间无协议、接收人存款不足的定期借记支付，应于收到支付指令的当日 16:30 前退回收报行。收报行于 18:00—21:00 按批发送全国处理中心。

（6）日终时，中国人民银行分（支）行对当天收到和发出的小额贷记、事先授权借记和当日生效的定期借记支付，按清算账户计算应收、应付差额，发送全国处理中心，由全国处理中心进行清算处理（清算账户统一保持在全国处理中心），借记或贷记清算账户。对当日发送和收到的定期借记支付分别按直接参与者记入定期借记登记簿。生效日已轧差清算或生效日前被退回的定期借记支付，销去原登记。

小额批量电子支付系统于 2005 年 11 月 28 日投产试运行，2006 年 6 月 26 日推广至全国，小额批量电子支付系统的业务趋势发展如图 6-3 所示。该系统主要处理同城和异地纸凭证截留的借记支付业务以及每笔金额在规定金额起点以下的小额贷记支付业务。支付指令批量发送，轧差净额清算资金，主要为社会提供低成本、大业务量的支付清算服务。

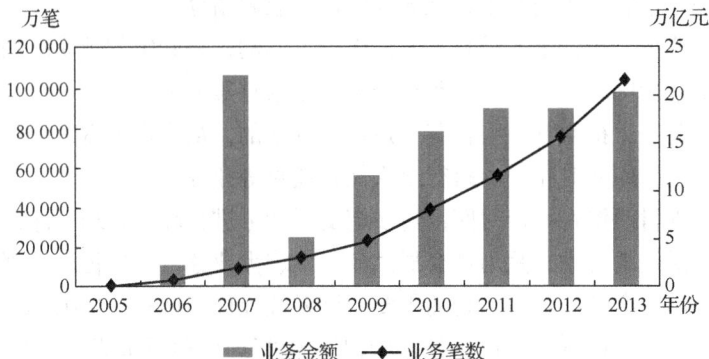

图 6-3　小额批量电子支付系统业务发展趋势图

3. 支票影像交换系统

支票影像交换系统是指运用影像技术将实物支票转换为支票影像信息，通过计算机网络将影像信息传递至出票人开户银行提示付款的业务处理系统。它是中国人民银行上述两种支付系统建成后的又一重要金融基础设施。支票影像交换系统定位于处理银行机构跨行和行内的支票影像信息交换，其资金清算通过中国人民银行覆盖全国的小额批量电子支付系统处理。它的建立为客户提供了极大便利。

它主要处理电子商业汇票数据电文，提供与电子商业汇票货币给付、资金清算行为相关的服务，并提供纸制商业汇票登记查询和商业汇票公开报价服务。它是我国金融信息化、电子化的重要体现，对于促进我国电子商务和票据市场的发展产生了深远的影响。目前，个人不能使用电子商业汇票，只有企业或其他经济组织才能使用。

企业使用电子商业汇票系统可以降低票据被伪造、变造、克隆、遗失、盗窃等各种风险，足不出户即可完成票据在全国的流转。企业可全程跟踪票据业务办理的各个环节，降低了人力及财务成本，减少了票据兑付过程中可能产生的纠纷，提高企业票据管理水平，防范票据业务风险。

全国支票影像交换系统于 2006 年 12 月 18 日投产试运行，2007 年 6 月 25 日推广至全国。该系统主要通过影像技术、支付密码、数字签名等技术，将纸质支票转化为影像和电子信息，实现纸质支票截留，并利用信息网络技术将支票影像和电子清算信息传递至出票人开户行进行提示付款，以实现支票的全国通用。全国支票影像交换系统业务发展趋势如图 6-4 所示。

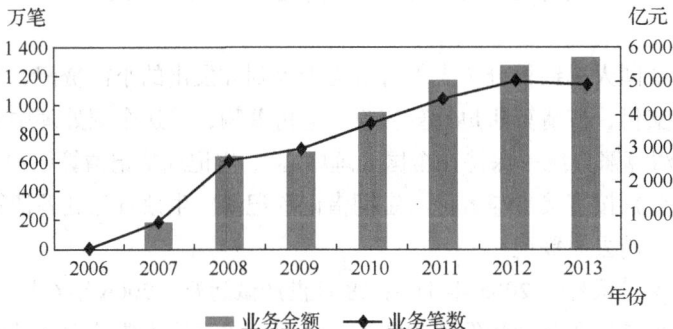

图 6-4　全国支票影像交换系统业务发展趋势图

4．电子商业汇票系统

商业汇票是主要的票据品种之一，兼具支付结算和短期融资功能，对满足企业支付需要、拓宽融资渠道、降低财务费用、提高商业银行支付服务水平、强化资产负债管理，以及丰富中央银行货币政策手段都有着非常重要的作用。

随着我国金融电子化水平不断提高和金融基础设施的完善，在银行票据业务方面，银行汇票、银行本票和支票都不同程度地实现了电子化，安全性和效率得到了极大改善。自 2005 年起，虽然国内部分商业银行在票据电子化和电子票据应用方面进行了积极的探索和尝试，但由于缺乏统一的票据集中登记机制和跨行交易平台，业务开展受到了极大限制。2007 年全国支票影像交换系统的建立，实现了纸质支票处理的部分电子化；2008 年，银行本票和华东三省一市银行汇票的业务可通过小额批量电子支付系统进行清算，实现了电子化处理。但是，相对而言，商业汇票的电子化步伐比较滞后，其业务处理基本上采用传统的手工、纸质方式，效率低、风险高，不利于商业汇票的进一步发展。

为进一步推动国内票据业务和票据市场发展，便于企业支付和融资，支持商业银行票据业务创新，在充分调研论证的基础上，中国人民银行于 2008 年 1 月决定组织建设电子商业汇票系统，6 月正式立项。

电子商业汇票系统（Electronic Commercial Draft System，ECDS）于 2009 年 10 月 28 日在北京、上海、山东、深圳四地投产试运行，并于 2010 年 6 月 28 日推广至全国，其业务发展趋势如图 6-5 所示。该系统依托网络和计算机技术，接收、登记、转发电子商业汇票数据电文，提供与电子商业汇票货币给付、资金清算行为相关服务并提供纸质商业汇票登记、查询和商业汇票（含纸质、电子商业汇票）公开报价服务是一个综合性业务处理平台。电子商业汇票系统的建立，大大降低了票据操作风险，同时为金融机构统一管理票据业务提供了基础平台和技术手段。

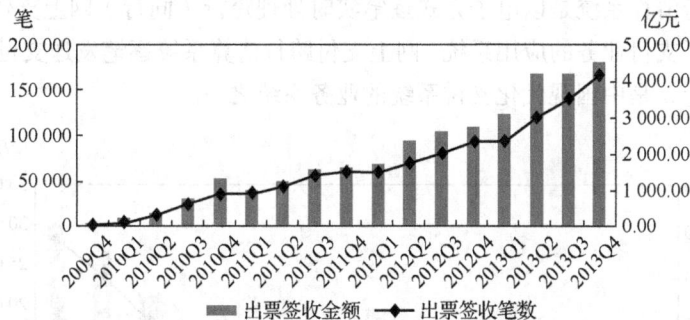

图 6-5　电子商业汇票系统业务发展趋势图

由中国人民银行建设并管理的全国电子商业汇票系统的建成运行，标志着我国票据市场迈入电子化时代。ECDS 运行以来，顺利实现了业务全流程办理，商业银行基本确立了电子票据业务处理模式，全国电子票据业务呈现良好发展势头，主要商业银行积极推动电子票据业务开展。但同时，ECDS 的推广应用也面临电子票据法规制度尚不完善、电子票据流动性不足和业务发展不均衡等问题，我国应通过健全法规制度、改进技术手段、加强政策引导等途径，提高电子票据业务的发展水平。

电子商业汇票系统的建成运行，是我国金融信息化、电子化进程中的又一重要里程碑，标志着中国现代化支付体系基本建成，标志着我国商业票据业务进入电子化时代，对促进电子商务和票据市场发展将产生深远影响。

第一，电子商业汇票系统为电子票据业务提供安全高效、互联互通、标准统一、方便快捷的多功能、综合性业务处理平台。与现行纸质商业汇票相比，其最大的特性就是签发和流转都采取电子化方式，以数据电文来完成。电子商业汇票系统的建成将从根本上解决纸质商业汇票交易方式效率低下、信息不对称、风险较大等问题。

第二，电子商业汇票系统的建成对企业、商业银行、中国人民银行和票据市场的发展意义重大。对企业来说，电子商业汇票系统不仅提供了纸质票据的所有功能，更重要的是企业在使用过程中不受时间和空间的限制，交易资金在途时间大大缩短，资金周转效率明显提高。对商业银行来说，电子商业汇票系统的建成不但使电子票据能够实现实时、跨地区流通使用，而且节省了纸基票据业务的人工成本，节约票据印制成本，降低票据保管成本，规避票据遗失风险，增强了业务的安全性，加快了结算速度，从而有效提高了银行的金融服务效率。对中国人民银行来说，电子商业汇票系统的建成将使中国人民银行成为电子商业汇票市场的一个经常性交易主体，未来可能成为中国人民银行公开市场操作的一个主要手段，增加中国人民银行货币政策操作的弹性和力度，提高中国人民银行调控货币市场的能力，畅通货币政策传导机制。通过电子商业汇票系统，中国人民银行能够全面监测商业汇票各种票据行为，准确了解资金流量流向，为宏观经济决策提供重要参考依据。

5. 网上支付跨行清算系统

网上支付跨行清算系统（Internet Banking Payment System，IBPS）作为第二代支付系统的核心业务子系统，已于2010年8月30日先期投产运行，并于2011年1月24日推广至全国，主要支持网上支付等新兴电子支付业务的跨行（同行）资金汇划处理。我国的网上支付跨行清算系统业务发展趋势如图6-6所示。

网上支付跨行清算系统是以电子方式逐笔实时处理跨行（同行）网上支付、电话支付、移动支付等新兴电子支付业务的应用系统。网上支付跨行清算系统逐笔发送支付指令，实时轧差，定时净额清算资金，是中国现代化支付系统的业务系统之一。

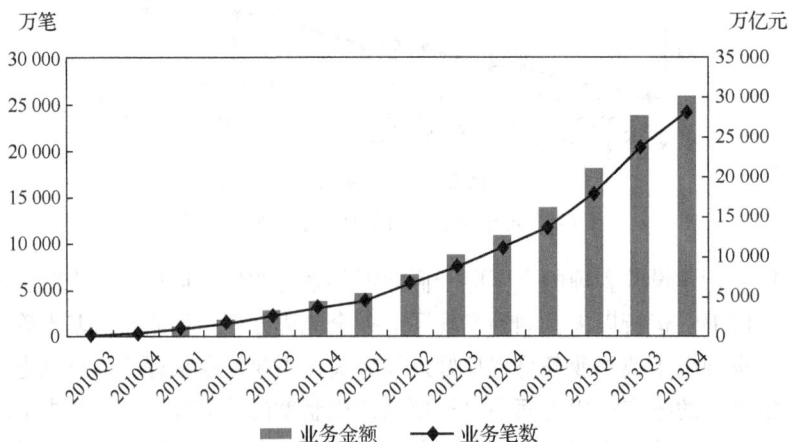

图6-6 网上支付跨行清算系统业务发展趋势图

网上支付跨行清算系统采取实时传输及回应机制，可处理跨行支付、跨行账户信息查询以及在线签约等业务。用户通过商业银行的网上银行，可以足不出户办理多项跨行业务，并可及时了解业务的最终处理结果。

网上支付跨行清算系统具有以下业务功能：处理网银贷记业务、网银借记业务、第三方贷记业务、跨行账户信息查询业务。其业务运行模式与小额批量电子支付系统相似：运行时序为 7×24 小时连续运行，采取定场次清算的模式，设置贷记业务金额上限，与大额实时支付系统共享同一个清算账户等。从业务管理方面来讲，网上支付跨行清算系统是小额批量电子支付系统在网上支付方面的延伸，从系统管理方面来讲，网上支付跨行清算系统是与大额实时支付系统和小额批量电子支付系统并行的人民币跨行清算系统。网上支付跨行清算系统投入使用后，将实现网银跨行支付的直通式处理，满足网银用户全天候的支付需求，有效支持电子商务的发展；也支持符合条件的非银行支付服务组织接入，为其业务发展和创新提供公共清算平台。

6．境内外币支付系统

境内外币支付系统由中国人民银行牵头建设，由清算总中心集中运营，由直接参与机构等单一法人集中接入，采用"Y"型信息流结构，由外币清算处理中心负责对支付指令进行接收、清算和转发，由代理结算银行负责对支付指令进行结算。

外币清算处理中心主要功能包括外币支付报文收发、圈存资金和授信额度管理。对外币支付进行逐笔实时清算，对可用额度不足的外币支付进行排队管理，对清算排队业务进行撮合，管理清算窗口，分币种分场次向代理结算银行提交清算结果。

代理结算银行的主要功能包括为参与者开立外币结算账户，提供日间授信，圈存资金和授信额度管理，根据清算结算进行记账处理，以及日终对账。

境内外币支付系统于 2008 年 4 月 28 日投产，该系统以清算处理中心为核心，由直接参与机构等单一法人集中接入，由代理结算银行进行银行间外币资金结算。清算处理中心负责外币支付指令的接收、存储、清分、转发，在将参与者支付指令逐笔实时清算后，分币种、分场次将结算指令提交结算银行结算。结算银行是中国人民银行指定或授权的商业银行，为直接参与机构开立外币结算账户，负责直接参与机构之间的外币资金结算。

境内外币支付系统开通了港币、英镑、欧元、日元、加拿大元、澳大利亚元、瑞士法郎和美元 8 种货币支付业务，满足了国内对多币种支付的需求，提高了结算效率和信息安全性。从 2008 年投入使用之后，其业务发展十分迅速，如图 6-7 所示。

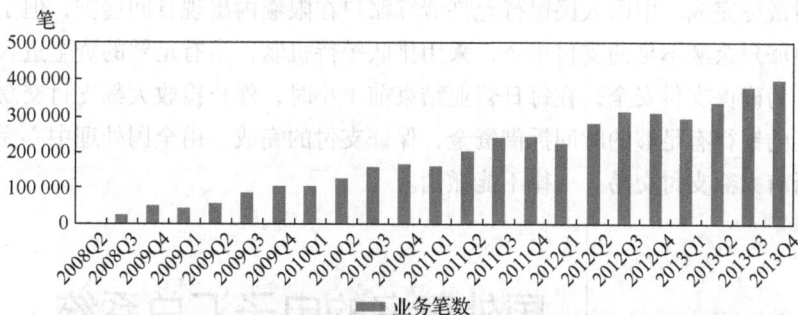

图 6-7　境内外币支付系统业务发展趋势图

6.2.5　CNAPS 的支付风险控制策略

CNAPS 采取的支付风险控制策略，包括清算账户集中管理和清算时效控制两种。

1．清算账户集中管理

为了加强对清算账户的集中监督和管理，也为了提高异地资金清算处理的效率，并为建立全国统一的支付系统准备条件，CNAPS 的账户管理方式为逻辑上分散而物理上全部集中到全国处理中心的方式。就是说，在中国人民银行分/支行管辖的地区内，所有商业银行的所有当地机构，都必须在当地中国人民银行开设一个结算账户，由当地中国人民银行办理开户、销户，进行储备金管理、透支限额设定等账户管理和跨行支付结算。商业银行可通过该系统查询自己的账户；而所有开设在各地中国人民银行的结算账户，都必须物理地集中在 CNAPS 全国处理中心。这样，全国各地所有通过 CNAPS 的资金清算，全部集中到全国清算处理中心，进行全额或净额清算账务核算处理。

2．清算时效控制

CNAPS 的清算账户处理系统是一个标准的通用的会计账务处理系统。该系统的功能包括支付业务的清算、清算账户的管理、清算资金的核算、资金周转状况的统计分析与实时控制等。它采用复式借、贷记账方法，包括明细核算和综合核算。SAPS 提供实时全额与批量净额两类程序接口。大额实时支付系统（HVPS）、小额批量电子支付系统（BEPS）、会计集中核算系统和其他应用系统，都可通过这些接口，调用 SAPS 功能，实现资金清算。清算账户处理系统通过对日间透支限额的管理和监视、对清算失败的通知和监视，以及对伦巴第贷款历史的监视，实现清算风险监控。清算账户处理系统管理所有记账交易，对历史数据进行存储、统计和分析，为金融宏观调控提供管理信息。清算账户处理系统的功能可分为联机处理和批处理两类。其联机处理功能包括存取款交易、记账、账户管理、查询、监视、对账等；批处理功能包括同城清算系统记账、清算窗口、数据库生成、记录数据文件生成等。

此外，CNAPS 对不同的支付应用系统采用如下不同的时效控制方法。

（1）小额批量电子支付系统。中国人民银行的收报行，将所接收的所有支付业务按商业银行进行轧差处理，每日营业结束前 1.5 小时，将差额送全国处理中心，再由后者进行净额资金清算处理。考虑到贷记支付、定期借记支付和预先授权借记支付的支付风险不同，支付生效日分别为第二天和第三天。

（2）大额实时支付系统。该系统处理的每笔支付交易金额都很大，由全国处理中心逐笔全额清算，实时最终完成。中国人民银行允许清算账户在限额内出现日间透支，但是不允许出现隔夜透支。对账户余额不足的支付指令，采用排队等待机制，当有足够的资金进入该账户时，则自动支付。为确保支付安全，在每日营业结束前 1 小时，停止接收大额支付交易，以便结算账户余额不足的银行有足够的时间拆借资金，保证支付的完成。由全国处理中心完成的全额结算、分发的所有大额支付交易，一律不能撤销。

6.3 国外著名的电子汇兑系统

当今的时代，世界经济快速地向全球经济一体化和全球金融一体化的方向迈进。中国经济也必然会以更快的速度融入国际经济中去。因此，从事金融工作和金融电子化建设的人员，除了应该研究和了解我国的金融电子化和电子银行系统外，还应该密切关注国际金融电子化的进展情况，了解与国际贸易和国际金融密切相关的国际金融网络和国际金融应用系统的应用情况。

以下仅介绍同国际贸易和国际汇兑有密切关系、对我国金融电子化建设有借鉴意义的几个国际电子汇兑系统。

6.3.1 SWIFT

环球同业银行金融电信协会（SWIFT），全称国际银行业协作组织，其业务是提供安全报文服务与接口软件，促进金融交易处理自动化。

SWIFT 是由来自美国、加拿大等 15 个国家的 239 家银行于 1973 年 5 月共同发起成立的组织，主要任务是负责设计、建立和管理 SWIFT 国际网络，以解决因为社会各界往来的电文格式不同而引起的人工转换的麻烦。

该系统主要提供通信服务，专为其成员金融机构传送同汇兑有关的各种信息。成员行接收到这种信息后，将其转送到相应的资金调拨系统或清算系统内，再由后者进行各种必要的资金转账处理。

截至 2007 年年底，SWIFT 共连接了 208 个国家的 8 332 个用户，其中包括银行、证券交易商/经纪商、资产管理公司/投资经理机构、基金公司、托管银行、交易所等金融机构。

SWIFT 主要应用于银行间的交易清算，随着证券业务的发展，SWIFT 在证券方面的业务量急剧增长，目前已成为 SWIFT 网络处理业务中最多的一部分。

SWIFT 标准是国际统一制定的 ISO 15022，包括了清算、支付等，其中 SWIFT for Corporate Action 是与证券信息服务最为密切的部分。在 ISO 15022 中包括两个部分，即 MT564 和 MT568。我们当前应用的是 MT564，对 MT568 还不熟悉。

SWIFT 格式是标准化的，上市公司活动中的关键数据都能够在标准中找到相应的元素与之对应。

1. SWIFT 提供的通信服务

SWIFT 提供的通信服务列举如下。

（1）提供全球性的通信服务。

（2）提供接口服务。使用户能低成本、高效率地实现网络存取。

（3）存储和转发电文服务。

（4）交互信息传送服务。为提高服务的响应性和灵活性，1997 年 SWIFT 宣布，计划开发基于 IP 的产品和服务，包括交互信息传送服务，作为存储和转发电文服务的补充。

（5）文件传送服务。1992 年开始提供银行间的行际文件传送（Interbank File Transfer，IFT）服务，用于传送处理批量支付和重复交易的电文。

（6）电文路由服务。通过 SWIFT 传输的电文可同时拷贝给第三方，以便由第三方进行电子资金转账处理，或转到另一网络完成支付结算或证券交易结算或外汇交易结算处理。

（7）具有冗余的通信能力为客户提供通信服务。SWIFT 的设计能力是每天传输 1 100 万条电文，而当前每日传送 500 万条电文，这些电文划拨的资金以万亿美元计。

2. SWIFT 电文结构

SWIFT 的电文由电文头、电文正文和电文尾 3 部分组成。

电文头包含下列 5 个部分。

（1）发报终端机代码。

（2）输入电文序号（Input Sequence Number，ISN）。采用五位数，供 SWIFT 测试用。

（3）电文类型。

（4）电文优先级。"01"表示急件，"02"表示普通件。

（5）目标行的地址。该地址的结构如下。

A A A A	A A	B B	B	B B B
银行码	国家码	地区码	终端码	分行码

目标行的地址由银行码、国家码、地区码和终端码组成，具体各个代码的规定，详见 SWIFT 手册与相关规定。

SWIFT 网络输出电文的电文头，包含下列几个部分。

（1）输出时间。指输出到输出终端的地方时间，hh:min（小时:分钟）。

（2）输出参考码（Output Reference Number，ORN）。包括输出日期，2 位数字；输出终端标识符和分行码，12 位字符；输出电文序号，5 位数字，是由 SWIFT 自动加上的流水号。

（3）输入时间。指发信者输入电文的时间。

（4）系统参考码（Systerm Reference Number，SRN）。包括输入日期，2 位数字；输入终端标识符和分行号码，12 位字符，输出电文序号 SRN，5 位数字。

（5）电文优先级。"01"表示急件，"02"表示普通件。

SWIFT 电文的正文（Message Text），依据金融业务分为 9 大类，其下又分若干类。详见 SWIFT 手册。

SWIFT 电文附加于电文的尾部，用以告诉接收终端有关该电文的一些特殊情况。例如，电文尾为 "DLM"，则表示 "Delayed Message"（迟到的电文）。

需要说明的是，必要时，SWIFT 的标准部门会根据用户的需求修改补充电文格式。用户应根据 SWIFT 最新用户手册，编写 SWIFT 电文。从 1998 年开始，SWIFT 开始更新其产品和服务，包括推出基于 IP 的产品和服务，为此 SWIFT 正在制定新一代的标准。

3．SWIFT 的网络结构

SWIFT 网络覆盖全球大部分地区。该网络有 3 个操作中心（Operating Centers，OC），原则上每个国家有一个区域处理中心（Regional Processor，RP）。

操作中心也称交换中心。SWIFT 的 3 个 OC 分别是 Belgium OC（在比利时的布鲁塞尔）、Netherlands OC（在荷兰的阿姆斯特丹）和 USA OC（在美国弗吉尼亚州的 Culpepper）。OC 是 SWIFT 的核心。SWIFT 通过这 3 个 OC 将发报行和收报行连接起来，并由收报行进行交易处理。这 3 个 OC 通过全双工链路串成一个环，必要时可互相备援使用。

区域处理中心 RP，少数较小国家可共用一个 RP。因此，RP 也称国家处理中心。OC 通过全双工国际数据通信链路同 RP 连接，各成员行则通过国内数据通信链路同 RP 连接。RP 担任的工作类似于该网的集线器，成员行的所有进出电文，全部要通过 RP 才能送入或发出。

4．SWIFT 系统的特性

SWIFT 系统具有如下特性。

（1）格式标准化。所有的财务电文均标准化。这就减少了成员行之间由于对电文含义的理解不同而引起的纠纷。同时，它还可以实现端对端自动处理，提高处理效率，简化处理程序。

（2）高度的安全性。所有财务电文均加密并加有信息识别码，系统有自动核算密码功能，可防止电文泄密或被篡改。SWIFT 还有严格的规章、管理制度和先进的风险管理机制。

（3）多功能性。SWIFT 提供的平台，可提供定制的服务。

（4）单一窗口连接。通过 SWIFT 可将电文发往一个或多个金融机构，还可转发到其他网络。

（5）全天候服务。系统提供每天 24 小时，每周 7 天的通信服务。SWIFT 还在荷兰、英国、美国和中国等国家建立了用户服务中心（Customer Service Center，CSC），向全球提供超过 10 种语言的全天候的用户支援服务。SWIFT 的 CSC 已通过 ISO 9002 认证。

（6）传送速度快，费用低。每条电文传送时间 2～3 秒。与用户电报（Telex）相比，其成本低得多，速度却快得多。传送 325 个字的电文，仅收费 15 比利时法郎，是比利时寄往瑞典明信片的一半价格。对发展中国家则减半收费。SWIFT 通信费是基于路由和通信量定价的，对通信量多的大客户可打折，最高可折让 50%。SWIFT 每年年底还根据经营情况向成员行返还部分（如 20%）收费，并根据其业绩向成员行发放红利。

（7）核查和控制管理方便。对于来电和去电等交换电文，SWIFT 都有详细的记录，以便核查。每日午夜截止时，SWIFT 会列出本日收发电又的数量，以及有关已储存但尚未发出的电文的信息，送每家银行核对。

5. SWIFT 系统的安全控制

（1）实体的安全控制。SWIFT 系统的 OC 和 RP 都有严格的门卫管理制度，属于限制出入区。有周全的灾害复原准备，以应付各种可能的突发事故。

（2）硬件的备援。SWIFT 系统的所有硬件系统都是双套设备，以相互备援。

（3）软件的安全控制设计。电文从发报者发出，到收报者收到为止，在软件上有一连串的控制设计。其中与安全有关的有：采用智能卡技术鉴别每个网络用户，以保证安全存取；注册授权码用以确定电文输入者的合法性；端对端的电文核实，由每条电文的保密密钥核实；输入电文序号由发报者确定；输出电文序号 OSN 由 SWIFT 系统编定；每条电文都以密文传送和存储；所有的电文，传输时都加电文识别码，以防电文被篡改。

（4）稽核控制。系统中运行敏感程序，要经过安全官员同意；程序或作业程序变动时，要经稽核验证；未得发信行或收信行的同意，不得联机查询任何电文内容。此外，所有由 SWIFT 转发的电文都被存储，以备日后稽核时随时调用。

（5）明确的责任划分。发报者、收报者和 SWIFT 三者的职责都有明确的定义。在 SWIFT 控制的领地里所发生的过失，由 SWIFT 承担责任。

6. SWIFT 的发展趋势

为适应全球电子商务的发展，SWIFT 用 TCP/IP 代替 X.25，正在开发其新一代标准，制定其电子商务战略，为其成员从事电子商务提供支持，还将在容量、可靠性和安全领域继续进行投资。SWIFT 将其所有新业务放进一个框架内，称为"下一代"程序。

下一代 SWIFT 网络（SWIFT Net）的第一线信息产品 Inter Act、File Act 和 Trans Act，可从新的 SWIFT 安全 IP 网络 SIPN 中下载。采用 PKI 的 SWIFT-Net、SWIFT 联盟网站和 SWIFT 联盟网关支持这些产品。

7. SWIFT 的应用

SWIFT for Corporate Action 方面的数据服务的机构包括 Australian Stock Exchange、Tokyo Stock Exchange、Reuters、Fidelity Actions Xchange、LSE、Thomson Financial 等。

国内在 SWIFT for Corporate Action 方面的应用刚刚起步，信息公司是国内第一家进行这类业务的公司。英文信息服务的方式最初为英文公告摘要的 Word 文件和 Excel 格式数据。2007 年年初，汇丰银行提出要求我国提供 SWIFT 格式的英文公告。经过两个月的研究，2007 年 4 月，我国开始提供服务，最初的公告约 10 种，包括股东大会、权益分派、债券付息、可转债赎回等。目前 Word 和 Excel 格式涵盖的英文公告类型比 SWIFT 格式的类型要多，然而它们都具有一定的局限性。Word 和 Excel 格式的公告没有固定的标准和格式，容易遗漏重要的或必要的信息点或遗漏当天重要的公告；而 SWIFT 格式的公告有固定的标准，且基本信息完整（包括证券代码、市场类型、证券类型代码、识别编码等），更具安全性、可靠性和时效性，市场前景更广阔。它以后必将取代 Word 和 Excel 格式的公告，并涵盖所有目前以 Word 和 Excel 格式处理的公告类型。

6.3.2　CHIPS

纽约是世界上最大的金融中心，国际贸易的支付活动多在此地完成。因此，CHIPS 也就成为了世界性的资金调拨系统。现在，世界上 90% 以上的外汇交易是通过 CHIPS 完成的。可以说，CHIPS 是国际贸易资金清算的桥梁，也是欧洲美元供应者进行交易的通道。

1. 发展简介

20 世纪 60 年代末，鉴于纽约地区资金调拨交易量迅速增加，纽约清算所于 1966 年研究建立 CHIPS，该系统于 1970 年正式创立。当时，该系统采用联机作业方式，通过清算所的交换中心，同 9 家银行的 42 台宝来 TC500 终端相连。1982 年，该系统共有成员银行 100 家，包括纽约当地银行和美国其他地区银行及外国银行。

20 世纪 90 年代初，CHIPS 发展为由 12 家核心货币银行组成，有 140 家金融机构加入的资金调拨系统。该系统采用 UnisysAl5 多处理机，有 23 台 CP2000 高性能通信处理机及 BNA 通信网，以处理电子资金转账和清算业务。

CHIPS（非会员银行）的参加银行，除了利用该系统本身调拨资金外，还可接受银行同业往来的付款指示，通过 CHIPS 将资金拨付给指定银行。这种层层代理的清算体制，构成了庞大复杂的国际资金调拨清算网。因此，它的交易量非常巨大，而且在逐年增加。

2. CHIPS 的业务种类

CHIPS 处理的业务主要包括以美元支付的国际和国内贸易往来的资金调拨、国际贷款、联合贷款、外币买卖和兑换、欧洲美元投资、短期资金卖出、欧洲债券结算等。

3. CHIPS 的优势

CHIPS 的优势如下。

（1）是实时的、多边网络系统。

（2）汇兑信息提交。

（3）对 94% 的支付可直接进行处理。

（4）排除日间透支费用。

（5）最强的流动性。

（6）联机的资金管理工具。

（7）全球处理时间。

4. CHIPS 的特点

CHIPS 的特点如下。

（1）允许事先存入付款指示。参加银行除了可在当日调拨资金外，还可事先将付款指示存入中央计算机系统，然后等到解付日当日才将此付款通知传送到收款银行。任何资金调拨只有经拨款银行下达"解付"命令后，CHIPS 的中央计算机系统才会于解付日将此付款通知传送给收款银行。未下达解付命令前，拨款银行有权取消该笔付款指示。

（2）完善的查询服务功能。由于 CHIPS 能即时将每笔资金调拨情况存入文件，因此各参加行的账务管理员，可随时查询自己银行的每笔提出或存入的金额，并及时调整自己的头寸。

（3）自动化程度高。CHIPS 设计了一个灵活的记录格式，以方便发报行和收报行进行高效的计算机自动处理。这样，参与行的支付信息可在不同系统之间流动，而无须人工干预。例如，CHIPS 接受 SWIFT 的标识码，并可自动地与 CHIPS 的通用标识码相互参照。

（4）安全性好。CHIPS 将四台 UnisysAl5 大型计算机组成两套系统，实行两套系统互为备份，每套系统又是双机互为备份。两套系统分别安装在不同的地方，并用高速线路连接。为保证不间断的电源供应，其有蓄电池储备，并以双内燃发电机系统保证。

保密性是通过保密模块、保密设备和一系列规定来实现的。每个成员行均有一台专门设计的保密机，该保密机遵守 ANSIX9.9 金融机构保密检测标准。付款电文都经保密机加密并加 MAC 传送，以保证电文的传输安全。

5．CHIPS 基于 Intenet 的新服务

2003 年 11 月 4 日，CHIPS 对系统接入方式做了新的调整，并且提供基于 Internet 的管理报告和更高效的清算处理服务。参与者和其他用户可以利用 Internet 更加方便地使用该系统。

首先推出的网上服务是追加资金，它允许参与者追加资金并指定某些支付指令优先处理，立即清算。CHIPS 作为具备终结性的多边净额结算系统，可对多个参与者的支付指令进行匹配，然后进行实时的清算和结算。大部分指令的清算在 15 秒内完成，但有时银行会希望某些指令具有更高的优先级，能够立即清算。通过这项服务，银行就可以在网页上控制这一过程，根据需要更改支付指令的处理顺序。

此外，CHIPS 提供在线的管理报告，而以前该报告只能在客户端生成。现在，金融机构在登录后就可以看到自己与交易对象的相对头寸，查询支付状况，进行与 CHIPS 相关的管理。追加资金和管理报告这类网上服务为 CHIPS 的参与者提供了更大的便利。以前，CHIPS 提供新服务后，参与者必须调整自身的系统才能享受到新的服务。而现在 CHIPS 则调整了自身的系统，并通过网络提供这些服务，这样参与者的维护费用下降，而且很快就可以利用上这些服务。

6.3.3 FedWire

美国的第一条支付网络是美联储转移大额付款系统（FedWire）。该通信系统属于美国联邦储备体系，并由其管理。它是美国国家级的支付系统，用于遍及全国 12 个储备区的 1 万多家成员行之间的资金转账。它实时处理美国国内大额资金的划拨业务，逐笔清算资金。它每天平均处理的资金及传送证券的金额超过 10 000 亿美元，平均每笔金额 330 万美元。

1．业务介绍

系统的主要业务如下。

（1）资金转账。即将储备账户余额从一个金融机构划拨到另一个金融机构的户头上，几乎全是大额资金。

（2）传输美国政府和联邦机构的各种证券转让（Securities Transfer，ST）交易信息。

（3）传输联邦储备体系的管理信息和调查研究信息。

（4）提供对支票的电子支付服务。现在所有的美国联邦储备银行都提供对支票的电子支付服务，大多数的金融机构可接收电子形式的支票。该功能是通过自动清算所（ACH）系统实现的。

ACH 系统通过自动票据清分机，实现支票和其他纸凭证的自动阅读和清分，从而将物理支票（即纸质支票）转变为逻辑支票（即电子支票），再通过自身的传输和处理，以使支票支付的处理过程实现电子化。

（5）批量数据传送。通过 FedWire 进行的资金转账过程，是通过联邦储备成员的账户实现的，因此，资金转账的结果将直接影响成员行持有账户的储备余额水平。这样，通过 FedWire 结算的资金立即有效并可用。这也使得 FedWire 成为美国的任何资金转账，包括那些来自其他支付网络的资金转账，实现最终结算的唯一网络系统。

（6）贷记转账。一个金融机构通过 FedWire，将资金划拨给另一个金融机构时，如果这两个金融机构在同一联邦储备银行保有余额，就在相应的储备余额上做借记和贷记。如果是在不同的联邦储备银行保有余额，则第一家联邦储备银行借记寄出资金银行的储备账户，并贷记接收资金银行所在地区的联邦储备银行账户；后一联邦储备银行借记寄出资金的联邦储备银行账户，并贷记接收资金银行的储备账户；这两家联邦储备银行再用地区间的清算资金进行清算。

（7）双向的资金清算。联邦储备银行借记寄出方账户，并以相同信息贷记接收方账户。FedWire 只允许白天透支。在转账时，如果寄出方在联邦储备账户中的资金不足，无法在其账户中对可用资金进行借记，即寄出方不能立即和联邦储备银行清算其资金余额，此时，FedWire 则向其发出一笔贷款，并仍然贷记接收方储备账户。因此，不管寄出方能否同联邦储备银行清算其资金余额，对接收方来说，支付总是确定的。

2. FedWire 运作流程

（1）个人或企业向其开户银行提出资金转账要求。

（2）发送方银行贷记支付命令发送者的账户，启动一个 FedWire 资金转账命令。

（3）美联储贷记支付命令发送方银行的账户，借记支付命令接收方银行的账户。

（4）FedWire 通知接收方银行有资金转账发生。

FedWire 的运作流程如图 6-8 所示。

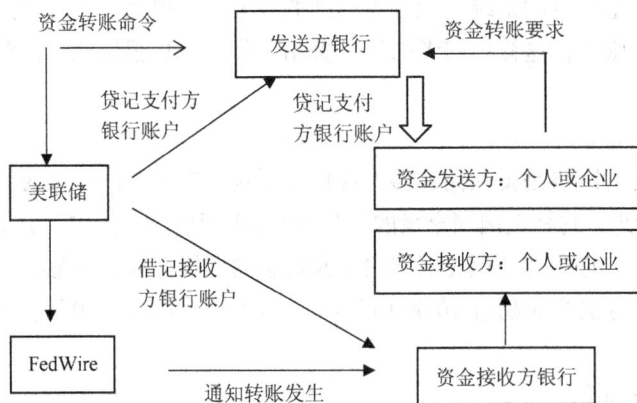

图 6-8 FedWire 运作流程

3. 网络结构

FedWire 从 1971 年开始建设，在 1976 年全面应用。当时的网络称为 FRCS-70，属于集中控制的星形网络。该网络的交换中心，开始时设在 Richmond 的联邦储备银行里，后来又移到 Virginia 州的 Culpeper。FRCS-70 由下述 3 个系统组成。

（1）FedWire 的区间转账网络[Inter-District（Transport）Network，IDN]提供各储备区联邦储备银行和董事会之间进行通信的手段，包括传送有关资金转账、证券交易和管理等方面的信息。

（2）小额区间转账网络[Bulk Data Inter-District（Transport）Network，BIDN]用于传送储备区间的 ACH（自动清算所）文件、研究数据和账务处理数据。

（3）区内消息控制网络[Local District Message（Control）Network，LDMN]用于传送各储备区内的金融信息和数据通信。

随着分组交换数据网技术的成熟，联邦储备体系又将 FRCS-70 改造成 FRCS-80。FRCS-80 是一个分布式的分组交换网，于 1983 年投入运营。FRCS-80 不是像 FRCS-70 那样只有单一的 Culpeper 交换中心，它的每个节点都可做网络的转接工作。在这个网络中需要有一个网络管理中心来协调整个网络的操作，这个任务由位于 Culpeper 的节点来承担。

此后，FedWire 不断采用最新通信网技术，以加强系统的通信能力，提高系统安全性和可靠性，降低成本，降低多区账务交叉引起的资金风险，并将 12 个处理中心合并为 3 个，它们分别在纽约、达拉斯和里斯满。资金转账在纽约处理中心运行，其余业务在达拉斯和里斯满两地平均分配。三个处理中心之间用高速链路连接，以共享数据和实现互为备份。

4．Fedwire 证券簿记系统

FedWire 证券簿记系统建于 20 世纪 60 年代末，它的主要功能是：实现多种债券（如政府债券、企业债券、国际组织债券等）的发行、交易清算的电子化，以降低成本和风险，它是一个实时的、交割与支付同时进行的全额贷记转账系统。该系统运行的主要目的是降低证券交易成本，提高交割与结算效率以及安全系数。

它的主要参与者有财政部、联邦政府机构、政府出资的企业和一些国际证券机构。

它提供的主要服务如下。

（1）券款对付（Delivery Versus Payment，DVP）。一个实时采用付款交割方式的大额支付系统可以支持在支付资金的同时，发生本方资产的最终转让。

（2）转账。联储银行按照参与者发出的指令（转账信息），借记指定的发出方账户，贷记指定的接收方账户，或者借贷同一参与者的不同账户。

（3）安全保管债券。债券的发行方包括美国政府、金融代理机构、国际组织和联储银行有资格开立债券账户、进行债券转让的其他金融机构。

（4）透支。透支是防范风险的必要性措施。

5．风险控制

通过 FedWire 进行资金转账时所引起的金融风险，主要是由于寄出行弥补日间透支失败而产生的。允许白天透支，是美国联邦储备体系为了提高国家支付系统的有效性和可靠性而采取的一项合理的措施。这也使联邦储备体系承担了一定的风险。为了进行有效的风险控制，联邦储备体系通过为 FedWire 建立规章和作业通告来保护自己。联邦储备体系的风险控制方法是针对资金寄出银行的。如果寄出行不能弥补日间透支，则联邦储备银行对寄出行在联邦储备体系的所有资产有扣押权。

1985 年 5 月，大额电子资金转账的政策宣言发布，包括允许透支的限额，以及第二天必须补上资金等条款，以确保 FedWire 对大额资金支付的安全，避免系统失败和用户对系统丧失信心等情形，从而避免对国家的货币和经济系统产生不良的后果。

6.3.4 电子汇兑处理的运行机制

1. 汇兑过程

对于汇兑系统来说，因其对自己的安全性要求要高于时效性，因此，其信息流的处理相对复杂一些，特别是涉及跨国、跨行的国际间汇款的时候，这种情况就会表现得更为明显。信息的处理过程可能会由于汇出行和汇入行的差异变得极为复杂。

但随着国际间银行业的交流越来越多，相互间的业务更为频繁，这种现象在世界各国银行的一致努力下，正在逐渐好转。

汇兑系统的汇兑过程如图 6-9 所示。

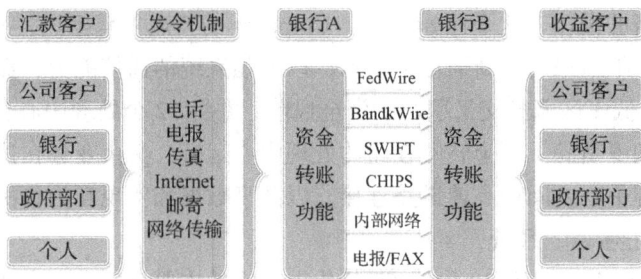

图 6-9　汇兑系统的汇兑过程

如图 6-10 所示，汇兑系统的汇兑过程发生在汇款客户和最终的收益客户之间。汇款客户可以是公司客户、政府部门、银行，也可以是个人。汇款客户可以采用多种手段来启动一项汇兑业务，它可以通过电话、电报、传真、邮寄，当然现在最方便的方式是通过网络的方式来启动。

当一项汇兑业务启动后，我们在汇出行和汇入行之间，可以通过不同的信息传输渠道来进行信息的传输。这其中，涉及了通信系统、资金的划拨系统以及资金的清算系统。通信系统如SWIFT，是最常用的国际间的银行业通信系统。在美国，CHIPS 是最常见的资金划拨系统。至于资金的清算，较为复杂，若涉及不同的国家和银行就更为复杂。一般各国都有自己的清算系统，如上面所说的美国的 FedWire。

在经过一系列的资金和信息的处理过程之后，资金才会从汇款客户账户到达收益客户的账户上。

2. 非跨国大额汇兑信息流程实例

下面以一个具体的例子，说明汇兑过程（参照图 6-10 所示的汇兑流程）。

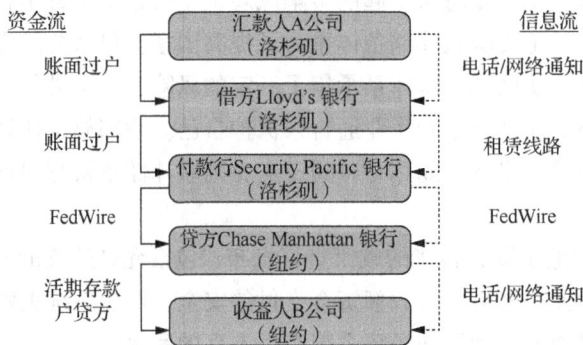

图 6-10　非跨国汇兑业务的汇兑流程

例如，洛杉矶莱斯（Lloyd's）银行的客户 A 公司，要求该银行代为支付 100 万美元给纽约大通曼哈顿（Chase Manhattan）银行的客户 B 公司。Lloyd's 银行接到这个请求后，根据它与收款银行之间的关系情况，有许多不同的做法。由于 Lloyd's 银行和 Chase Manhattan 银行之间并非往来银行，需通过另一个与它们都有往来的第三者协助处理。例如，Lloyd's 银行和 Chase Manhattan 银行均与太平洋安全（Security Pacific）银行有往来关系，而且 Chase Manhattan 银行与 Security Pacific 银行均为 FedWire 的会员银行。

在这种情况下，资金调拨过程涉及 3 个银行。

Lloyd's 银行接到客户 A 公司的汇款指令并验明无误后，借记 A 公司的活期存款账户，并把该汇款指令通过租赁线路传送给 Security Pacific 银行。

对这两个银行之间的账面过户后，Security Pacific 银行通过 FedWire 将 100 万美元汇至 Chase Manhattan 银行，并说明该款项的收款人为 B 公司。

Chase Manhattan 银行收到该款项后，即将其转入客户 B 公司的活期存款户头中，并通过电话或自身的企业银行系统通知客户 B 公司该笔汇款已到账。

3. 跨国大额汇兑信息流程实例

如果一笔汇兑业务涉及了跨国的银行，相对的其信息流和资金流的过程就会较为复杂，而且在不同的银行之间，其复杂程度也会有所不同。因此，即使在相同的两个城市之间进行国际间的汇兑业务，也会产生不同的信息流程和资金流程。

如图 6-11 所示，旧金山 A 公司是 Lloyd's 银行旧金山分行的客户，它欲从在德国柏林的 A 分公司（它是 Deutschbank 的客户）转来一笔款项。Deutsch bank 柏林分行收到旧金山 A 公司发出的这笔汇款指令，通知柏林 A 分公司，并通过 SWIFT 将这笔资金转汇到在柏林总行。Deutsch bank 柏林总行通过 SWIFT 通知纽约的花旗银行（Citibank），于是这两个银行间发生一笔资金转账。纽约的花旗银行通过内部结算，将这笔款项转到洛杉矶的花旗银行，洛杉矶花旗银行通过 CHIPS 系统将这笔资金转汇到洛杉矶的 Security Pacific 银行总部。后者通过租赁线路将该笔资金再转汇至洛杉矶的 Lloyd's 银行。Lloyd's 银行经其旧金山分行将这笔资金转入旧金山 A 公司的账户中，至此才完成这笔国际汇兑。

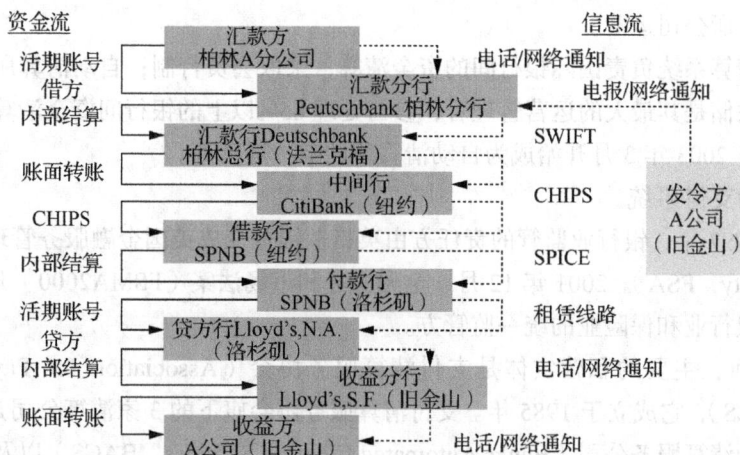

图 6-11 跨国汇兑业务的汇兑流程

6.3.5　其他电子汇兑系统

1. 美国的主要支付系统

美国的支付系统由美国中央银行投资开发和直接经营管理。在操作上，美联储除了制定必要的规章制度、行业标准之外，还具体经营票据交换和资金清算网络。

中央银行直接经营管理模式的优点是便于美联储及时掌握商业银行的资金运营状况，分析全国经济形势，制定各项金融政策。美联储和其他市场参与方多年致力于强化支付系统，增加处理效率，减少风险。

在美国，许多金融机构或公司都可以提供支付清算服务，有大量的支付工具和清算方式可供金融机构和其客户选择。监管这些金融机构和公司支付清算活动的法律框架十分复杂，全国和地区级联储可以同时对本地区的金融机构进行监管。美国金融市场的规模和复杂性使银行系统、货币和资本市场以及相关衍生产品市场上的支付和清算相互依赖、相互影响。

美国的支付系统采用 5 个并行的系统，3 个清算层次。

5 个支付系统分别如下。

（1）票据交换清算系统；

（2）联储大额资金清算系统；

（3）国际资金清算系统；

（4）自动清算所；

（5）清算所电子资金网络。

3 个清算层次如下。

（1）联储 12 个区行之间的全国资金清算层；

（2）每个区行内的资金清算层；

（3）商业银行中代收代付的资金清算层。

票据交换清算系统负责全国范围的票据交换，联储在全国 12 个区设立 48 个清算点进行票据资金清算，属于区内的在区内清算，凡是跨区的则再交换到其他清算点清算；大额资金清算系统实时处理国内大额资金划拨业务，并逐笔进行资金清算。

美国有两个主要的大额支付转账系统：一个是 FedWire，由美联储运营；另一个是 CHIPS，由行间支付清算所公司运营。

国际资金清算系统负责国际银行间的资金清算，采取会员行制；自动清算所属于小额资金清算系统，美联储是其最大的运营管理者，参与处理 85% 以上的银行间资金清算业务。清算所电子资金网络自 2003 年 3 月开始成为自动清算所的唯一运营商。

2. 英国的支付系统

在英国，1997 年，银行业监管的责任方由英格兰银行变成英国金融服务管理局（Financial Services Authority，FSA）。2001 年 12 月，金融服务和市场法案（FSMA2000）开始生效，FSA 成为证券业、银行业和保险业的统一监管方。

在支付方面，主要的私营实体是支付清算服务协会（Association for Payment Clearing Services，APACS），它成立于 1985 年。支付清算服务协会旗下的 3 家清算公司是 CHAPS 清算公司、银行自动清算服务公司（Banks Automated Clearing Services，BACS）以及支票和信用卡清算有限公司。

大多数高额支付通过 CHAPS 清算公司的 RTGS 系统完成，该系统提供两个独立的清算渠道：一个清算英镑，另一个清算欧元。而从 2001 年 8 月开始，随着 New CHAPS 项目的完成，英镑和欧元开始在相同的技术平台（基于 SWIFT 的金融应用服务）下运行，这使成员行可以利用中央调度程序管理流出资金，并且通过"查询连接"设备获得实时开支流信息。

余下的两个公司的清算系统属于小额支付系统。其中，BACS 系统提供自动清算服务，处理电子支付委托，主要是英镑委托和国内欧元业务。支票和信用卡清算有限公司则在英格兰、威尔士和苏格兰处理支票等纸质票据和银行汇划转账交易。这两个清算系统都有双接口，允许直接的结算成员和间接的参与者一起参与交易。

在支付系统中，英格兰银行的作用主要体现在以下几个方面。

（1）主要 3 家清算公司，在 4 个公司的董事会中派有代表，而且规定，只有在英格兰银行开立了往来账户的商业银行才能参加这 4 个公司的资金清算活动，即成为会员行。

（2）非会员行则要通过会员行进行间接清算。

（3）英格兰银行是整个清算系统的间接控制者，它控制着 RTGS 处理器，以实时支付结算英格兰银行的账户。

（4）为了平稳地通过 CHAPS 系统进行支付，英格兰银行通过回购协议使 CHAPS 成员银行具有当日内额外偿债能力。英格兰银行还负责英国支付系统的监管工作，以减少风险。

6.4 国际汇款的基本方法和操作

近年来，越来越多的国人将孩子送到国外去上大学或者读研读博，更有甚者，在孩子上高中或者初中的时候就将孩子送出国门。

同时，为了学习国外的先进经验，国家留学基金管理委员会每年组织很多项目，资助数以千计的教师作为访问学者出国考察、进修。

这些人员，他们既不属于旅游者，也不属于移民者。旅游者在国外的时间相对较短，半个月到 2 个月之间，一般会在出国的时候带上足够的现金或者进行刷卡消费。而移民者一般可以在国外找工作，可以有工资收入来维持日常的消费。但是对于上述的学生和访问学者而言，他们在国外的时间一般是半年到两年，甚至是 4 年，而他们是不允许在国外找工作的，因此他们的经济来源一般还是在国内。

但是，对于出国人员，一般我国的限制是最多可以携带 1 万美元出境，这些钱可能不足以负担他们在国外的花费，这时他们就需要从国内汇款到国外。

另外，目前我国在外务工和做生意的人也越来越多，这些人会将在国外的收入，通过汇款的方式汇到国内的家人手中。皮尔研究中心的一项研究表明，中国已经成为美国第二大接收汇款的国家，仅次于墨西哥。

因此，我们有必要了解一下国际汇款的方式和方法。说到国际汇款，你最先想到的可能就是西联汇款，然后才会想到一些其他的方法。

其实向国外汇款的方式有很多，但是为方便起见，也为了减少大家的选择困难，在这里，主要介绍西联汇款。

1. 西联汇款的发展简史

国际汇款公司（简称"西联汇款"）成立于1851年，那时名为纽约和密西西比流域印刷电报公司。1856年，正式更名为西联电报公司。1871年，引入西联汇款业务（Western Union Money Transfer®），该业务从此成为公司的主要业务。西联汇款的营业厅也遍布全球各地，如图 6-12所示。

图 6-12　西联汇款营业厅

除此之外，在1982年它还是全球唯一一家拥有5颗在轨卫星的公司。随后在1992年启动了 Western Union® Money Order SM 服务，能够让客户快捷方便地获得资金。到1996年，其在科罗拉多州的英格伍德成立了北美总部，并在巴黎、维也纳等地设立了新办事处。它的事业飞速发展，1998年已发展到在全世界拥有50 000个合作网点。

通过启动万维网站，西联汇款进入了一个崭新的具有历史意义的黄金时代。到2005年，在西联金融服务公司总裁 Christina Gold 的带领下，它在全世界的合作伙伴（加上子公司 Orlandi Valuta 的）已超250 000个。

2006年，西联汇款终止了在历史上非常重要的电报服务，并成功地完成了转型。

西联汇款是美国财富五百强之一的第一数据公司（FDC）的子公司，是世界上领先的特快汇款公司，现在总部在美国科罗拉多州恩格尔伍德市，主要业务为国际汇款。

西联汇款拥有全球最大最先进的电子汇兑金融网络，代理网点遍布全球近200个国家和地区，在全世界拥有超过4 800 000个合作网点，并且仍在不断扩展来为更多的客户提供服务。

目前西联汇款在我国有很多的合作银行，人们只要到合作银行的网点，就可以办理西联汇款的业务。主要的合作银行大致如下：中国银行、中国邮政储蓄银行、中国农业银行、中国光大银行、浙江稠州商业银行、吉林银行、哈尔滨银行、福建海峡银行、烟台银行、温州银行、徽商银行、上海浦东发展银行和中国建设银行等。

当你进入西联汇款的网站之后，系统会自动判断你所在的位置，这时你可以选择输入邮政编码。

进入图 6-13 所示的西联汇款主页，单击"查找位置"来寻找在附近的西联汇款的合作银行，之后，系统会出现查找位置的页面。然后，我们只要选择一个自己喜欢的合作银行，就可以去那里办理西联汇款的业务了。

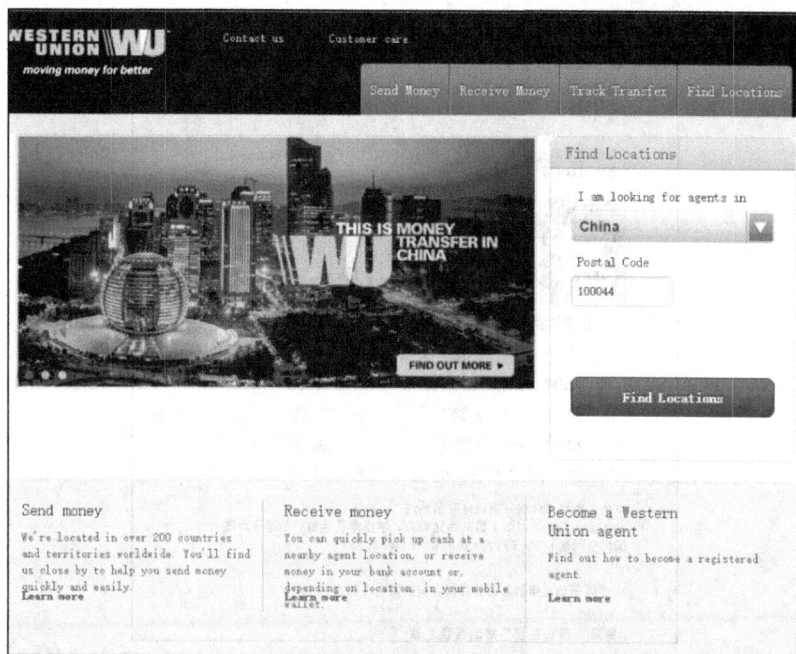

图 6-13　西联汇款主页

2. 西联汇款的费率、附加费以及限额

西联汇款会根据汇出地和汇入地的不同，给出不同的汇款费率，具体如表 6-1 所示（如有变动，请查询西联汇款主业）。

表 6-1　　　　　　　　　　　　　西联汇款的费率表

汇往非洲除外		汇往非洲	
发汇金额（美元）	手续费（美元）	发汇金额（美元）	手续费（美元）
500.00 以下	15	50.00 以下	13
500.01～1 000	20	50.01～100	14
2 000.01～5 000	30	100.01～200	21
5 000.01～7 500	40	200.01～300	27
		300.01～400	32
		400.01～500	37
		500.01～750	42
		750.01～1 000	47
		1 000.01～1 250	55
		1 250.01～1 500	60
		1 500.01～1 750	70
		1 750.01～2 000	75
		2 000.01～2 500	85

汇往非洲的汇款，超过 2 500 美元，每增加 500 美元或其零数，加收 20.00 美元

另外，如图 6-14 所示，对于一些附加的服务，西联汇款会收取一定的费用。以下是几项主要的附加服务。

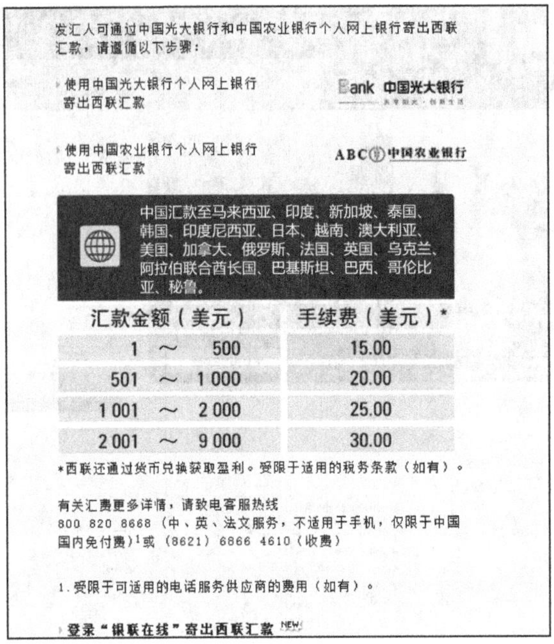
发汇人可通过中国光大银行和中国农业银行个人网上银行寄出西联汇款，请遵循以下步骤：

使用中国光大银行个人网上银行寄出西联汇款

Bank 中国光大银行

使用中国农业银行个人网上银行寄出西联汇款

ABC 中国农业银行

中国汇款至马来西亚、印度、新加坡、泰国、韩国、印度尼西亚、日本、越南、澳大利亚、美国、加拿大、俄罗斯、法国、英国、乌克兰、阿拉伯联合酋长国、巴基斯坦、巴西、哥伦比亚、秘鲁。

汇款金额（美元）	手续费（美元）*
1 ～ 500	15.00
501 ～ 1 000	20.00
1 001 ～ 2 000	25.00
2 001 ～ 9 000	30.00

*西联还通过货币兑换获取盈利。受限于适用的税务条款（如有）。

有关汇费更多详情，请致电客服热线
800 820 8668（中、英、法文服务，不适用于手机，仅限于中国国内免付费）[1]或（8621）6866 4610（收费）

1. 受限于可适用的电话服务供应商的费用（如有）。

登录“银联在线”寄出西联汇款 NEW

图 6-14 西联汇款手续费说明

按址投需要多付 13.00 美元，而电话/电报通知要收 3.00 美元。至于附言，最低收费 2.00 美元，10 个字内按 2.00 美元收费，超过 10 个字每个字加收 0.20 美元。

由于我国的具体情况，如果是国外往我国汇款，不同的国家和地区会有不同的收费标准，但欧美国家大概都会比同等级的贵 5～15 美元。这个要看具体是从哪个国家汇款过来的。

至于限额部分，具体情况会有一些差别，但一般情况下发汇限额是根据对方国兑付限额规定和中国外汇管理政策的规定执行。我国个人外汇出口限额为每人每次 2 000 美元（现已放宽额度。中国农业行银行最高发汇额为 9 000 美元，光大银行最高发汇额为 9 000 美元。详情需要具体询问发汇网点）。

3. 西联汇款的特点及优缺点

在国内，西联汇款的代理网点已遍布全国各省，而且还在不断增加。对于西联汇款来说，其优点十分明显。

（1）安全。西联全球安全电子汇款系统确保每笔汇款的安全。

（2）可靠。西联全球安全电子汇款系统确保每笔汇款的安全，并有操作密码和自选密码供核实，使得汇款会在很快时间内全部如数、安全地交付到指定的收款人手中。

（3）快捷。西联汇款手续简单。它利用全球最先进的电子技术和独特的全球电子金融网络，即时在全球近 200 个国家和地区处理汇款。在很短时间内收款人即可如数收到汇款。

（4）方便。西联汇款的代理网点遍布全球各地，代理点包括银行、邮局、外币兑换点、火车站和机场等。

（5）西联汇款是先收钱后发货，对商户最有利。

（6）简单。汇款人只需要填写汇款单据，无须事先设立银行账户。

（7）实在。收款人在收取汇款时无须缴纳任何额外费用。

西联汇款虽然十分方便，具有安全、快捷、简单实在等优点，但是也存在着一些缺点，具体如下。

（1）汇款手续费按笔收取，对于小额汇款收的手续费高。

（2）缺少中间的信用环节，只要汇款方发出汇款，收款方就可以直接提取汇款。

（3）属于传统型的交易模式，不能很好地适应新型的国际市场。

（4）不支持国内汇款，只支持国际汇款。

4．西联汇款的具体操作流程

人们通过西联汇款可以在全球大多数国家的西联汇款的代理点汇款和收款等，可按照下面提供的方法办理西联汇款业务。如果有不清楚的地方，可以登录西联汇款的网站或直接联系其美国客户服务部。

（1）汇款。西联汇款的汇款方式十分简单，既不要求收款方的银行账号，也不要求汇款方的银行账号。在西联汇款，汇款方只需要提供收款方的姓名和住址，其他的都不需要就可以完成汇款。但是，如果是你要接收对方用西联汇款给你发过来的汇款，你还需要知道对方的姓（First Name）和名（Name），以及汇款发出的国家和币种。汇款时按照如下程序办理即可。

① 汇款人到西联汇款的代理点，填写汇款单。在填写的时候，要注意填写以下内容。如果是从美国往中国国内汇款，那么填写时对"汇款来自"填"USA"，"汇款币种"填"USD"，汇款监控号码按实际情况填写就行。

对"是否收汇转存"，如果要存取到你的银行账号就勾选"是 YES"，否则勾选"否 NO"，"是否转成人民币"则可根据你的需要来进行填写，如果不需要转存的话下面的账号及账号名称就不用填写。如果你使用 Google 网站汇款的话，可以按照表 6-2 所示的方式填写。

表 6-2　　　　　　　　　使用 Google 网站汇款时各栏目的填写内容

栏目类别	栏目	填写内容
收汇人	名	填名字的拼音
	性别	男性填 Male 或 M，女性填 Female 或 F
	父姓	填你的姓，如果是跟母亲姓的话就不填
	母姓	如果是跟母亲姓的话就填，否则不填
	出生日期	月/日/年，月日应为两位数字，不足两位在前补 0，年份是 4 位数
	出生国家	可以填"China"或"Zhongguo"
	证件类型	填"ID card"或"Shenfenzheng"
发汇人	名	不用填
	姓	Google Inc
	母姓	不用填
	国家	USA
	省	CA
	城市	Mountain View
	地址	1600 Amphitheatre Parkway
	邮编	94043
	电话号码	（650）2534000

要注意的是，收汇人的其他栏目根据实际情况用英文或拼音填就可以，但是不能用汉字。整张单除了最后的签名，其他都不能用汉字。如果在美国有具体的住址，那就按照实际的住址来填写。如果要兑成人民币的话还要填一张"个人外汇兑换水单"，填好姓名、证件号码然后在"银行买入

金额"里填好要兑的金额即可，如 USD500.88。注意，这样一共需要两张有效证件的复印件。

如果你要从中国汇款到美国，那么可以按照图 6-15 所示的方式填写汇款单。如果有问题，可以随时询问工作人员。

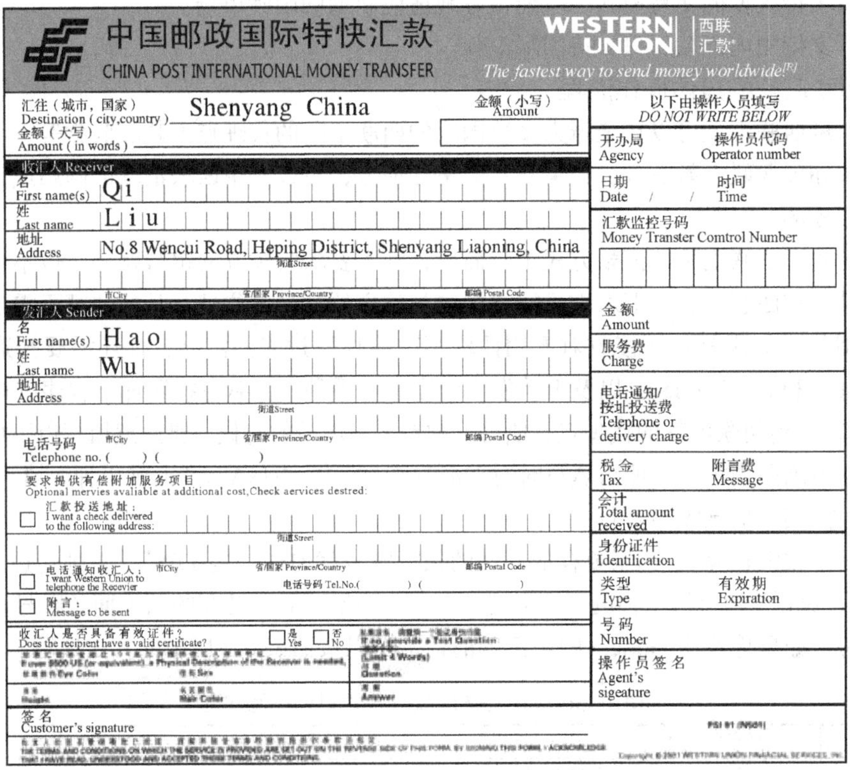

图 6-15　中国邮政的西联汇款的汇款单

② 将填妥的表格、款项以及外汇局规定的相应凭证交给操作人员，并支付汇款的费用。

③ 手续完成之后，进行签名并收妥收条（《发汇单》第一联）。

拿到操作人员给你的货币转账监控号（Money Transfer Control Number，MTCN），这个监控号十分重要，在收汇人领取汇款的时候要用。

④ 如需修改汇款指示或退汇，由汇款人提交申请后办理。这样，汇款的工作就完成了。

（2）收款。对于西联汇款来说，取款相对简单和方便，在取款之前，你需要具备如下的资料。

第一个是汇款人的姓/名/地址。

第二个是收款人的姓/名/城市/国家（与身份证一致）。

第三个就是 MTCN　（汇款时的监控号，10 位数）。

第四个是汇款金额，当然由于手续费等问题，汇款金额不用十分精确。

在具有以上的基本信息之后，你就可以按照以下的流程到就近的西联汇款的代理点去办理取款手续了，具体步骤如下。

① 收款人接到收汇通知后，认清西联汇款标识，前往就近的西联汇款网点办理领汇手续。

② 收款人填写《西联汇款收汇单》；按照收汇单的要求将收汇单填好，如图 6-16 所示。

③ 操作人员核实收款人身份证明和密码无误后，将汇款付给收款人。

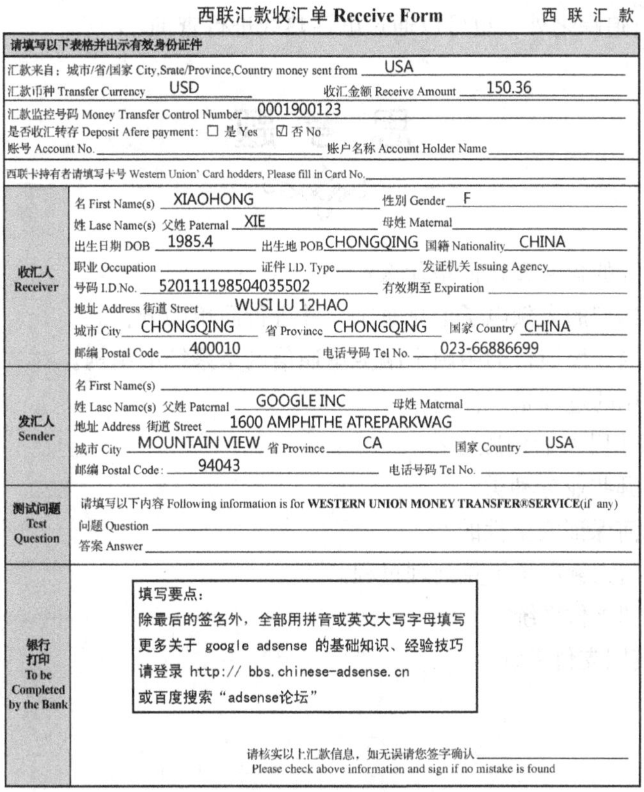

西联汇款收汇单 Receive Form　　西 联 汇 款

请填写以下表格并出示有效身份证件

汇款来自：城市/省/国家 City,Srate/Province,Country money sent from USA
汇款币种 Transfer Currency USD　收汇金额 Receive Amount 150.36
汇款监控号码 Money Transfer Control Number 0001900123
是否收汇转存 Deposit Afere payment: ☐ 是 Yes ☑ 否 No
账号 Account No.　账户名称 Account Holder Name
西联卡持有者请填写卡号 Western Union' Card hodders, Please fill in Card No.

收汇人 Receiver
名 First Name(s) XIAOHONG　性别 Gender F
姓 Lase Name(s) 父姓 Paternal XIE　母姓 Maternal
出生日期 DOB 1985.4　出生地 POB CHONGQING　国籍 Nationality CHINA
职业 Occupation　证件 I.D. Type　发证机关 Issuing Agency
号码 I.D.No. 520111198504035502　有效期至 Expiration
地址 Address 街道 Street WUSI LU 12HAO
城市 City CHONGQING　省 Province CHONGQING　国家 Country CHINA
邮编 Postal Code 400010　电话号码 Tel No. 023-66886699

发汇人 Sender
名 First Name(s)
姓 Lase Name(s) 父姓 Paternal GOOGLE INC　母姓 Maternal
地址 Address 街道 Street 1600 AMPHITHE ATREPARKWAG
城市 City MOUNTAIN VIEW　省 Province CA　国家 Country USA
邮编 Postal Code: 94043　电话号码 Tel No.

测试问题 Test Question
请填写以下内容 Following information is for **WESTERN UNION MONEY TRANSFER®SERVICE**(if any)
问题 Question
答案 Answer

银行打印 To be Completed by the Bank
填写要点：
除最后的签名外，全部用拼音或英文大写字母填写
更多关于 google adsense 的基础知识、经验技巧
请登录 http:// bbs.chinese-adsense.cn
或百度搜索“adsense论坛”

请核实以上汇款信息，如无误请您签字确认
Please check above information and sign if no mistake is found

图 6-16　光大银行的西联汇款的收汇单

（3）跟踪汇款。当汇款发送完成之后，你就可以登录西联汇款的网站进行在线的跟踪和查询。在查询的时候，需要输入监控号以及收汇人的姓和名，具体如图 6-17 所示。

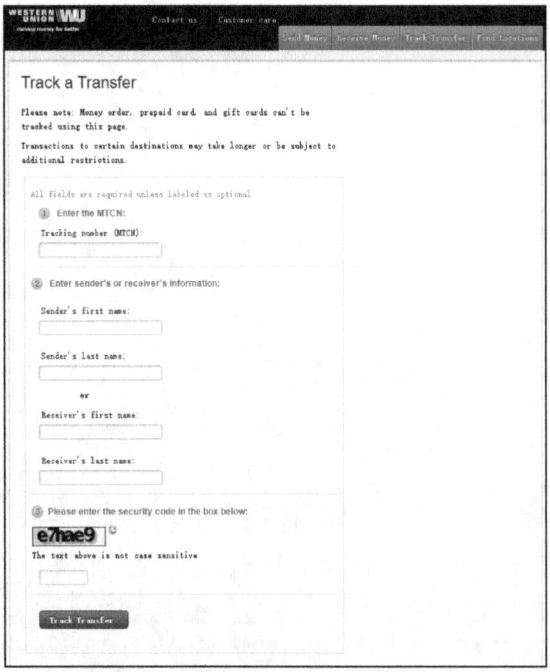

Contact us
Customer care
Send Money
Receive Money
Track Transfer
Find Locations
Track a Transfer
Please note: Money order, prepaid card, and gift cards can't be tracked using this page.
Transactions to certain destinations may take longer or be subject to additional restrictions.
All fields are required unless labeled as optional
1 Enter the MTCN:
Tracking number (MTCN):
2 Enter sender's or receiver's information:
Sender's first name:
Sender's last name:
or
Receiver's first name:
Receiver's last name:
3 Please enter the security code in the box below:
e7hae9
The text above is not case sensitive
Track Transfer

图 6-17　西联汇款的查询和追踪界面

除了在网上进行追踪之外，也可以通过电话热线进行查询。

思考题

1. 电子汇兑系统的含义和特征是什么？
2. 列举国内外典型的大额电子汇兑系统，并进行简单的分析。
3. 简单分析中国人民银行的中国金融卫星通信网络系统的结构。
4. 我国电子汇兑的过程是怎样的？
5. SWIFT 提供了哪些通信服务？
6. CHIPS 包括哪些业务种类？
7. CHIPS 是如何保证安全性的？
8. 简单描述美国大额电子汇兑处理过程。
9. 简单介绍欧洲支付系统。
10. 简单介绍英国支付系统。

第三方支付 第7章

【学习目标】

- 了解第三方支付的概念，掌握第三方支付的3种模式。
- 了解支付宝的主要产品及服务。
- 了解拉卡拉的主要产品及服务。
- 了解首信易支付的主要产品及服务。

【引导案例】

支付牌照再减四张 强监管下第三方支付加速洗牌

2018年1月，中国人民银行官网公布了第五批非银行支付机构《支付业务许可证》的续展结果，其中21家机构顺利续期，又有4家支付机构未获续展。至此，经过五批支付牌照续展后，中国人民银行总共已注销28张支付牌照，支付牌照剩余243张。

业内人士表示，在强监管基调下，第三方支付市场已出现明显洗牌和整合的迹象，市场的继续调整在所难免。在没有竞争力的支付机构被逐步淘汰之后，寡头垄断格局将更为凸显。

强监管一方面体现在监管层对支付牌照的发放和续展更为审慎，另一方面也体现在监管层对违规第三方支付机构处罚"毫不手软"上。统计数据显示，2017年中国人民银行对第三方支付市场机构共开出109张罚单，累计金额共计2 819.83万元，约为2016年34张罚单数量的3倍。

在牌照收紧、罚单频开的背景下，越来越稀少的支付牌照变得更为炙手可热。据中国支付网不完全统计，2017年总共发生了21起行业收购事件。根据此前网贷之家公布的收购或拟收购第三方支付公司案例的统计，从价格来看，拥有互联网支付和银行卡收单业务资质的牌照价格较高，并呈逐年上升趋势；预付卡发行与受理业务资质牌照价格相对较低，但也基本在5 000万元至1亿元之间；拥有多个业务资质且本身业务发展较好的第三方支付牌照则价格更高。

在强监管风暴下，第三方支付市场已经出现洗牌和整合的迹象。中国人民大学重阳金融研究院高级研究员董希淼认为，支付行业的发展本身符合规模经济的规律，一个成熟的支付市场并不需要几百张支付牌照。"支付业务本身盈利性不高，支付是金融最基本的功能，大部分机构实际上是通过支付这个接口来获得相应的金融数据和客户流量的，由此间接地获得利润。"他表示，未来支付市场的竞争将更为充分，第三方支付机构领域也一定会出现进一步的调整和洗牌现象，一些小的支付机构会被市场所淘汰，行业的集中度将更高。

7.1 第三方支付概述

在信息高速发展的今天，第三方支付已经逐渐走进我们的生活，日常消费活动中随处可见第三方支付的影子。本节我们首先介绍一下什么是第三方支付。

7.1.1 第三方支付的概念

所谓第三方支付，就是通过与国内外各大银行签约，由具备一定实力和信誉保障的第三方独立机构提供交易支持平台。由独立的第三方平台作为中介，在网上交易的商户和客户之间作一个信用的中转，通过改造支付流程来约束双方的行为，从而在一定程度上缓解彼此对对方信用的猜疑，增加网上购物的可信度。在通过第三方支付平台的交易中，客户选购商品后，使用第三方平台提供的账户进行货款支付，由第三方通知商户货款到达、进行发货；客户检验物品后，就可以通知第三方平台付款给商户，第三方再将款项转至商户账户。

相对于传统的资金划拨交易方式，第三方支付可以比较有效地保障货物质量、交易诚信、退换要求等环节，在整个交易过程中，都可以对交易双方进行约束和监督。在不需要面对面进行交易的电子商务形式中，第三方支付为保证交易成功提供了必要的支持。因此，随着电子商务在国内的快速发展，第三方支付行业也发展得比较快。

中国的第三方支付产业，在整个国内电子支付业务中占据了很大的份额。2009年我国第三方支付市场交易规模达到5 845亿元，同比增长高达133%。同年7月，支付宝注册用户数正式突破2亿大关，中国成为全球最大的第三方支付市场。2010年3月，支付宝用户数突破3亿，中国第三方支付用户规模持续扩大。艾瑞咨询的数据显示，2011年第一季度，中国第三方网上支付的交易规模达到3 650亿元，同比上涨102.6%。而另一家调查机构易观的数据显示，第三方支付市场规模年底前将轻松突破1万亿元，2012年中国互联网在线支付市场规模有望达到1.6万亿元，在线支付规模持续保持增长。在2011年，中国人民银行分别在5月18日、8月29日及12月22日向27家、13家和15家国内知名的第三方支付企业颁发了运营牌照。至此，中国第三方支付的身份得到了正式的认可，这一里程碑事件进一步推动了中国电子商务的发展。

从2016年开始，国家对支付牌照的管理进行了强化，不断有牌照被注销。截至2018年7月，央行累计注销支付牌照33张，最新的支付牌照数量为238张。

7.1.2 第三方支付的模式

第三方支付不仅承担着信用中介的任务，而且还肩负着安全保障和技术支持的责任。根据支付流程不同，我国第三方支付平台大致可分为3种模式：虚拟账户型支付模式、网关型支付模式和多种支付手段结合模式。

1. 虚拟账户型支付模式

第三方支付的分类

这种类型的支付平台一般由电子交易平台独立或者合作开发，并与各大银行建立合作关系。凭借其公司的实力和信誉承担买卖双方中间担保的第三方支付平台，利用自身的电子商务平台和中介担保支付平台吸引商户开展经营业务。在这种支付模式下，付款人和收款人首先必须在第三方支付平台开立虚拟账户，付款人需要将实体资金转移到支付平台的支付账户中，这可以使用开通了网上银行功能的银行卡进行充值。当付款人发出支付请求时，第三方平台将付款人账户中相应的资金转移到自己的平台，然后通知收款人已经收到货款，可以发货。通过物流，付款人确认收货并在检验完毕后通知第三方支付平台，这时第三方平台才将临时保管的资金划拨到收款人账户中。最后收款人可以将账户中的款项通过第三方支付平台和实际支付层的支付平台兑换到银行的账户中保管。国内账户型第三方支付平台的典型代表是支付宝。

2. 网关型支付模式

（1）单独的网关型支付模式。网关型第三方支付平台没有内部交易功能，只是银行网关代理的第三方支付平台。所谓支付网关是连接银行内部的金融专用网络与公用互联网的一组服务器，其主要作用是完成两者之间的通信、协议转换和对数据进行加密、解密，以保护银行内部数据的安全。在这种模式下，支付平台只作为支付通道将客户发出的支付指令传递给银行，银行完成转账后再将信息传递给支付平台，支付平台将此信息通知商户并与商户进行账户结算。网上消费者的付款直接进入支付平台的银行账户，然后由支付平台与商户的银行进行结算，中间没有经过虚拟账户，而是由银行完成转账。在支付过程中，交易双方不能看到对方银行卡号码等支付信息，商品种类、规格等交易信息也不能让交易双方以外的人获取。国内网关型第三方支付平台的典型代表是快钱。

（2）由电子交易平台支持的第三方支付网关模式。随着电子商务的发展，网上购物越来越受到人们青睐，很多网关型支付模式也有了自己的电子商务平台网关。这种类型的在线支付企业进入时间早，又依附于成熟的电子商务企业，拥有坚实的后盾和雄厚的资金，占有了很多在网上进行买卖的客户源。其典型代表是首信易支付。

3. 多种支付手段结合模式

多种支付手段结合模式是指第三方电子支付公司利用电话支付、移动支付和网上支付等多种方式提供支付平台的模式。该种模式更多地是在其他方式（手机、终端等）上操作，而不是在计算机上。客户可以选择办理卡片进行购物、缴费等各种服务，还可在终端上选择相应的服务，或者是利用手机短信等进行相关操作。其典型代表是拉卡拉和嗖！付。

第三方支付的模式比较

4. 3 种模式的比较

以上 3 种模式各有各的特点，不同的模式其盈利方式，发展方向不同，且面临着不同的问题，如表 7-1 所示。

表 7-1　　　　　第三方支付系统模式比较

	账户型支付模式	网关型支付模式	多种支付手段结合模式
优势	承担中介职责，有客户资源，建立信用评价体系，可信度高	起步早，充分了解客户需求	方式多样，不用上网也可完成操作，风险低
客户	个人或中小型商户，面向 B2B、B2C、C2C	为中小型电子商务网站提供在线支付服务，面向 B2C	主要面向个人客户，主要提供线下服务
盈利	服务费、店铺费、商品展示费等	手续费+年费	手续费+会员费
问题	平台间竞争激烈，认证程序复杂，中介账户有资金滞留吸储嫌疑	单独网关型的收入主要是银行的二次结算获得的分成，一旦商户和银行直接相连，这种模式就会因为附加值低而最容易被抛弃	大部分是线下服务，若当地没有开通此服务或没有相关终端，则无法进行操作

续表

	账户型支付模式	网关型支付模式	多种支付手段结合模式
发展	加强与银行、物流、认证中心的合作，将信息流、资金流、物流整合在一起	提供多种增值服务，扩大自己的营销领域； 整合电子商务资源，发展成为以支付为基础的行业咨询公司	提供各式各样的增值服务，建立多种会员制，牢牢把握客户

支付网关主要有如下几种，列举的部分网上支付平台如表 7-2 所示。

表 7-2　　　　　　　　　　　网上支付平台一览表

模式	举例
账户型支付模式	支付宝 财付通 安付通 PayPal（贝宝） YeePay
网关型支付模式	快钱 北京首信易支付 云网支付
多种支付手段结合模式	拉卡拉 嗖！付 缴费易

通过以上阐述，我们对第三方支付的基本内容有了一个大概的了解。在接下来的篇幅中，将主要以具体的第三方支付实例展开讲述，并辅以实践应用指导，让读者真正会"用"这些支付方式。首先，我们介绍支付宝。

7.2 虚拟账户型第三方支付

本小节我们以大家熟悉的支付宝为例，介绍虚拟账户型第三方支付的相关功能与主要业务。

7.2.1　虚拟账户型第三方支付概述

虚拟账户型第三方支付模式是指第三方支付机构不仅为商户提供银行支付网关的集成服务，还为客户提供了一个虚拟账户。该虚拟账户可与客户的银行账户进行绑定或者对接，客户可以从银行账户等资金源向虚拟账户中充入资金，或从虚拟账户向银行账户注入资金。客户在网上的支付交易可在客户的虚拟账户之间完成，也可在虚拟账户与银行账户之间完成。

虚拟账户型第三方支付模式加快了资金清算速度，减少了使用银行支付服务的成本。虚拟账户型第三方支付模式不仅具有支付网关模式所具有的集中银行支付接口的优点，还解决了交易中信息不对称的问题。通过虚拟账户对商户和客户的银行账号、密码等进行屏蔽，客户和商户都不能互知对方的此类信息，由此减少了客户账户机密信息暴露的机会；同时，虚拟账户型第三方支付可为电子商务等交易提供信用担保，为客户提供了信用保障，由此解决了互联网支付的信用缺失问题。

当然，在具体业务操作过程中，在虚拟账户资金被真实转移到客户银行账户之前，资金是汇集并存放在第三方支付机构的银行账户中的，这导致该模式在客户交易资金管理上可能存在一定风险。

在虚拟账户型第三方支付模式下，虚拟账户是非常重要的，是所有支付业务流程的基本载体，根据虚拟账户承担的不同的功能，虚拟账户型第三方支付模式又可细分为"信用中介型虚拟账户模式"和"直付型虚拟账户模式"两类。

1. 信用中介型虚拟账户模式

在信用中介型虚拟账户模式中，虚拟账户不仅是一个资金流转的载体，而且还起到信用中介的作用。这里所谓信用中介，是指提供信用中介型支付模式的第三方支付机构将其自身的商业信用注入该支付模式中：交易发生时，先由第三方支付机构暂替客户保存货款，待客户收到交易商品并确认无误后，再由第三方支付机构将货款支付给商户。支付宝提供的虚拟账户支付服务就是典型的信用中介型支付模式的。

从信用中介型虚拟账户模式的发展来看，该模式有以下两个明显的特点。

（1）具有虚拟账户型第三方支付模式的所有功能，包括基于虚拟账户的资金流转、银行支付网关集成等。

（2）为交易提供了"信用增强功能"：传统的交易信用来自于买卖双方的信用，而在通过信用中介型虚拟账户模式实现的交易中，第三方支付机构在交易中不仅提供了支付功能，还融入了第三方支付机构的商业信用，这就大大增强了交易的信用，提高了交易的达成率。

2. 直付型虚拟账户模式

直付型虚拟账户模式交易流程较为简单，支付平台中的虚拟账户只负责资金的暂时存放和转移，不承担信用中介等其他功能。如果要实现直付型虚拟账户支付模式，商户和客户首先要在支付平台上设置虚拟账号，并进行各自银行账户与虚拟账户的关联。在交易过程中，支付平台根据支付信息将资金从客户银行账户转移到客户虚拟账户、再从客户虚拟账户转移到商户虚拟账户，并最终划付给商户的银行账户，整个交易过程对商户和客户而言，都通过虚拟账户进行操作并实现。提供直付型虚拟账户模式的第三方支付机构也很多，如国外知名的公司PayPal、国内的快钱等。

7.2.2 支付宝概述

支付宝（中国）网络技术有限公司（以下简称"支付宝"）是国内最大的独立第三方支付平台，由阿里巴巴集团创办。支付宝从2004年建立开始，始终以"信任"作为产品和服务的核心。它不仅从产品上确保客户在线支付的安全，同时让客户通过支付宝在网络间建立起相互的信任，为建立纯净的互联网环境迈出了非常有意义的一步。支付宝致力于为中国电子商务提供"简单、安全、快速"的在线支付解决方案。

支付宝就是一个基于信任的第三方支付平台。当商户和客户进行交易后，客户首先是把钱从自己的账户划拨到支付宝账户，而非直接交付给商户。只有当客户确认收货并满意后，才同意将支付宝账户的钱转给商户。这样，就有效地避免了网上交易的欺诈行为。

支付宝提出的建立信任、化繁为简、以技术的创新带动信用体系完善的理念，深得人心。在短短几年的时间内就为电子商务各个领域的用户创造了丰富的价值，成长为全球领先的第三方支付公司之一。

支付宝以稳健的作风、先进的技术、敏锐的市场预见能力及极大的社会责任感，赢得了银行等合作伙伴的认同。目前国内中国工商银行、中国农业银行、中国建设银行、招商银行、上海浦发银行等各大商业银行以及中国邮政、VISA 国际组织等各大机构均与支付宝建立了深入的战略合作伙伴关系。支付宝不断根据客户需求推出创新产品，成为了金融机构在电子支付领域最为信任的合作伙伴。

支付宝创新的产品技术、独特的经营理念及庞大的客户群吸引越来越多的互联网商户主动选择支付宝作为其在线支付体系。除淘宝和阿里巴巴外，支持使用支付宝交易服务的商户已经超过46万家，涵盖了虚拟游戏、数码通信、商业服务、机票等行业。这些商户在享受支付宝服务的同时，还形成了一个极具潜力的消费市场。

支付宝的飞速发展跟中国网民数和网络经济的高速增长密不可分。据中国互联网络信息中心（China Internet Network Information Center，CNNIC）发布的数据，2011 年 6 月月底，我国网民规模已经达到 4.85 亿人，2011 年年底超过 5 亿人，互联网普及率达到 36.2%。而支付宝用户数占到了网民总数的 62.5%，每 10 个网民中就有 6 个支付宝用户，更为重要的是这一市场仍在快速增长。

2011 年 5 月 26 日对支付宝来说是一个历史性的时刻，支付宝等其他 26 家企业正式获得了由中国人民银行颁发的第三方支付牌照。第三方支付牌照的颁发，标志着中国的第三方支付产业走上了法制化、正规化的道路，对于第三方支付未来的发展具有重大的意义。

7.2.3 支付宝的主要产品及业务

支付宝在以第三方支付为主业的基础上，为广大用户提供了优质多样的个性服务。主要有：支付宝实名认证服务、支付宝卡通、支付宝数字证书、支付盾、多元转账服务以及生活助手等，如图 7-1 所示。

图 7-1 支付宝业务功能

支付宝实名认证是一种身份识别服务。支付宝实名认证同时核实会员身份信息和银行账户信息。通过认证的客户就可以在淘宝网等众多电子商务网站开店、出售商品。其可增加支付宝账户拥有者的信用度。

支付宝卡通将客户的支付宝账户与银行卡关联，使客户不需要开通网上银行，就可直接在网上付款，并且享受支付宝提供的"先验货，再付款"的担保服务。

"支付宝卡通"具有以下特点。

（1）输入支付密码立刻充值或支付，不需开通网上银行。

（2）自动帮助用户完成实名认证，即刻可以成为收款账户。

（3）一个支付宝账户可以绑定多个银行和多张银行卡。

（4）在支付宝网站可随时查询银行卡内余额。

（5）实时提现，零等待。

支付宝数字证书和支付盾都是支付宝提供的安全保障策略。支付宝数字证书是通过采用数字签名技术，颁发给支付宝客户用以增强客户账户使用安全的一种数字凭证，并根据支付宝客户身份给予相应的网络资源访问权限。而支付盾则具有电子签名和数字认证的功能，保证了用户在网上信息传递时的保密性、唯一性、真实性和完整性。

支付宝作为大家的生活助手，其网络 24 小时支持还款，支持跨行、跨地区还款的很受用户青睐。用户登录支付宝后，选择需要还款的银行即可开始还款。根据相关部门的规定，信用卡内的钱以及充值到支付宝的余额不能用于还款，而如果使用支付宝还款失败，钱会在 3～5 天内退回到原卡，同时支付宝还提供了每月短信提醒功能，及时将还款提醒发送到用户手机、邮箱和旺旺，避免错过还款日造成损失。

在我们的日常生活中，水费、电费、煤气费、固话通信费等公共事业费用缴纳是通过银行或者相关公共事业单位的营业厅完成的，有时很不方便。

基于此，支付宝建立了支付宝公共事业缴费平台，利用互联网进行公共事业一站式缴费服务，它通过银行与缴费单位建立连接，支持更多地区和种类的缴费项目。

在这里重点阐述支付宝的多元转账服务，支付宝转账产品包括我要付款、我要收款、找人代付、代充、代扣、送礼金、交房租、AA 收款 8 个产品，为用户提供了一个安全快捷的转账平台。

（1）我要付款。这是支付宝提供的付款产品，基于用户对交易对方的信任，自愿付款给对方，用户单击"我要付款"后，款项就马上到达对方支付宝账户。每个支付宝认证账户有 10 000 元的免费转账额度、每日可转账 2 000 元，同时，若安装了数字证书，可将每日转账额度免费提升至 20 000 元。

（2）我要收款。这是通过支付宝向另一位用户发起收款的产品，只要对方有邮箱我们就可以向他（她）发起收款，对方付款后，款项将直接进入到用户的支付宝账户中。2017 年 2 月，支付宝将免费提现期延长至 2021 年 3 月。

（3）找人代付。是指当用户在网上购买商品后，可以找别人帮其完成网上付款。目前"找人代付"已支持多家商户，包括淘宝网等购物网站。

（4）代充。指用户可以帮其他支付宝账号充值。为保证用户的资金安全，客户每日只可以为同一个账户充值 3 次，每笔不超过 500 元。

（5）代扣。这是指支付宝根据用户设置的付款理由、付款金额、付款时间等信息，自动帮用户付款的产品。开通代扣后，支付宝会为用户自动扣款并及时通知用户。

（6）送礼金。这是支付宝付款产品的一种，用户只需要有朋友的邮箱或手机号码，立刻就可以给他（她）送礼金。

（7）交房租。这是支付宝付款产品的一种，只需要房东的邮箱或手机号码，用户就可以随时随地给房东付房租，方便快捷。

（8）AA 收款。这是支付宝收款产品的一种，当你和朋友一起聚餐聚会产生了费用后，你可以用 AA 收款向与会者发起收款，只需要有朋友名字，就可以轻松创建收款，把链接用 QQ、微博等发出去，然后把款项收回。

与此同时，支付宝还提供：账单自动提醒、账单自动代扣、打电话完成缴费等更丰富和人性化的服务，另外，也将继续新增如养路费、行政代收费、学费、有线电视费，交电费、水费等各种公共事业费用缴费，真正打造 "生活，因支付宝而简单！" 的网络时代生活理念。

7.2.4 国内其他账户型第三方支付

1. 财付通

财付通是腾讯公司于 2005 年 9 月正式推出的专业在线支付平台，致力于为互联网用户和企业提供安全、便捷、专业的在线支付服务。

财付通构建全新的综合支付平台，业务覆盖 B2B、B2C 和 C2C 各领域，提供卓越的网上支付及清算服务。针对个人客户，财付通提供了在线充值、提现、支付、交易管理等丰富功能；针对企业用户，财付通提供了安全可靠的支付清算服务和极富特色的 QQ 营销资源支持。

财付通是一个专业的在线支付平台，其核心业务是帮助在互联网上进行交易的双方完成支付和收款。在财付通的交易过程中，财付通附带的服务有用户财付通账户的充值、提现、支付和交易管理等。并且，对于企业用户，财付通还提供支付清算服务和辅助营销服务。除了传统的网上支付业务，财付通还提供信用卡还款业务、"财付券" 服务、生活缴费业务、影视博览、游戏充值、话费充值和彩票购买等有特色的服务。

财付通已通过中国国家信息安全测评认证中心的安全认证，成为国内首家经权威机构认证的电子支付平台。中国国家信息安全评测认证中心按照严格的认证程序，对财付通支付系统进行了全面审查，最终授予其一级安全认证资格。并且，目前用户使用财付通服务都是完全免费的。公司使用财付通为广大代理结算工资，可以让广大代理免手续费，安全、快速地收到奖金。

财付通首页如图 7-2 所示。

图 7-2 财付通首页

2. PayPal（贝宝）

PayPal（贝宝）成立于 1998 年 12 月，是美国 eBay 公司的全资子公司。PayPal（贝宝）利用现有的银行系统和信用卡系统，通过先进的网络技术和网络安全防范技术，截至 2006 年年底已在全球 103 个国家和地区为超过 1.23 亿人提供了安全便利的网上支付和账户管理服务。

　　PayPal（贝宝）提供网上转账、网上支付、在线销售收款等网络银行相关的服务，不过 PayPal（贝宝）本身并非网上银行，而是为用户使用网上银行提供更多便利的一种服务。为了进一步说明 PayPal（贝宝）的功能，这里有一个不一定很准确的比喻：PayPal（贝宝）相当于各个银行委托的网络银行业务代理人，用户可以把各个签约银行卡的资金转入 PayPal（贝宝）账户，通过 PayPal（贝宝）可以方便地向持有其他银行卡的用户转账付款，或者在网上销售时作为收款工具；当然，用户也可以随时从自己的 PayPal（贝宝）账户中将资金转到自己的银行卡账户中。所以，基本上可以理解为：PayPal（贝宝）相当于一个专业版的网络银行，与某个具体的网络银行的区别之处在于：PayPal（贝宝）这个"网络银行"可以处理多个银行的在线业务。

　　PayPal（贝宝）作为在线支付最早的开拓者之一，真正做到了安全、快捷、简单。

　　（1）安全。PayPal（贝宝）拥有先进的欺诈防护系统，能及时发现欺诈行为并预警。PayPal（贝宝）从不与买卖双方共享财务信息，同时采用 128 位 SSL 加密技术来确保用户数据的安全。独有的客户保护方案，高达人民币 2 000 元 ，最大限度地保护客户的利益。

　　（2）快捷。用户只要花费 1 分钟时间，就能通过 PayPal（贝宝）轻松地支付及收取交易款。

　　（3）简单。只需要拥有一个邮件地址，任何人或企业在互联网上就可通过 PayPal（贝宝）收取或者支付交易款项。

　　贝宝（PayPal）的主页如图 7-3 所示。

图 7-3　贝宝（PayPal）主页

3. YeePay（易宝）

　　YeePay（易宝）（北京通融通信息技术有限公司）是国内领先的独立第三方支付公司，是专业从事多元化电子支付一站式服务的领跑者。自 2003 年 8 月成立以来，一直致力于为广大商户和消费者提供"安全、简单、快乐"的专业电子支付解决方案和服务。

　　在立足网上支付的同时，YeePay（易宝）支付不断创新，率先推出电话支付，将互联网、手机、固定电话整合在一个平台上，使电子支付实现了"网上线下"全覆盖。并以随需应变、量身定制为原则，陆续推出了游戏、网上购物、教育考试等行业的专业电子支付解决方案。目前签约的合作商户包括：百度、搜狐、易趣、当当、慧聪、九城、盛大、完美世界、迅雷、南方航空、海南航空、深圳航空、四川航空、中国航信、中国联通、中国电信等知名企业。

　　YeePay（易宝）支付首倡"绿色支付，快乐生活"的理念。"绿色支付"的内涵是安全、便捷、低成本、高效率、创新、公益，其理念是：用"绿色支付"服务绿色商户，用绿色商户创造快乐生活；并为所有公益机构提供"零费率"政策，通过"绿色支付"推动网络公益发展，实现"人人可慈善"。其承诺"每完成一笔支付，将捐赠1分钱用于公益事业"，让每笔支付都具有人道的力量。

YeePay（易宝）支付的卓越服务得到了业界的广泛认可，自2005年正式开通服务以来，已经获得了包括"较好支付平台""中国互联网100强/创新50强""最可信赖电子支付品牌""电子支付创新奖""电子商务诚信企业奖"等30余个奖项。2007年10月，易宝支付和携程、海尔电子商务、中国人保等一起成为中国电子商务协会首批最高信用等级"AAA级信用企业"。

YeePay（易宝）支付平台的主页如图7-4所示。

图7-4　YeePay（易宝）支付主页

7.3 线下支付

除支付宝等线上支付形式外，第三方支付中也包含了最原始的线下支付。

7.3.1　线下支付概述

1. 线下支付的定义

线下支付是相对于网上支付来讲的。网上支付一般是通过第三方支付平台实现的，如支付宝、财付通、百付宝等。具体操作是客户先开通网上银行，再把一定资金通过本人许可转入支付平台上，在网络购物时，客户可以通过支付平台上的预留资金购买物品。

基本上不通过网上支付的都叫线下支付，具体方式有货到付款、邮局汇款、银行转账和当面交易等。货到付款是指商户可以通过快递等物流机构代为收取货款，以快递送货为例，当货物送达客户时，客户签收货物时需要把货款支付给快递公司，再由快递公司支付给商户。

邮局汇款和银行转账是指客户在与商户谈好购买价格后，可以通过商户提供的邮局账户或银行账户汇去物品货款。商户在收到货款的第一时间或限定时间内要向客户发货。客户收到货物并确认无误后，交易结束。

当面交易是指商户和客户在距离上比较近，或为了保证货物安全等，需要当面交付。同城交易基本上就是当面交易。

2．线下支付在中国支付体系中的定位

目前，国内的电子支付方式有 4 种，它们分别是：虚拟账户支付、网银支付、移动支付和线下支付，其中线下支付是为非现场消费提供的电子支付方式之一。我们认为，支付方式要符合中国国情，而中国电子商务的实际情况是可选的支付方式不能只满足一部分人的需求。

从总体来看，我国各地区经济水平、教育水平、信息基础设施建设、互联网普及率、参与电子商务的互联网用户的经济实力、计算机应用能力都不同，因此需要多元的支付手段和支付方式。从局部来看，参与电子商务的互联网用户大部分生活在北京、上海、广州、深圳等经济发达地区，但我国绝大部分人口并不是生活在上述城市。一些特定的消费群体有时也需要线下支付。

3．线下支付发展历史

我国线下支付起步于 2003 年，当时电信运营商开始探索线下支付的前身——同网支付的运营模式。具体来说，我国线下支付发展可以分为以下几个阶段。

第一阶段是固网支付的高潮阶段。从 2003 年到 2005 年，在电信运营商和银联的推动下，固网支付项目在全国推广，中国银联与当当网、携程网进行了试点合作；各家商业银行推出了自己的非 ATM 的支付和缴费终端；地方政府也开始推出自己的市政缴费终端。

第二阶段是市场的反思阶段。从 2006 年到 2007 年，由于前期的市场投放并没有收到预期的效果，市场各参与方开始反思固网支付的发展。拉卡拉正是在这个阶段开始进入市场的，线下支付也开始受到人们的关注。

第三阶段是线下支付市场开始独立发展的阶段。从 2007 年到 2008 年，前一阶段的固网支付项目开始退出市场，以拉卡拉为代表的线下便利支付模式开始逐步扎根。拉卡拉便利支付网络开始从北京、上海、广州等大城市走向全国，众多连锁便利店纷纷加盟。线下便利支付提供的服务也从传统的水电费缴纳、话费充值进一步扩展，信用卡还款、网络购物等新业务刺激了市场的增长。电子商务网站与线下支付企业的合作更加密切，这也给线下支付提供了更为广阔的空间。

第四阶段是线下支付方式走向成熟的阶段。在这一阶段，以拉卡拉为领头羊的众多第三方线下支付方式开始蓬勃发展。图 7-5 所示便是 2008—2015 年中国线下收单业务市场规模。

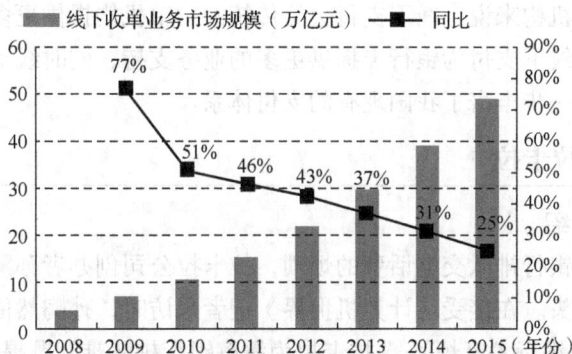

图 7-5　2008—2015 年中国线下收单业务市场规模

4．线下支付市场产业链整体分析

如图 7-6 所示，线下便利支付的整体业务可以看作是持卡人通过刷卡向商户进行支付，其中刷卡的账单系统和渠道由便利支付运营商和终端网点来构成，而结算则由中国银联和持卡人、商户账户所在银行完成。因此，在此产业链中，商户是最上游的环节；中间环节主要有各商业银行、中国银联、便利支付服务商、各类终端网点等；产业链下游的则是拥有各项支付需求的持卡人。

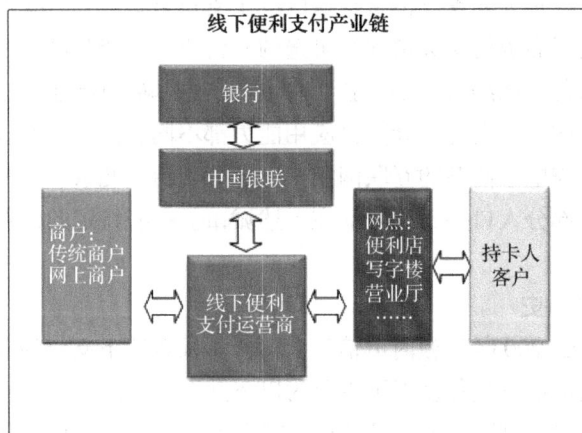

图 7-6　中国线下便利支付产业链图

另外，中国便利支付市场还承担部分金融业务，主要包括信用卡还款、转账以及查询等业务，与此相对应的产业链中则无商户环节，相应银行位于产业链上游环节。

综观整个产业链，有以下两点需注意。

（1）中国银联的中枢地位。中国银联的中枢地位源于中国金融行业的特征，在线下便利支付市场有明显体现。

（2）线下便利支付运营商的核心地位。与其他环节相比，线下便利支付运营商是唯一依存于该产业链的环节，即其生存和发展与该市场的生存和发展完全相关。因此，线下便利支付运营商也是该市场发展的最主要推动力，该市场的发展也将以此环节为核心。

5．线下支付带来的影响

线下支付属于电子支付的范畴，是基于便民的目的，在不同的零售终端或办公楼、住宅铺设的支付网络。对于百姓而言，线下支付带来极大的支付便利，并可通过支付的便利来提高生活的便利性。对于发单机构来说，线下支付会给传统的发单机构提供更多的选择。而对于中国支付体系的发展来说，线下支付为银行卡提供更多的业务支持，同时线下支付的大力发展吸引了众多商户的加入，进一步丰富了我国现有的支付体系。

7.3.2　线下支付之拉卡拉

1．拉卡拉公司介绍

由于受不了经常去银行排队交电话费的烦琐，拉卡拉公司创办者孙陶然萌生了提供更接近消费者的缴费终端的念头。在接受《计算机世界》记者采访时，孙陶然依旧为怎么交自己收到的交通罚单而苦恼，"去银行太麻烦了。"拉卡拉为缓解银行排队难问题提供了有效的解决方案。借助密布消费者身边的拉卡拉便利支付点，拉卡拉为用户提供了百步之内还款、付款、缴费、充值等多项金融服务。

拉卡拉开创了全新的电子支付方式。借助自主研发的"拉卡拉电子账单服务系统"，拉卡拉开创了革命性的"拉卡拉便利支付点刷卡支付"方式。这种支付方式具有安全、简单、方便、灵活的特点，是适合中国国情、深受中国网民尤其是高消费用户欢迎的电子支付方式。它也成为了淘宝网、携程网、盛大游戏等数百家知名电子商务企业必备的支付方式。

拉卡拉是便利店开展电子商务的强大平台。依托拉卡拉的技术系统，便利店能在"不需进货、不需配送、不需改造收银系统"的情况下，迅速开展多种电子商务，极大地丰富了便利店的销售品种，推动便利店进入 2.0 时代。拉卡拉总部位于北京，在上海、广州、深圳、成都、长沙等地设有分公司，在 32 个城市设有办事处。

从客户群体上看，拉卡拉针对的主要是这样的客户群：他们有稳定的刷卡消费需求，但不愿使用第三方在线支付，同时对银行排队等候有不良体验。在孙陶然的构想中，拉卡拉是一项便民金融支付服务，借助安装在超市、便利店、商场和写字楼的刷卡装置，客户可以轻松地缴纳各种费用，并及时得到支付回单。

目前拉卡拉的业务大致涉及 3 类：一是个人金融业务，如转账、查询、汇款等；二是电子支付业务，如给支付宝充值；三是便民金融服务业务，如水电煤气费的缴费、购买电影票等。拉卡拉首页如图 7-7 所示。

图 7-7　拉卡拉首页

2．拉卡拉的发展

拉卡拉成立于 2005 年 1 月，公司一经成立，就开始着手开发中国第一个电子账单服务平台。

2006 年 7 月，拉卡拉与中国银联合作推出"银联·拉卡拉"支付方式，开创了"网上购物，刷卡支付"的全新支付模式，并与中国电信、携程网、当当网等达成战略合作；同年 11 月，拉卡拉与中国银联签署战略合作协议，正式开始推广电子账单支付服务及银联标准卡便民服务网点。

2007 年 6 月，拉卡拉开始启动北京、上海地区拉卡拉便利支付点建设；同时，与上海联华快客集团签署独家合作协议，使上海地区 1 300 多家快客便利店成为拉卡拉便利支付点；同年 12 月，拉卡拉与深圳发展银行签署战略合作协议。

2008 年 1 月，拉卡拉与招商银行开始战略合作，双方在网点开发、业务创新、信用卡还款等领域开展紧密合作；同时，拉卡拉与深圳万店通便利店签署合作协议，开始进入深圳；同年 6 月，拉卡拉联合中国银联，迅速在全国所有便利支付点为中国青少年发展基金会开通了 5.12 大地震"零费率"公益捐款通道，在国内首次实现社会性公益捐助零费率刷卡支付模式；2008 年年底，拉卡拉已经抢得了市场先机。如图 7-8 所示，在 2008 年其市场份额就达到 43.1%，将其他竞争对手远远地甩在后面。恒信通易支付、易办事、东方海达、付费通这些区域型电子商务厂商分别占到 2.9%、2.6%、1.4%、1.4%的市场份额。而在整个线下支付市场中，还有 46%的市场被一些不知名的地方线下支付厂商分享。

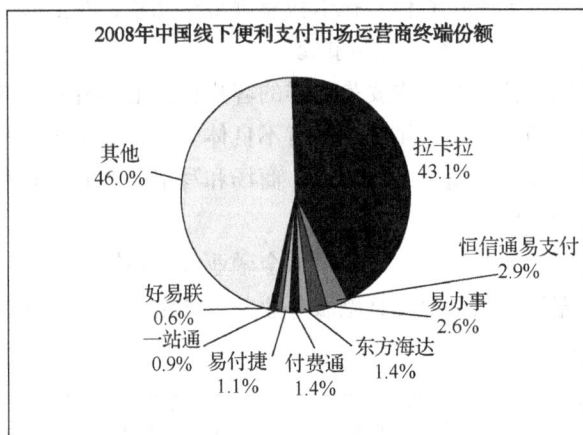

图 7-8　拉卡拉 2008 年的市场份额占有图

2009 年 1 月，拉卡拉与沃尔玛（中国）达成战略合作，拉卡拉便利支付点开始在 60 余个二线、三线城市布局；2009 年 9 月，拉卡拉完成在 38 个城市的完全覆盖、88 余城市布局，拉卡拉便利支付点达 3 万余个，月交易量达到 600 万笔，99%的品牌便利店已与拉卡拉达成战略合作，拉卡拉便利支付点已融入一线城市市民日常生活。

2010 年 7 月，拉卡拉与中国扶贫基金会在人民大会堂举办"人人可公益，让爱更便利"新闻发布会，宣布拉卡拉与中国扶贫基金会等慈善机构达成战略合作，联合推出拉卡拉便利公益捐款渠道，从此爱心人士只需在身边找到一台拉卡拉，便可方便地刷卡捐款；2010 年 9 月，拉卡拉与交通银行签署战略合作协议，双方在信用卡还款、电子账单支付等领域开始全面战略合作；2010 年 11 月，拉卡拉与北京市金融工作局、中国银联北京分公司在北京举办"拉卡拉助力'三通'工程暨便利支付进家庭"的新闻发布会，宣布拉卡拉成为"三通"工程指定运营商及终端提供方，从此北京市民就可通过身边的拉卡拉来缴纳水、电、煤气、固话、宽带等费用，真正缓解了公共事业费缴费难等问题。

2011 年 1 月，拉卡拉已在 230 多个城市开通了约 5 万个拉卡拉便利支付点，并进入了 5 万多个办公室、20 万户家庭。同时，拉卡拉除了遍布在大街小巷的便利店、超市、大卖场等公共场所外，其服务还以 ATM、电视刷卡遥控器、家用型拉卡拉刷卡机等多种形式存在，使我们实现便利支付。2011 年 5 月 26 日，拉卡拉获得中国人民银行颁发的首批《中华人民共和国支付业务许可证》，这是拉卡拉发展史上的一个重要里程碑，标志着拉卡拉从此正式踏入第三方支付企业正规军阵营。

但是，世界的发展日新月异，2014 年，移动支付的蓬勃发展，使得以前需要用专门的终端完成的事情，大都可以在手机端通过移动支付来完成了。拉卡拉依靠政策和技术壁垒也没能拦住这个趋势。按照易观统计的 2018 年第 1 季度市场情况，财付通与支付宝目前合计份额已经超过 92%，处于绝对的主导地位。尤其是孙陶然曾经觉得被他"甩得很远"的腾讯金融，其市场份额从不到 5%到 38%以上，且只用了 4 年时间。如图 7-9 所示。

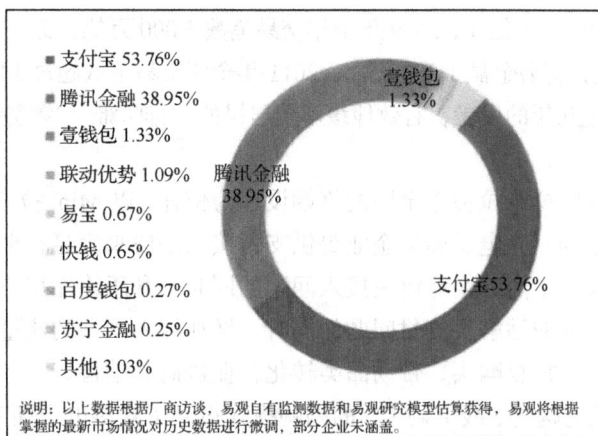

说明: 以上数据根据厂商访谈、易观自有监测数据和易观研究模型估算获得, 易观将根据掌握的最新市场情况对历史数据进行微调, 部分企业未涵盖。

图 7-9　2018 年第 1 季度移动支付市场份额占有图

但是, 拉卡拉在移动支付的大潮中还是保持住了自己曾经的位置, 2018 年移动支付企业排行榜的榜单显示, 2018 年移动支付十强企业分别是: 支付宝、财付通、云闪付、京东支付、拉卡拉收款宝、华为钱包、快钱、连连支付、壹钱包和翼支付。拉卡拉收款宝排在了第五位, 排在了云闪付和京东支付之后, 如图 7-10 所示。

排名	应用	公司名称
1	支付宝	支付宝(中国)网络技术有限公司
2	财付通	财付通支付科技有限公司
3	云闪付	中国银联股份有限公司
4	京东支付	北京京东叁佰陆拾度电子商务有限公司
5	拉卡拉收款宝	拉卡拉支付股份有限公司
6	华为钱包	华为软件技术有限公司
7	快钱	快钱支付清算信息有限公司
8	连连支付	连连银通电子支付有限公司
9	壹钱包	平安壹钱包电子商务有限公司
10	翼支付	天翼电子商务有限公司
11	百度钱包	百度在线网络技术(北京)有限公司
12	苏宁金融	苏宁消费金融有限公司
13	和包支付	中移电子商务有限公司
14	支付通 Qpos	北京海科融通支付服务股份有限公司
15	网易宝支付	网易宝有限公司
16	点刷	深圳市移付宝科技有限公司
17	易宝支付	易宝支付有限公司
18	汇付天下	汇付天下有限公司
19	付临门	付临门有限公司
20	全民付	北京全民付网络技术有限公司

图 7-10　2018 年移动支付企业排行榜

7.3.3　拉卡拉主要产品及服务

拉卡拉通过深挖用户需求, 创新了一系列产品和服务, 逐渐形成了 4 大业务: 便民金融、互联网服务、POS 收单和用户经营。

1. 便民金融

近年来, 拉卡拉一共投入了近 4 亿元人民币搭建了中国最大的便民金融服务网络, 目前已在国内 290 多个城市建设了 5 万多个便利支付点, 国内几乎所有知名连锁品牌店都安装了拉卡拉便利支付终端。拉卡拉已与中国银联及 50 余家国有商业银行和股份制银行建立了战略合作伙伴关系, 在还款渠道、电子账单支付、业务推广宣传等多个领域达成深度合作。现在拉卡拉月交易笔数 1 000 多万笔, 月交易金额超过 200 亿元。近几年, 拉卡拉发展很迅速: 2008 年, 拉卡拉全年交易笔数为1 420万笔，交易金额为73亿元；2009年全年交易笔数5 000万笔，交易金额为600亿元；2010年全年交易笔数1亿笔，交易金额1 500亿元；2011年全年交易笔数超过1.8亿笔，交易金额突破2 800亿元。拉卡拉经过几年的发展，有效地缓解了居民的"排队难""缴费难"问题。

2. 互联网服务

拉卡拉互联网服务以拉卡拉覆盖全国的终端设备为依托，以Mini拉卡拉家用刷卡机、拉卡拉超级盾为个人终端基础，为电子商务企业提供支付接入手段来满足拉卡拉2 000万用户的网购需求。拉卡拉为广大电子商务企业解决接入问题的同时，利用终端用户数据系统，提供精准数据库营销；为电子商务网站解决支付问题的同时，增加接入网站的流量及新客户数量；通过多种营销手段刺激老客户重复购买，带动品类转化，促进商品销售。

拉卡拉首创的"线上购物、线下刷卡"的网购模式得到了众多电子商务企业的支持和认可，目前已经有近千家的电子商务网站接入了拉卡拉支付方式，如淘宝网、财付通、尚品网、糯米网、驴妈妈等。拉卡拉可以帮助电子商务企业把客户付款变得更简单，有助于将客户购买意向变成消费行为。拉卡拉互联网服务还可以提供定制服务和联合营销，根据企业行业的特点及用户构成，提供产品技术、产品外观、接入服务、数据营销等全套定制解决方案。

拉卡拉互联网服务针对不同的电子商务行业及客户特点，制定行业接入标准并针对网购用户的技术解决方案及定制方案，为电子商务企业和客户搭建无缝接入服务，为中国电子商务行业发展贡献自己的力量。

3. POS收单

2011年，拉卡拉成为中国支付清算协会的第一批会员理事单位，成为首批拥有支付牌照的非银行金融服务机构。2011年5月26日，拉卡拉获得中国人民银行颁发的《中华人民共和国支付业务许可证》，正式获得银行卡收单业务许可。拉卡拉竭诚为发卡机构、特约商户、企业和广大持卡人提供优质、高效、安全、便捷的银行卡支付服务，努力提高企业的资金运转效率，创造企业的商业价值，满足社会公众对支付服务多元化和便利性的需求。

拉卡拉根据特约商户的特点，为其提供专业的支付解决方案。

（1）面向大型百货店、专业化大卖场、医院、连锁超市、连锁专卖店等类型商户提供基于收银机的强大的一体化银行卡支付系统，为特约商户提供简单、便利的支付服务。

（2）拉卡拉为全国性的商户提供统一的银行卡受理服务，实现特约商户资金归集的需求，便于商户和企业的资金管理。

（3）拉卡拉为特约商户提供会员卡系统受理服务，满足商户和企业对其会员的服务需求，降低商户和企业的成本投入。

（4）拉卡拉通过对受理终端和系统的定制，满足不同行业商户和企业的收款需求，实现信息和资金的管理以及业务数据分析。

4. 用户经营

通过与线上、线下商户进行合作，拉卡拉为用户提供特惠、团购、账单分期等多种增值服务，为用户创造消费增值。拉卡拉始终坚持"让支付更简单"这一经营目标，整合资源，不断创新，给用户以个性化的服务体验。

图7-11显示了目前拉卡拉主要的产品，我们可以看到，目前拉卡拉的产品线主要集中在便民金融和POS收单这两个方面。拉卡拉的核心竞争力，主要是品牌知名度、线下几万的机具以及与各便利店的合作关系。拉卡拉通过多年来打造的这些基础，主打的是智能POS系统，布局

的是企业收单的市场。拉卡拉率先推出互联网 POS+产品，支持"全支付""全受理"，并叠加贷款理财、便民支付等增值服务，满足商户开店的全方位需求。借助多年积累的品牌知名度以及收单行业竞争优势，互联网 POS+迅速成为智能 POS 行业的领军产品。

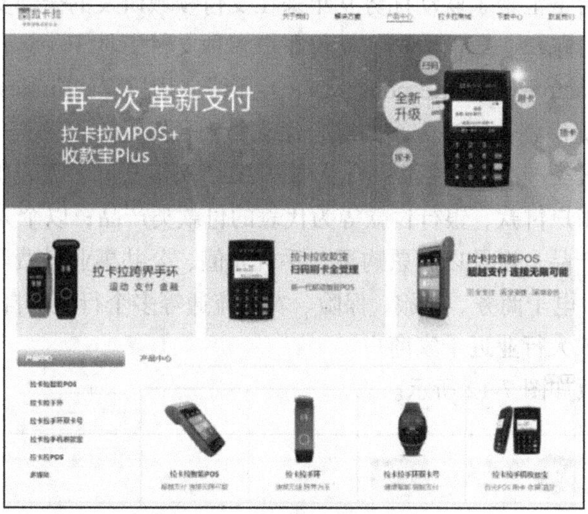

图 7-11　拉卡拉主要产品图

拉卡拉是业内首家打造全开放云服务平台的企业。坚持"全开放"原则，拉卡拉云平台以支付为核心，打通不同类型的服务，形成各种"服务云"，衍生无限可能的行业应用场景，让智能 POS 从工具变为入口，全面满足不同行业的商户和个人用户不断变化的需求。

拉卡拉在向个人用户和商户提供综合性金融服务的同时，将多年积累的海量大数据与征信模型相结合，不断完善平台的风控体系，从而保障相关业务的快速布局和发展。而用户大数据也能够"反哺"平台，为拉卡拉的业务和产品创新提供参考，从而使其更好地满足个人和企业用户的需求。

7.3.4　其他混合型第三方支付模式

1. U 付

"U 付"是北京联动优势科技有限公司（以下简称"联动优势"）为中国移动手机用户量身打造的电子支付工具。用户只需预先在"U 付"账户中预存一定的资金，便可通过手机、计算机等终端设备快捷、安全地完成购物、转账、缴费等移动支付操作。

联动优势是中国移动、中国银联的合资公司，成立于 2003 年 8 月。联动优势为中国移动用户提供"手机钱包""银信通""回缴款""空中充值""电子渠道"等多种服务，为不同行业提供专业化的移动电子商务平台及多样化的移动信息化解决方案。公司业务范围涵盖 B2C 支付领域、B2B 支付领域、B2B2C 支付领域、金融信息服务等领域。

联动优势运用其独创的商业模式开展移动支付业务，大力整合行业资源，建立行业客户群体，不断完善移动支付价值链构成。联动优势的诞生，既推动了移动通信运营商和金融机构核心业务的发展，又为其服务创新带来了新的发展机会，更为广大商户带来了更多的支付渠道和方式，从而在竞争中形成差异化优势。

联动优势本着"诚信、敬业、合作"的企业文化，以安全、可靠、规模化的"手机钱包"

"银信通"平台为基础，与中国移动、中国银联、各大银行一起建设了一个安全、完整的移动电子商务业务平台，促进移动电子商务价值链的完善和国民经济信息化的发展。

U 付平台是联动优势在 2011 年年底推出的三大平台之一，也是联动优势平台化发展战略重要的组成部分。该平台下汇聚了联动优势 9 年来在支付领域研发的全部支付服务及产品。是目前支付市场唯一集银行账户、通信账户、支付账户多种支付工具于一体，采用短信、客户端、互动式语音应答（Interactive Voice Response，IVR）、无线应用协议（Wireless Application Protocol，WAP）等先进技术，提供整体解决方案的综合性支付平台。

U 付平台下含 4 大类产品：包括以资金归集、B2C 网银支付、无线支付等为代表的收款类产品；以批量付款、账户付款、银行付款等为代表的付款类产品；以个人、企业、集团 U 付账户等为代表的账户类产品；以及以彩票购买、手机充值、公共事业缴费等为代表的生活服务类产品。全面覆盖通信、电子商务、航旅、保险、农资流通等多个行业。自 2012 年年初平台整合上线以来，累计服务 5 大行业近千家商户。

U 付支付平台主页如图 7-12 所示。

图 7-12　U 付支付平台主页

2. 缴费易

缴费易是一个自助缴费终端，它为用户提供一站式服务，用户可以通过它支付账单，缴各种电话费，购买手机充值卡、网络游戏点卡、电影票、演唱会门票，订购鲜花礼品等。在它的终端上，用户还可以打印折扣券及查询银行余额。

用户可以使用任何带有"银联"标志的银行卡在缴费易上付费或充值。缴费易通过中国银联认可，所有缴费易自助缴费终端与服务中心为金融专网专线互联，这可充分保证用户交易信息传输的安全性、可靠性和稳定性。通过银联的保障，用户在自助缴费终端上的所有交易，就如同在任何银行 ATM 提款机上使用银行卡或者在商场支付一样安全。

缴费易现在主要应用于北京，它的终端遍布北京，位于许多重要地段和人流量大的地方，如写字楼、政府办公楼、银行、居民区、校园、购物中心、超市。大部分的缴费易自助终端一年 365 天为用户提供全天 24 小时服务，为用户的生活带来方便。

在所有的缴费易终端上都安装有一个方便使用的触摸屏，有 ATM 读卡器和安全的智能卡读取装置，以便输入密码。当用户使用缴费易上的各种服务项目时，屏幕上会显示各种服务的应用及付款操作。

缴费易采用 QNX[1]私网系统（美国航天军事专用系统）平台，所有金融结算均有中国人民银行和中国银联的认证，终端设备安全性获得国家 3C 认证。缴费易以金融网络为基础，有机整合自助和有人值守的缴费方式，通过带有银联标识的银行卡，缴纳各种公共事业费用、提供各类金融服务、设立公益捐款平台以及电子购物等服务。服务网点主要集中在政府机构、商场、写字楼、超市、居民社区、银行、汽车市场、高校、医院药店等。截至 2013 年，北京约有 900 个服务网点。但是自 2013 年后，由于政府不再提供资金支持，缴费易开始采用纯商业化运营模式。随着智能手机和移动支付的大范围普及，特别是诸如微信、支付宝等支付手段的出现，实体缴费机受到了很大冲击。缴费易的便民缴费业务一直在走下坡路，但是缴费易一直都在努力地推广缴费易。

7.4 网关支付

接下来介绍一下对于大家来说可能还比较陌生的网关支付。

7.4.1 网关支付概述

1. 网关支付概念

网关支付是银行金融网络系统和 Internet 网络之间的接口，是由银行操作的将 Internet 上传输的数据转换为金融机构内部数据的一组服务器设备，或由指派的第三方处理商户支付信息和顾客的支付指令。

支付网关可确保交易在 Internet 用户和交易处理商之间安全、无缝地传递，并且无须对原有主机系统进行修改。它可以处理所有 Internet 支付协议、Internet 安全协议、交易交换、信息及协议的转换以及本地授权和结算，另外，它还可以通过设置来满足特定交易处理系统的要求。离开了支付网关，网络银行的电子支付功能也将无法实现。

2. 网关型支付的发展现状

国内的网关型支付方式现状不容乐观，很多网关型支付企业面临困境。其实，单一的网关型支付企业做的仅仅是银行批发商的生意，也就是担任中介的角色。这种定位使该行业壁垒较低，任何企业都可以进入。而从业务模式上看，网关型支付企业和银行合作，只是为银行提供接口，然后再寻找那些需要支付通道的商户，向他们提供平台的接口，仅此而已。这本身就处于整个价值链的底端，所以，在现阶段其他第三方支付模式蓬勃兴起的时刻，单独的网关型支付模式确实面临巨大的困境。

因此，网关型支付如果想要在激烈的竞争中求得长远发展，探究多元化的业务模式就非常重要。在支付的 3 个环节——银行、支付网关和商户中，网关型支付公司处于中间环节。它的上游是银行这样的基础支付服务提供者，下游是支付宝等应用支付服务的提供者。应用支付提供者的优势在于，他们更加贴近终端消费者，为其提供了一些类似担保的增值服务。在这场第三方支付的无声战役中，有电子交易平台支持的第三方支付网关模式远比单独的网关型支付企

1：QNX 操作系统是由加拿大 QSSL 公司（QNX Software System Ltd.）开发的分布式实时操作系统。该操作系统既能运行于以 Intel X86、Pentium 等 CPU 为核心的硬件环境中，也能运行于以 PowerPC、MIPS 等 CPU 为核心的硬件环境中。

业更具竞争力，首信易支付就是一个典型例子。这一点也启示国内其他网关型支付企业应该进一步推进业务重组与多元化，只有这样，网关型支付才能继续发展。

7.4.2 网关支付——首信易支付

首信易支付是首都电子商城的网上支付平台，创建于 1999 年 3 月。它是国内首家"中立第三方网上支付平台"，开创了"跨银行、跨地域、多种银行卡、实时"交易模式、"二次结算"模式以及"信任机制"。首信易支付目前支持国内 23 家银行卡及 4 种国际信用卡在线支付，拥有包括国内外 800 余家企事业单位、政府机关、社会团体在内的庞大客户群。在公共支付、教育支付、会议支付等服务领域的发展尤为突出，在银行合作和银行卡交易数量等方面，均大幅超越竞争对手，已成为支付产业的"资深支付专家"。向教育、科研、政府部门提供支付服务，使其回归到"首都电子商务工程"的初衷上来。

首信易支付作为具有国家资质认证、政府投资背景的中立第三方网上支付平台，拥有雄厚的实力和良好的信誉；同时，它也是国内唯一通过 ISO 9001：2000 质量管理体系认证的支付平台。规范的流程及优异的服务品质为首信易支付于 2005 年、2006 年和 2007 年连续三年赢得"电子支付用户较好信任奖"；2006 年度"B2B 支付创新奖"；2007 年度"挪威船级社的 ISO/国际电工委员会（International Electrotechnical Commission，IEC）27001：2005[信息安全管理体系（Information Security Management System，ISMS]国际认证"和 2007 年度"高新技术企业认定证书"殊荣奠定了坚实的基础。拥有最高诚信标识"红标"的首信易支付除具备公正与安全的特点外，秉承"科技为先，诚信为本"的宗旨，凭借其自身具有的便捷、开放、安全的优势，在竞争激烈的支付业务领域始终处于行业领导者的地位。首信易支付首页如图 7-13 所示。

图 7-13 首信易支付首页

1998 年 11 月 12 日，由北京市政府与中国人民银行、信息产业部、国家内贸局等中央部委共同发起的首都电子商务工程正式启动，确定首都电子商城（首信易支付的前身）为网上交易与支付中介的示范平台。

首信易支付自 1999 年 3 月开始运行,是中国首家实现跨银行跨地域提供多种银行卡在线交易的网上支付服务平台。平台提供 B2C、B2B、政府对公众（Government to Citizen，G2C）等多种在线支付服务,支持银行卡及电子充值计费系统在社区、互联网、银行柜台、信息亭、手机、电话等多种终端上进行支付,并可广泛应用于电子商务、电子政务领域的交易、支付、计费、清算、会员管理等应用系统。

电子商务的发展不仅是电子问题和商务问题,同时也是一个商业信用问题。首信易支付凭借其独特的二次结算模式,作为支付过程中的中立第三方,成为构建电子商务法律、信用环境的必要组成部分。

二次结算模式是相对于普通的支付服务而定义的,是首信易支付所独有的结算模式。在二次结算的服务过程中,首信易支付不是单纯地作为连接各银行支付网关的通道,而是作为中立的第三方机构,保留商户和消费者的有效交易信息,为维护双方的合法权益提供有力的保障。

第三方支付产业的快速发展,为首信易支付开拓了广阔的空间。其稳健的财务运营系统,不仅保障了支付平台交易安全有效持续运行、赢得了客户长期信任与绝对支持,同时组建了一支卓越高效的专业财务团队,为企业长远发展打下了坚实的基础。

首信易支付的业务发展正在逐渐趋向多元化,其合作业务正不断渗透到各个行业,包括与国内的旅游、教育等行业领导者建立战略合作联盟,以及与零售业及通信业开展新合作。

7.4.3　首信易支付的主要产品及服务

1. B2C 支付

B2C 支付是首信易支付的主要产品之一,其提供基于银行卡的支付、会员账户支付、电话支付、移动支付以及 POS 终端支付等多种方式,真正实现了用户支付的多选择性和便捷性。

（1）银行卡支付。银行卡支付支持国内多种银行卡种。例如,牡丹信用卡/牡丹灵通卡、工行电话银行、长城借记卡（信用卡）、龙卡储蓄卡/准贷记卡、银联储蓄卡、招商银行全部卡种等。

（2）会员账户支付。会员账户支付是首信易支付为了方便消费者向不同商户付款而打造的服务项目,更安全,更便捷,交易成功率 100%,平台的签约商户几乎全部支持“会员账户”付款。“会员账户”是用户身份的象征,注册简便,付款更安全,能够满足用户多种多样的消费需求,并且提供购物折扣、会员积分等多种回报形式。其主要功能是支付转账、账户充值以及交易查询等。

（3）电话支付。即“电话银行支付”,是首信易支付与银行及中国银联共同开发的一种离线支付的形式。在教育报名交费、电子机票等业务领域,“电话支付”已经被很好地应用。其主要功能是实时支付和交易查询。

（4）移动支付。是将手机号码与银行卡绑定,通过短信、WAP 等方式确认付款指令的一种支付形式。目前,首信易支付提供工行手机银行、金钱包手机支付服务（以上属于绑定银行卡,发送短信的业务形式）,手机绑定会员账户为前提的（短信）支付服务,（语音）支付服务。

（5）POS 支付。即“自助终端支付”,是首信易支付与银行及中国银联共同开发的一种（消费者）离线支付的形式。消费者不需要在网上输入银行卡号及密码等信息,只需在自助终端输入订单号码,刷卡完成支付。其主要功能是实时支付和交易查询。

2. B2B 支付

B2B 支付服务是首信易支付提供给 B2B 领域的电子商务企业的安全、便捷的收款服务。

目前，各家银行提供给企业的网上支付功能仍以企业网银所具备的转账汇款为主，这些功能尚不足以支持与企业网上交易过程紧密结合的基于订单模式的支付功能。为了完善支付功能，消除资金周转风险，首信易支付借鉴 B2C 支付平台的优势特点，同银行共同开发以企业账户作为支付工具的 B2B 在线支付平台。

首信易支付的 B2B 支付是在企业网银的基础上开发的应用，建立在 B2B 交易平台后端（通过标准接口实现技术衔接），将交易与支付作为两个独立的过程（保持商户交易过程及系统的独立性，而支付平台侧重于支付过程的专业服务），大大简化了 B2B 商户在线支付的应用难度，保证了企业账户在网上支付中的安全性。

其服务内容主要如下。

（1）支付中介：提供 B2B 支付的中间技术服务；

（2）支付平台：标准化的 B2B 支付接口；

（3）定制开发：能够参与并负责数据的转换、计费，诚信管理等。

B2B 支付服务主要流程分为两个部分：交易订单提交和银行订单确认

首先，客户在商户交易平台完成购物过程，在商户服务器形成最终订单；然后，商户服务器提交交易订单，并通过接口程序将客户订单中有关支付的信息引导到首信易支付 B2B 服务平台，客户在该平台选择银行进行网上支付交易；最后，银行确认订单，交易完成。首信易支付 B2B 服务平台通知商户银行对该笔订单的支付进行确认，商户也可以登录 B2B 支付平台交易管理系统查询订单信息和结算信息。

7.4.4 第三方支付典型平台对比分析

通过前面两章以及本章内容，我们分别学习了支付宝、拉卡拉以及首信易支付这 3 种不同的第三方支付平台。对其产生背景、发展概况、平台功能以及安全风险等都有了初步的了解。

下面主要对这 3 个平台进行对比分析，从而更加全面地了解各个平台的优势及不足，如表7-3 所示。

表 7-3　　　　　　　　　　第三方支付平台优劣势比较

第三方支付平台	优势	劣势
支付宝	（1）对商户而言，支付宝可以规避无法收到客户货款的风险，同时能够为客户提供多样化的支付工具，尤其为无法与银行网关建立接口的中小企业提供了便捷的支付平台 （2）对客户而言，支付宝的货款担保和赔付机制提高了其交易的安全性，可以规避无法收到货物的风险，货物质量在一定程度上也有了保障。同时支付宝通过与众多银行合作的方式向用户提供统一的交易界面，打破银行卡之间的壁垒，方便网上交易 （3）对银行而言，支付宝可以扩展其务范畴，同时也节省了为大量中小企业提供网关接口的开发和维护费用 （4）支付宝可以对买卖双方的交易进行记录，为后续交易中可能出现的纠纷提供证据	（1）对银行依赖性强。支付宝必须依赖银行作为清算管理的核心，同时由于缺乏认证系统，为了支付信息的安全，必须依赖银行的专业技术 （2）结算周期长，在途资金利用效率低。由于各种原因，支付宝不提供实时结算，结算周期长。同时，由于客户在等待收货期间暂存在支付宝账户上的在途资金缺乏流动性，影响资金的周转进而影响系统的结算效率。这种在途资金使支付宝具有了类似银行的部分功能，可能引起资金吸存行为，为非法转移资金和套现提供便利，形成潜在的金融风险

续表

第三方支付平台	优势	劣势
拉卡拉	（1）对于客户来讲，拉卡拉平台不用注册、不用开通，其智能终端设备可以支持多卡种的，不受时间、地点限制的多元支付 （2）资金结算周期短，方便商户资金周转，提高工作效率，降低运营成本 （3）限制少，线上线下都能交易 （4）可以预订服务	（1）客户群局限性较大，认知度不甚理想 （2）到账实时性不高，时滞较长 （3）智能终端支付纠纷多，公司信誉度不高
首信易支付	（1）提供统一接口及自动对账功能 （2）7×24 实时结算，日清月结 （3）可查看实时订单明细、结算款项 （4）业务广，多种手段支付 （5）接入简便，适用范围广	（1）先付款、后交货 （2）信用度有待提高 （3）经营模式较为单一，创新能力有待提高

　　总之，国内第三方支付产业目前正面临着巨大机遇和挑战。2011 年国内第三方支付牌照的分批颁发表示中国的第三方支付产业正式步入了正规化、制度化的发展轨道。第三方支付产业的不断发展，必将为中国电子商务的发展注入强劲动力！

思 考 题

1. 什么是第三方支付？它在整个电子商务交易中扮演何种角色？
2. 第三方支付有哪几种运作模式？各自有什么优缺点？
3. 什么是账户型第三方支付？它的特点是什么？
4. 支付宝主要有哪些业务功能？
5. 支付宝为用户提供了哪些支付方式？每种支付方式有什么特点？
6. 支付宝为用户的资金账户安全提供了哪些安全防范措施？各自有什么特点？
7. 简述国内其他账户型第三方支付的业务特色。
8. 什么是线下支付？线下支付与线上支付有哪些异同？
9. 线下支付在中国支付体系中占据怎样的地位？
10. 简要分析中国支付市场线下支付产业链的情况（可发散思考）。
11. 线下支付为我们的生活带来哪些便利？
12. 拉卡拉的创立理念是什么？
13. 拉卡拉的主要业务涉及哪些领域？其具体业务功能有哪些？
14. 什么是网关支付？其有什么特点？
15. 网关支付有哪几种运作模式？
16. 首信易支付平台的主要功能有哪些？
17. 如何保障网关型支付的安全？思考网关型支付如何突破竞争重围而求得新的发展契机？

第8章 网上银行

【学习目标】

- 了解网上银行的基本概念、特点及其发展现状。
- 掌握网上银行的系统组成。
- 了解网上银行建设的发展阶段及其运营模式。
- 掌握开展网上银行服务的基础条件。
- 掌握网上银行存在的典型风险及其防范措施。

【引导案例】

解密新网银行反欺诈 互联网银行的"看门人"都是怎么工作的？

移动互联技术的快速发展，开启了金融科技的新时代。金融的核心在于风控，作为全国 3 家互联网银行之一，新网银行从创立起，就一直坚持将风控视为自身的核心能力来建设和创新。

作为一家纯线上作业的互联网银行，隔着手机屏幕，也无法面对面对客户进行审核，新网银行如何确保在短时间内给客户安全发放贷款呢？

大数据护航普惠金融，确定"你"就是"你"

和传统银行金融机构不同，新网银行无法直接看到在手机另一端进行操作的到底是人还是机器，又是否是客户本人。因此，这就要求新网银行必须能够确定"你"就是"你"。

具体而言，新网银行自主搭建了反欺诈引擎，利用人脸识别、生物探针、设备指纹、关联网络等技术和手段进行分析判断。申请者只需要拍下身份证，进行人脸识别，并对新网银行授权之后，新网银行运用大数据分析技术即可在毫秒之间完成客户身份识别和实时信用评估，用多维数据刻画客户画像，确定"你"就是"你"，从而提高风险控制的精准度。

"例如，当客户拿着手机的时候，手机的陀螺仪就会显示生物特征的抖动，而模拟器是无法做到的。这就是多种技术组合使用以识别生物特征的生物探针技术。"其通过这些科技手段，判断是否为真实的设备发出的网络请求、是否是真实存在的人在进行操作，从而满足那些真实的金融借贷诉求，确保安全高效的"一触即发"。

阻断 60 万次欺诈攻击 实现欺诈零损失

新网银行的反欺诈团队是一支以数学科学家为核心的精英科学家团队，均来自于百度、阿里巴巴等技术公司或全球知名的国际投行等金融科技机构。他们精通人工智能、大数据等现代高科技，并将其应用在了金融风控领域。

截至 2017 年年末，新网银行反欺诈系统已经有效阻断了 60 万次风险欺诈攻击，取得了"欺诈零损失"的战绩。除了反欺诈外，新网银行智能风控系统还运用了人工智能、深度学习等技术，进一步提高风险精准度，优化客户申请体验。

截至 2018 年 6 月月底，新网银行业务覆盖全国 31 个省市、近 300 个城市，客户数量超过 1 500 万，累计发放贷款超过 3 000 万笔，累计发放贷款金额超过 800 亿元。

8.1 网上银行概述

金融行业竞争加剧，使银行不得不重新审视自身的服务方式。已有多位专家预测，未来银行分行的开设将逐渐减少，自动取款机的增长率亦将减缓，而电话语音及网上银行的使用量将大幅度增加。新兴的网上银行无疑是对传统银行的挑战。它将取代国际金融界长期以来一直讨论而未具体实施的家庭银行、企业银行等概念而成为银行最便利的服务手段。

网上银行是重要的金融创新，是商业银行未来发展的必然方向。我国银行业把握住了金融业发展的新趋势，开展各式网上银行业务，在新领域有了迅速发展。目前，网上银行已成为我国商业银行提供服务的重要渠道之一。网上银行的服务水平，已能够基本上满足人们现阶段经济生活的需要。

8.1.1 网上银行的概念

网上银行又称网络银行、在线银行，是指银行利用 Internet 技术，通过 Internet 向客户提供开户、销户、查询、对账、行内转账、跨行转账、信贷、网上证券、投资理财等传统服务项目，使客户足不出户就能够安全便捷地管理活期和定期存款、支票、信用卡及进行个人投资等活动。它是传统银行业务在互联网上的延伸，是一种虚拟电子世界的银行。它的服务对象和业务范围涵盖了整个对公业务（B2B）和对私业务（B2C）的所有银行业务。

网上银行又被称为"3A 银行"，因为它不受时空限制，能够在任何时间（Anytime）、任何地点（Anywhere）、以任何方式（Anyhow）为客户提供金融服务。

网络银行代表着全新的业务模式和未来的发展方向。可以说，网络银行是在 Internet 上的虚拟银行柜台。Internet 用户可以不受时间、空间的限制，只要用一台接入设备（无论是 PC 机还是手机）、一个网络接入（供你联入 Internet）和一个网络账号（让你可以享受服务的证明），就可以享受全天候的网络金融服务。这里的网络金融服务是指实质性的金融服务，除了传统的商业银行业务之外，还可以进行网络支付结算。

8.1.2 网上银行的特点

利用计算机和通信技术实现资金划拨的电子银行业务已经有几十年的历史了，传统的电子银行业务主要包括资金清算业务和用 POS 网络及 ATM 网络提供服务的银行卡业务。网上银行是随着 Internet 的普及和电子商务的发展在近几年逐步成熟起来的新一代电子银行，它依托于传统银行业务，并为其带来了根本性的变革，同时也拓展了传统的电子银行业务功能。与传统银行和传统电子银行相比，网上银行在运行机制和服务功能方面具有不同的特点。

1. 全球化、无分支机构

传统银行是通过开设分支机构来发展金融业务和开拓国际市场的，客户往往只限于固定的地域。而网上银行是利用 Internet 来开展银行业务的，因此，可以将金融业务和市场延伸到全球每个角落。打破了传统业务地域范围的局限。网上银行不仅可吸纳本地区和本国的客户，也可直接吸纳国外客户，为其提供服务。

2. 开放性与虚拟化

传统电子银行所提供的业务服务都是在银行的封闭系统中运作的。而网上银行的 Web 服务器代替了传统银行的建筑物、网址取代了地址，其分行是终端机和 Internet 这个虚拟化的电子空间。因此有人称网上银行为"虚拟银行"，但它又是实实在在的银行，利用网络技术把自己与客户连接起来，在相关安全设施的保护下，随时通过不同的计算机终端为客户办理所需的一切金融业务。

3. 智能化

传统银行主要借助于物质资本，通过众多员工辛勤劳动为客户提供服务。而网上银行主要借助智能资本，靠少数脑力劳动者的劳动提供比传统银行更多、更快、更好、更方便的业务，如提供多元且交互的信息，客户除可转账、查询账户余额外，还可享受网上支付、贷款申请、国内外金融信息查询、投资理财咨询等服务，其功能和优势远远超出电话银行和传统的自助银行。

4. 创新化

网上银行是创新化银行。在个性化消费需求日趋凸显及技术日新月异的信息时代，网上银行提供的金融产品和拥有的技术生命周期越来越短，淘汰率越来越高。在这种情况下，只有不断采用新技术、推出新产品、实现持续创新才不至于被淘汰。以 SFNB 为例，它对基本支票账户不收取手续费，没有最低余额限制，这在美国银行界是首开先河，而且其客户每个月可免费使用 20 次电子付款服务，免费使用自动柜员机或借记卡。与此同时，SFNB 还不断开拓新业务，1998 年，它与美国在线（American Online，AOL）达成协议，允许客户通过 AOL 访问 SFNB。此举使 SFNB 的客户数迅速增长，其存款额很快突破 1 亿美元。

5. 亲和性增强

增加与客户的沟通与交流是企业获取必要信息，改进企业形象，贴近客户，寻找潜在客户的主要途径。在这方面，网上银行具有传统银行无法比拟的优势。网上银行可通过统计客户对不同网上金融产品的浏览次数和单击率，以及各种在线调查方式了解客户的喜好与不同需求，设计出有针对性的金融产品以满足其需求。这不仅方便了客户，银行也因此增强了对客户的亲和性，提高了竞争力。

8.1.3 网上银行与传统银行的比较

网上银行是一种高科技的银行业务手段，与传统的银行服务体系相比，具有明显的优势。

1. 提高了金融服务质量

网上银行方便、快捷、高效的服务更能满足客户的多样化需求。目前客户的需求越来越多样化，而且对效率等提出了很高的要求。通过网上银行，上网客户可以在家里开立账户，进行收付交易，省去了跑银行、排队等候的时间，减少了银行服务的中间环节。网上银行可以大范围、全天候、实时提供各种服务，这种服务包含更多的针对性、个性化和人情味。银行的电子化大大缩短了资金在途时间，提高了资金利用率和整个社会的经济效益。

2. 打破了地域的局限

以往银行投入大笔资金开设分行，客户往往只限于固定的地域，而网上银行则打破了地域的限制，可以更好地留住客户。正如 SFNB 总裁 James Mahan 所言："任何人，只要有一台计算机与数据机，都是我的潜在客户。"

3．拓宽了金融服务领域

目前传统银行难以像网上银行一样提供多元和交互的信息及服务。网上银行不仅可以使企业或个人不出家门就能通过网络查询信息或实现在线交易支付，还可以为企业提供在线理财、对公账务实时查询、网络转账、国际收支申报等广泛的金融服务。

4．大大降低了服务成本

与其他银行服务手段相比，网上银行可以减少固定网点数量和银行工作人员数量，从而使银行的投入与经营成本大大减少。网上银行的设立成本低。在美国，开办一个网上银行所需要的成本只有 100 万美元左右，因为其所有必要的软件都是现成的，还可利用电子邮件、讨论组等技术，提供一种全新的真正的双向交流方式。相比之下，建立一个传统银行分行需要的成本是 150 万～200 万美元，外加每年的附加经营费 35 万～50 万美元。因此，网上银行是传统银行的一个极其经济的替代物。另外，网络交易可以大大减少交易费用。据资料分析，办理一笔某种银行业务，传统银行柜台服务的成本是 1.08 美元，电话服务的成本是 0.54 美元，网络服务成本仅为 0.13 美元。同时，随着电子货币、电子票据技术的日趋成熟以及这些技术全面广泛地被采用，以前使用的纸币、票据、单据部分地被取代，原有的纸质文件也将变为电子版通过网络进行传输，银行将逐渐实现无纸化交易。而且，由于采用了虚拟现实信息处理技术，网上银行可以在保证原有的业务量不降低的前提下，减少营业点的数量。无纸化的实现、效率的提高和固定营业点数量的减少，节约了大量的服务成本，提高了银行的竞争能力，也使客户得到了实惠。

5．网上银行系统简单易用，便于升级维护

在网络服务中，客户处于中心地位。客户使用网上银行服务不需要特别的软件，甚至无须任何专门的培训，只要有一台计算机，拥有进入 Internet 的账号和密码，便能在世界各地与 Internet 联网。入网后，即可按照网上银行网页的提示进入自己所需的业务项目，处理个人交易。这不仅方便了客户，银行本身也因此加强了与客户的亲和性。网上银行的客户端由标准 PC、浏览器组成，便于维护。网络 E-mail 通信方式也非常灵活方便，便于客户与银行之间以及银行内部的沟通。银行在升级应用系统或安装新产品时，只需简单地更新或升级服务器应用程序即可，而无须对客户端做任何变动。

8.1.4　网上银行系统的组成

一般地，网上银行由客户机前台子系统、银行端后台业务处理子系统、支付密码管理子系统、通信子系统和保密子系统等组成，如图 8-1 所示。

1．客户机前台子系统

它接受客户的查询、交易的请求，显示查询、交易结果，进行操作员管理以及管理客户端本地数据库等。

2．银行端后台业务处理子系统

它接受客户端发来的查询和交易请求，对交易进行支付密码的校验；在通过安全性检查后，与银行主机进行通信，查询公司业务数据库或者进行公司业务的账务处理，把查询或者账务处理的结果返回客户端，并进行相应的制单操作。

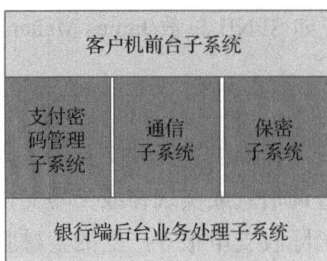

图 8-1　网上银行系统构成

3．支付密码管理子系统

它提供校验函数进行支付密码合作性校验，返回校验结果。支付密码器的管理包括密码器机具和密码器账号的管理、客户密钥的管理以及日志查询与打印。

4．通信子系统

通信子系统负责企业银行客户机与企业银行前置机之间的通信，并提供企业银行前置机的通信监控管理软件，负责显示、控制当前的通信及通信日志的管理。

5．保密子系统

它提供一整套的保密通信方案，包括通信双方的身份认证、数据的加密以及通信报文的认证。尤其是在公用网络上传输和在银行外部处理时，必须保证不被非法篡改和不可否认。一般采用位数较高的 RSA 安全认证技术，对电子信息进行数字签名，保证网上企业银行系统的安全可靠。

8.1.5　网上银行的经营模式

网上银行的分类有很多种，最典型的是按运行机制划分，这时真正的网上银行有两种形式。

1．虚拟银行

一种是完全依赖于 Internet 发展起来的全新网上银行，也叫虚拟银行，这类银行几乎所有的业务交易都依靠互联网进行，如美国安全第一网络银行。这种银行最大的优点就是节省费用。美国安全第一网络银行的行长估计他们的管理费用只占总资产的 1%，而一般的银行则要达到3%到 3.5%，所以它可以带给用户更多的利益，如提供优惠的利率，且收费仅为普通银行的 1/3。美国安全第一网络银行通过 Internet 提供全球性的金融服务，没有任何实体业务网点，通过提供新的服务手段，使客户足不出户就可以进行存款、取款、转账、付款等业务。

2．实体与虚拟结合的银行

另一种网上银行是在现有商业银行基础上发展起来的，是传统银行运用 Internet 服务，开设新的电子服务窗口，开展传统银行业务交易处理服务，是实体与虚拟相结合的银行。这种银行主要是运用计算机和网络技术开展传统银行业务，如日常交易处理、发展家庭银行、发展企业银行等。这种银行与虚拟银行的不同之处在于，它是利用计算机辅助银行开展业务，而不是完全电子化。能够提供网络服务已经成为银行国际化和先进性的一项重要标志，花旗、汇丰等老牌银行纷纷推出了自己的网络银行服务。1995 年 10 月，资产达 2 000 亿美元的老牌巨头美国花旗银行推出网上业务，其早期经营方式就是将其正常的柜台业务搬到网上来做，除去应用了网络，本质上没有任何改变。美国排名前 50 的大部分银行已允许客户通过互联网访问其站点，查看自己的账户信息，部分银行还推出了网络存款和转账业务。

从目前情况看，不论哪一种发展模式，网上银行的经营范围一般都分为银行业务项目、网络银行服务、信息发布以及商务服务。其中，银行业务项目主要包括储蓄业务、对公业务、网络信用卡业务、国际业务、信贷及特色服务；网络银行服务包括家庭银行、企业银行、学生银行、小额购物等；信息发布包括国际市场外汇行情、对公利率、储蓄利率、汇率、国际金融信息、证券行情、银行信息等；商务服务包括投资理财、金融市场、政府服务等。与传统银行相比，网上银行有巨大的优势。它给银行带来的表面变化是减少了固定网点和经营成本，为客户提供全天候 24 小时不间断服务。但由于运营成本低，网上银行可以实现对客户高回报的承诺。例如，花旗银行和总部设在休斯敦的一家网上银行相比，花旗银行一年定期存款利率为 4.8%，网上银行则为 6%。

更深刻的变化在于：银行由经营金融产品的中介机构，开始向提供信息和投资理财的综合服务性机构转变。这种转变对客户将更有吸引力。这不只是行业经营理念上的重大变化，也是科技和社会发展的大势所趋。

8.2 网上银行的发展及主要业务

8.2.1 网上银行发展的 4 个阶段

银行的电子化建设始于 20 世纪 50 年代，经过 20 多年的发展，到 80 年代后才开始逐步进入电子银行时代。在 20 世纪 90 年代逐步进入网上银行的时代。

银行界应用计算机始于 20 世纪 50 年代中期。从 60 年代初开始，新的电子资金转账（EFT）系统就像雨后春笋般地建立起来，使银行业长期成为计算机的第一大用户；老的银行业务以惊人的速度实现了电子化，几乎将一切手工业务操作改为电子操作；同时，银行业又不失时机地开发出了许多新的自助银行服务。这样，仅在短短的 10 年左右的时间里，发达国家的银行业就实现了一次革命性的转变。

银行的电子化经历了 4 个发展阶段，即将手工操作转为计算机处理、自助银行服务、金融信息服务和网上银行服务。

1. 银行的传统业务处理实现电子化

银行的传统业务一般是吸收存款、发放贷款、办理汇款结算等。这些交易处理是银行最平常也是最量大面广的业务操作，是主要的票据源、费用源和可能的错误源。这些日常银行业务主要是在分理处和储蓄所里进行。

在银行电子化过程中，这些交易领域最早采用 C&C 技术，实现数据通信，从而建立了联机柜员系统。这种联机柜员系统应做到尽量减少手工操作，既要能提高劳动生产率，又要能改善对客户的服务水平，还要能降低银行的运行成本。具体来说，联机柜员系统应能实现下述 3 个主要目标。

（1）提高银行业务操作效率。通过采用联机柜员终端和管理终端，银行可以简化交易处理。采用这种办法，可把键入的数据直接输入计算机系统去处理，这不仅可以获得快速的联机响应，还可实现一次输入的数据多次使用。这样，既可免除一些重复的手工操作，还可减少差错。

（2）增加市场占有率。银行通过增加柜员终端的地理分布领域，允许交易源分散分布，扩大电子化网点覆盖面。而所有的金融交易信息，都要送到银行计算机系统进行集中处理，这就扩大了银行服务的地理领域，方便了客户。

（3）有效地降低运行成本。银行通过采用高性能的计算机系统、通信网络和友好用户接口，使交易处理既方便又经济。

2. 开发新的自助银行服务项目

银行联机柜员系统的建立，为银行开发一系列自助银行业务处理系统、提供各种新型的自助银行服务，打下了良好的物质基础。

自助银行服务项目都是以银行卡为介质，提供包括诸如 ATM（自动柜员机）服务、POS（销售点）服务和家庭银行服务，这些自助银行服务项目由客户启动交易，然后数据流通过电子传输和计算机处理，产生适当的借、贷和控制信息，以完成对客户的服务。自助银行交易一般无须银行柜员干预。因此，自助银行服务是完全依赖于计算机和网络通信、信息技术等现代科技发展起来的全新服务项目。

自助银行能处理大量的日常金融交易，它相当于一个小的银行办事处。自助银行的终端机，可以安放于购物中心、商店、旅馆、酒吧、工厂、公共场所，甚至每个家庭。客户可利用这些终端机查询账户余额，进行存取款、付账和转账交易，持卡消费等。如果在自助银行系统中含有信息技术和专家系统等其他资源支持的话，自助银行还能起银行分行的作用，能为客户提供各种金融信息服务。通常，自助银行可提供每天 24 小时的全天候服务。同联机柜员系统一样，自助银行服务不仅能改善对客户服务的质量，还能降低银行的运行成本。

ATM 服务、POS 服务和 HB 服务，是自助银行的 3 种主要形式。其中，ATM 服务是发展最早也最成功的 EFT（电子资金转账）应用项目；POS 服务是近几十年来发展最快的 EFT 应用项目；随着 Internet 和电子商务的发展，家庭银行服务正处于高速发展阶段，有着光明的发展前途。

在实现电子化的基础上，商业银行进一步将银行柜面业务、银行卡业务、ATM 服务、POS 服务、家庭银行服务和企业银行服务等所有银行业务融为一体，建立综合的业务处理系统。综合业务处理系统同单一的金融业务处理系统不同，它以客户为中心，从客户的需求分析开始，按照业务集成的观点进行设计，避免业务的简单罗列，建立统一的账务处理系统和集成的业务信息环境。

因此，综合业务系统相对于传统的金融业务系统来说，是新一代的业务处理应用系统。这种综合业务处理系统，对金融企业业务过程进行了重组，建立了新的业务流程和规范，进而进行了机构重组。新的综合业务处理系统的推广应用，为银行提供金融信息增值服务创造了必要的条件。

3. 为客户提供金融信息增值服务

除了向客户提供传统的金融交易服务，以及上述的新的自助银行服务外，电子化银行还能借助信息技术（IT），从各种金融交易数据中提取有用的信息，将信息转化成知识，向各类客户提供具有高附加值的金融信息增值服务，如投资咨询、代客理财、用于各种辅助决策支持的信息咨询等，从而将知识转化为竞争优势。银行的金融信息增值服务是建立在包括数据仓库在内的各类数据库和信息提炼技术基础之上的。

银行从单纯提供支付服务（单一产品），到既提供支付服务又提供金融信息增值服务（两类产品），这是从传统银行向电子银行发展的一个实质性的变化。银行的电子化，不仅大大加强了银行的金融中介作用，而且在金融业务处理电子化的基础上提供具有增值作用的金融信息服务，这就使银行真正进入了电子银行时代。金融信息服务在整个信息服务产业中是举足轻重的，金融信息服务主要面向工商业客户和政府部门，而不是个人消费者。工商业客户需要经常直接存取金融机构数据库中的数据，因此，他们需要购买金融信息产品。消费者也需要金融信息，但并不想为之付费。

信息能增值，这已经为很多人所认识。在证券市场里，证券信息几乎全部来自证券交易。在剧烈的竞争环境里，各公司愿意以任何价格购买能使它们占据竞争优势的具有战略意义的重要金融信息。因此，金融信息服务市场是非常广阔的。在为客户提供金融信息服务方面，金融界面临业外的激烈竞争。在这场激烈的竞争中，金融系统要能站稳脚跟，必须深度应用 IT，用IT 从交易处理数据中提取出能为客户提供附加值的信息产品。提供信息服务的金融信息系统是一个带有附加决策支持能力的交互系统，给客户以利用所得的金融信息获取利润的机会。

目前，我国金融电子化建设的重点是进行支付系统建设。随着我国金融电子化的发展，我国的银行界应该日益重视研制开发各种金融信息服务系统，从而为客户提供各种能增值的金融信息服务。

4．开展网上银行服务

从 20 世纪 90 年代中期开始，互联网（Internet）和其他数据网络的爆炸性增长，正在引发一场全球性的商务革命和经营革命。电子商务是信息时代的必然趋势，它涵盖企业、商户、金融、政府有关部门以及网络服务商，涉及面非常广，且每个电子交易都要经过资金的支付与结算才能完成。因此，作为资金流的负载者——银行的参与是至关重要的。随着 Internet 的发展，网上银行（Internet Banking）服务也蓬勃发展起来了。电子商务的发展给金融业的发展提供了一次新的大好时机。银行因此需要建立银行产品内容和销售渠道的新概念，以使银行能获得新的收入源，能对市场做出更迅速的反应，减低成本，开发新的市场和新的客户。为能取得成功，银行必须借助 Internet 的力量，并使之同现有的计算机与通信技术、信息技术结合起来。这种"C&C+IT+Web"的基础结构，使银行能够将 Internet、核心业务（支付服务和信息服务）处理和客户信息数据库连接在一起，形成一种崭新的业务模式。

网络经济和网上银行的出现，必将带来网上支付业务的发展。现在，世界上各大商业银行纷纷推出网上银行服务，网上银行服务已经成为商业银行竞争手段的新热点。

网上银行无疑是银行电子化的一个重要发展方向。除了开办全新的网上银行之外，不少银行已经允许其客户通过 Web 访问其网址，查看自己的账户信息，进行存款和转账业务。现在世界上的大银行都把目光转向发展网上银行服务，这将使传统银行固定营业点的交易方式转向随时随地的交易方式，也使得银行之间的竞争愈加剧烈。在网上银行的世界里，银行的规模将不再以分行数、网点数和人员数来衡量，Internet 的发展将会改变全球银行的排行榜，迟迟未能投入网上服务的银行，将面临被迫出局的危险。

8.2.2　网上银行发展现状

随着信息化、数字化以及网络技术的飞速发展，1995 年 10 月 18 日，全球首家网上银行——美国安全第一网络银行诞生了。时至今日，全世界 1 000 多家大银行基本上都在互联网上设定了网址并开办了网上银行业务。无限的商机、丰厚的利润是推动网上银行发展的强大动力。

目前，网上银行在我国的发展主要呈现以下特点。

1. 网上银行高速发展

目前国内几乎所有大中型商业银行都推出了自己的网上银行或在 Internet 上建立了自己的主页和网站。从 1998 年开始，中国银行、招商银行开通网上银行服务，中国工商银行、中国建设银行、交通银行、中国光大银行以及中国农业银行等也陆续推出网上银行业务。截至 2009年上半年，5 家大的国有商业银行、12 家股份制商业银行均已实现网上银行系统上线；而 143家城市商业银行仅有 52 家具有网上银行业务；8 千多家农村金融机构中仅不到 20 家开始了网上银行建设。到了 2010 年，中国网上银行市场全年交易额已达 553.75 万亿元，网上银行用户数已经达到 3.017 亿。网上银行已成为各银行实现业务创新、提升品牌形象、提高综合竞争能力的主要方式。

而《2017 中国电子银行调查报告》显示：2017 年，在地级以上城市 13 岁及以上常住人口中，网上银行用户比例和手机银行用户比例均为 51%；微信银行和电话银行用户比例分别为 28%和 11%。网上银行和手机银行用户占比较去年分别提高 5 个百分点和 9 个百分点，具体如图 8-2所示。

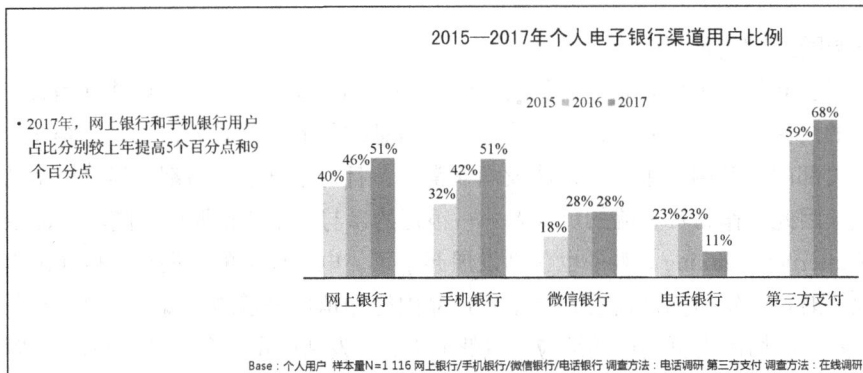

图 8-2　2015—2017 年个人电子银行渠道用户比例

数据显示，个人网上银行用户量在全国各类城市中均呈现快速增长趋势，而个人手机银行用户量在一线和三线城市增长较为明显。2017 年，个人手机银行在一线城市用户比例达到 57%，较 2016 年增长 13 个百分点，在三线城市用户比例达到 49%，较 2016 年增长 12 个百分点，具体如图 8-3 所示。

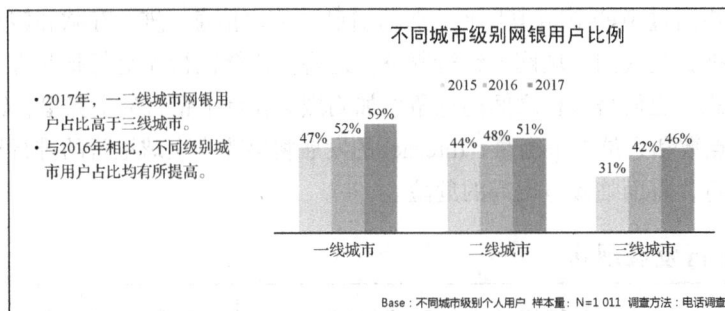

图 8-3　不同城市级别网银用户比例

2017 年同时使用网上银行和手机银行的用户占比较 2016 年略有提高：2016 年两种电子银

行渠道的交叉用户占比为 36.7%，2017 年这一占比提高到 44%。人们进一步对用户行为偏好展开调研发现，2017 年"方便快捷"反超"安全可靠"，成为用户选择使用网上银行的头号原因（见图 8-4）。而在用户选择使用手机银行的原因里，登录简单和转账手续费有优惠占据优先度前两位，如图 8-5 所示。

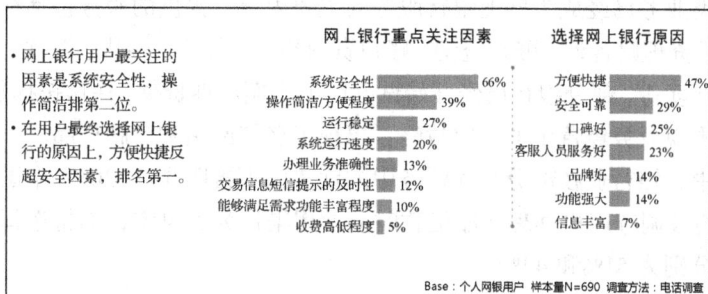

图 8-4　用户使用网上银行的原因

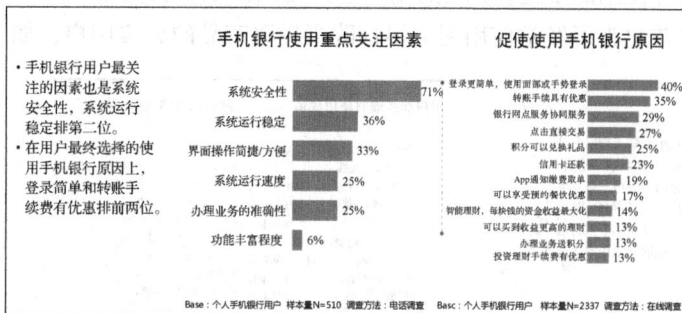

图 8-5　用户选择使用手机银行的原因

在使用场景上，网上银行和手机银行的互补特征也得到了进一步显现，主要体现为：小额交易用手机银行，大额交易用网上银行；有计算机时首选网上银行，外出时用手机银行；查询用手机银行，交易用网上银行（见图 8-6）。这样依据自身特点进行的差异化发展保证了网上银行和手机银行有机会同步对用户进行更深层次的规模拓展和需求挖掘。

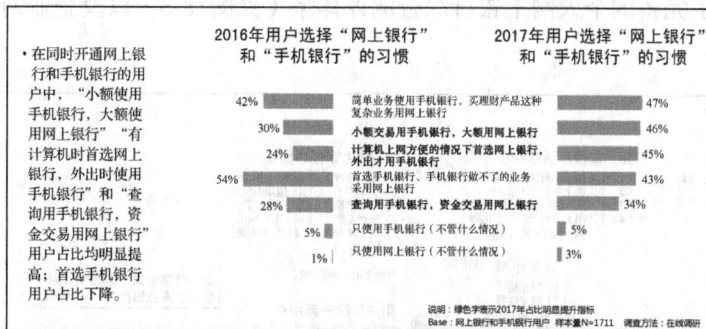

图 8-6　网上银行和手机银行使用场景比较

2017 年，在全国企业用户中，企业网上银行用户比例为 79%，企业手机银行、企业电话银行、企业微信金融服务的用户比例分别为 27%、22% 和 18%。其中企业手机银行、企业微信金融服务用户比例均较去年增长一倍左右。企业网上银行用户比例较去年增加 4 个百分点，企业电话银行用户比例与去年同期持平。其中转账业务与代发工资报销、代扣和账户信息查询与对账是企业网银的常用业务，使用比例分别为85%、63%和61%。企业用户使用手机银行主要办理的业务为转账业务和账户信息查询与对账，使用比例分别为83%和67%。

2. 网上银行功能不断完善

目前，交易类业务已经成为网上银行服务的主要内容，提供的服务包括存贷款利率查询、外汇牌价查询、投资理财咨询、账户查询、账户资料更新、挂失、转账、汇款、网上支付（B2B，B2C）、代客外汇买卖等，部分银行已经开始试办网上小额质押贷款、住房按揭贷款等授信业务。同时，银行日益重视业务经营中的品牌战略，出现了名牌网站和名牌产品。

在金融领域中，银行业在部分个人业务中的优势已不再明显。《2017 中国电子银行调查报告》显示，65%的被调查用户办理转账汇款时的常用渠道为支付宝，而常选择网上银行和手机银行的用户比例分别为51%和44%。

虽然目前网上银行提供的功能十分全面，但是在网上银行的实际应用过程中，理财产品的购买是网上银行最常使用的渠道，64%的用户选择使用网上银行完成理财产品购买和交易，这其中有55%的用户转化为了经常使用网上银行购买理财产品的忠实用户，如图8-7所示。

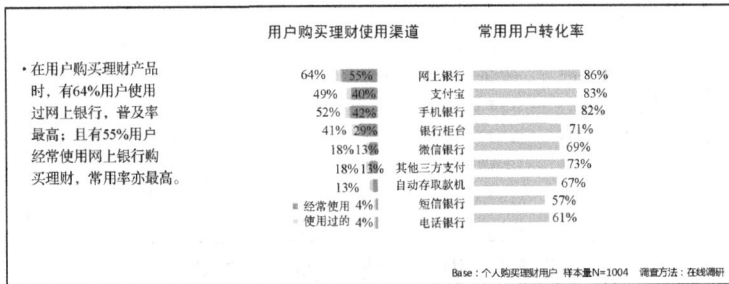

图8-7 用户使用网上银行的主要渠道

3. 对网上银行的用户体验更为重视

随着手机银行的兴起，银行如何通过网上银行功能的完善来留住用户，就成为银行业对网上银行建设的重要课题。为此，银行业提出了详细完备的用户体验综合测评指标体系和深入的分析研究。建立了完备的个人网上银行综合测评体系（见图 8-8）以及企业网上银行综合测评体系（见图 8-9）。

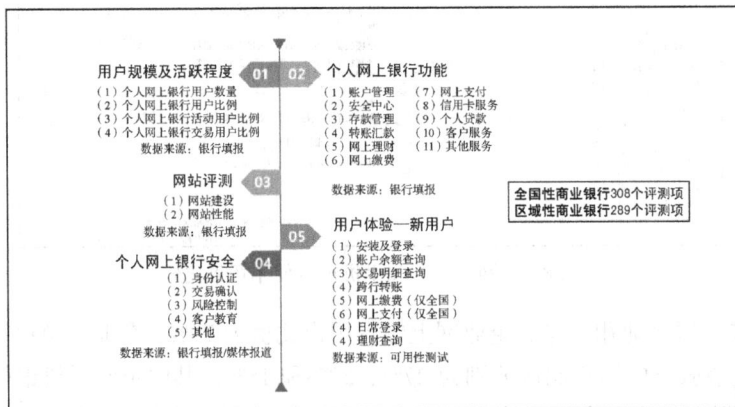

图8-8 个人网上银行综合测评体系

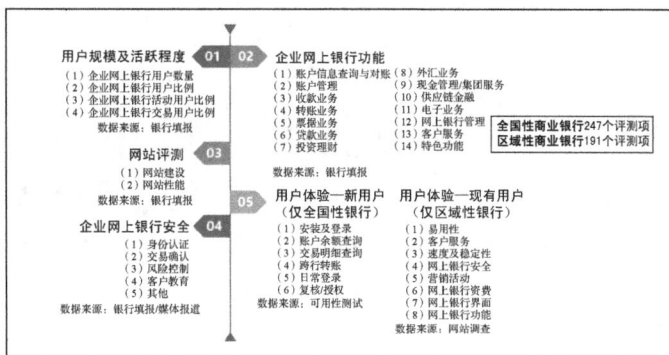

图 8-9　企业网上银行综合测评体系

并且也有越来越多的银行参与到测评的队伍中来。在 2017 年，参与测评的银行增至 72 家，其中全国性商业银行 15 家，区域性商业银行 57 家，具体如图 8-10 所示。

在参与评测的银行中，全国性银行的综合测评结果排名前两名的如图 8-11 所示，区域性银行的综合测评结果排名前两名的如图 8-12 所示。

无论是传统的交易还是新兴的电子商务，资金的支付都是完成交易的重要环节，所不同的是，电子商务强调支付过程和支付手段的电子化。能否有效地实现支付手段的电子化和网络化是网上交易成败的关键，直接关系到电子商务的发展前景。网上银行创造的电子货币以及独具优势的网上支付功能，为电子商务中电子支付的实现提供了强有力的支持。作为电子支付和结算的最终执行者，网上银行起着联结买卖双方的纽带作用，网上银行所提供的电子支付服务是电子商务中的关键要素和最高层次。

评测对象

图 8-10　参与测评的银行

图 8-11　全国性银行综合测评排名前两名

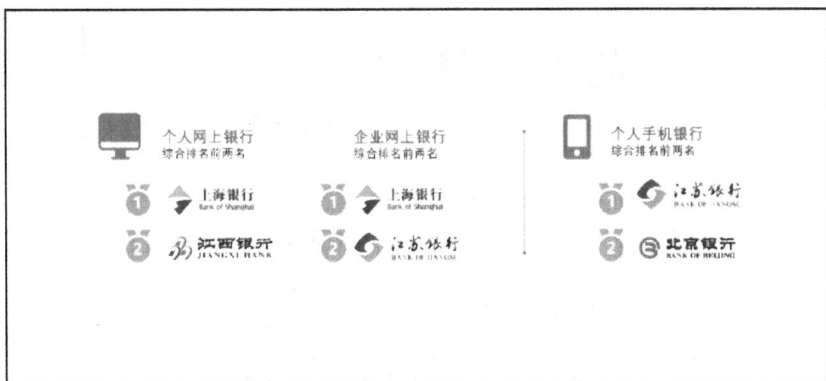

图 8-12　区域性银行综合测评排名前两名

电子商务与网上银行的发展是互动互利、相互影响的，电子商务也给网上银行带来了巨大的业务发展空间。因此，随着电子商务的发展，网上银行的发展亦是必然。

8.2.3　互联网银行——纯网络银行

1.互联网银行的概念

互联网银行概念由互联行创始人林立人先生率先提出，并付诸实施。互联网银行是对传统银行颠覆性的变革，是未来金融格局的再造者，通俗地说，就是把传统银行完全搬到互联网上，实现银行的所有业务操作。

互联网银行（Internet Bank，IB）借助现代数字通信、互联网、移动通信及物联网技术，可以吸收存款，可以发放贷款，也可以做结算支付。

2.互联网银行的特点

互联网银行有如下特点。

（1）互联网银行和传统银行之间最明显的区别是，互联网银行无须分行，服务全球，业务完全在网上开展。

（2）拥有一个非常强大安全的平台，保证所有操作在线完成，流程简单，服务方便、快捷、高效、可靠，真正实现了 7×24 小时服务。

（3）通过互联网技术，取消物理网点和降低人力资源等成本。与传统银行相比，具有极强的竞争优势。

（4）以客户体验为中心，用互联网精神做金融服务，共享、透明、开放、全球互联，是未来银行的必然发展方向。

其通过云计算、大数据等技术在线实现为客户提供存款、贷款、支付、结算、汇转、电子票据、电子信用、账户管理、货币转换、P2P 金融、投资理财、金融信息等全方位无缝、快捷、安全和高效的互联网金融服务。

目前我们所说的互联网银行指的是纯网络银行，也就是和早期的安全第一网络银行一样，不设物理网点、不做现金业务的银行。这种银行，在互联网发展的早期曾经出现过，但是后来渐渐消失。

但是，随着电子商务的不断发展，电子商务网站的不断归并，也伴随着大数据技术的成熟，这种新的网络银行又重新开始出现。

在我们国内,由于政策已有所放开,互联网上的 IB,即互联网银行业务,已经开始了试点。系统开发已经完成,并且已完成了内部测试,互联网银行相关的互联网银行平台已经上线。

8.2.4 网上银行的主要业务

网上银行业务是银行借助个人计算机或其他智能设备,通过互联网技术或其他公用信息网,为客户提供的多种金融服务。网上银行业务不仅涵盖传统银行业务,而且突破了银行经营的行业界限,深入证券、保险甚至是商业流通等领域。网上银行代表了未来银行业的方向,网上银行业务的迅速发展必将推动银行业新的变革。

从提供服务的性质来分,网上银行业务一般分为 3 类。

第一类是信息服务,主要是宣传银行能够给客户提供的产品和服务,包括存贷款利率、外汇牌价查询,投资理财咨询等。这是银行通过互联网提供的最基本的服务,一般由银行一个独立的服务器提供。这类业务的服务器与银行内部网络无链接路径,风险较低。

第二类是客户交流服务,包括电子邮件、账户查询、贷款申请、档案资料(如住址、姓名等)定期更新。该类服务使银行内部网络系统与客户之间保持一定的链接,银行必须采取合适的控制手段,监测和防止黑客入侵银行内部网络系统。

第三类是交易服务,包括个人业务和公司业务两类。这是网上银行业务的主体。个人业务包括转账、汇款、代缴费用、按揭贷款、证券买卖和外汇买卖等。公司业务包括结算业务、信贷业务、国际业务和投资银行业务等。银行交易服务系统服务器与银行内部网络直接相连,无论从业务本身或是网络系统安全角度看,均存在较大风险。

从网上银行服务的对象来分,网上银行业务可以分为对公(公司金融服务)业务和对私(个人金融服务)业务。下面,通过对国内几家主要网上银行的业务调查,将其公私业务内容列出,如表 8-1 所示。

表 8-1　　　　　　　　　主要网上银行公私业务一览表

银行	公司金融服务	个人金融服务
招商银行	点金公司金融、公司理财、国内、国际、金融机构、离岸、资产托管、企业年金、融资租赁、网上企业银行	一卡通、金葵花理财、出国金融、个人贷款、存储业务、居家生活、投资理财、电子银行、个人网上银行、客户服务
中国银行	全球公司金融、全球先进管理、跨境人民币结算、公司融资服务、贸易金融服务、公司金融市场服务、人民币结算服务、公司存款服务、公司银行服务	中银财富管理、私人银行、爱心理财成长账户、双向宝、国家助学贷款、出国留学金融服务、个人存款服务、个人贷款服务、个人理财服务、个人汇兑服务、个人银行服务
中国工商银行	公司业务、机构业务、资产托管、企业年金、投资银行、电子银行、工行学苑、金融咨询、网上论坛、网上银行、网上商城、理财、债券、贵金属、股票、基金、期货	电子银行、个人金融、信用卡、投资银行、公司业务、机构业务、资产托管、企业年金、工行学苑、金融咨询、网上论坛、网上银行、理财、外汇、保险、股票、基金、期货、缴费、债券、贵金属
中国建设银行	电子银行、公司业务、机构业务、国际业务、房改金融、投资银行、投资托管、企业年金、现金管理	电子银行、个人存款、个人贷款、银行卡、信用卡、外汇服务、房改金融、证券代理、便利服务、基金、理财、黄金、保险、国债、外汇投资

表 8-2 所示为我国主要网上银行个人业务一览表。

表8-2 网上银行个人业务比较一览表

业务	招商银行	中国银行	中国工商银行	中国建设银行
账务查询	个人银行专业版可查看账户信息，当天交易、历史交易等账户信息，查看结果还可自行打印输出	需进入个人网上银行，可查询所有关联账户的余额、账户详情、交易明细	自助添加的注册卡和账户只能进行账务查询和作为转入账户，不能作为转出账户	主要有储蓄账户查询、信用卡查询、公积金查询、企业年金查询服务
网上支付	可选择使用网上支付卡或一卡通活期网上支付进行付款。网上支付卡可在任何一台计算机使用，消费额限制在人民币5 000元内	可以自行设置一个或多个银行卡账户用于网上支付	可以通过在线支付业务，对电子商务平台生成的订单进行支付操作	主要包括跨行转账、信用卡还款、账户查询、账户签约授权共4大类服务
转账汇款	自助转账、同城转账、境内汇款、境外汇款、个人结汇/购汇业务	办理方式灵活，可以即时转账，也可根据需要指定日期或预约周期，实现有规律的自动转账	可以使用中国工商银行汇款向同城或异地的任意中国工商银行个人或单位客户进行汇款	活期转账汇款，定活互转，向企业转账，跨行转账，预约转账，批量转账，外汇汇款
自助缴费	通过招商银行电话银行、网上银行向招商银行的特约收费单位自助缴纳各类日常生活费用（以当地分行开通的交费项目为准）	可以在网上自助缴纳手机费、固定话费、水电费等（缴费品种各地区有所不同）	可选择全国或本地范围的缴费服务，并且可查询在网上缴纳工行代理的全国范围内各种服务缴费交易明细情况	代缴手机费、固话费、水电费等基本服务，部分电子银行还开通了Q币充值、银彩通、代缴平安保费、代缴中小学学费等个性化功能

表8-3所示是我国主要网上银行企业业务比较一览表。

表8-3 网上银行企业业务比较一览表

业务	招商银行	中国银行	中国工商银行	中国建设银行
账务查询	（1）查询企业存款账户的余额信息 （2）查询企业存款账户的明细交易记录信息 （3）下载企业存款账户明细进行财务分析	可通过Internet随时随地查询，下载其在境内、海外中国银行分支机构的本外币账户实时余额、当日交易、历史余额、历史交易、网上银行汇入汇款等信息	网上银行可提供账户信息查询、下载、维护等一系列账户服务。集团企业和中小企业，都可以随时查看总（母）公司及分（子）公司的各类账户的余额及明细账，实时掌握和监控企业内部资金情况	（1）查询企业存款账户的余额信息 （2）查询企业存款账户的明细交易记录信息 （3）下载企业存款账户明细进行财务分析
资金划转	转账、财务支付、代发工资、收款方管理、款项用途维护	通过批量委托、授权模式定制、全程跟踪转账交易状态、到账时间查询、实时E-mail付款通知、预约付款、定向支付、交易数据下载以及客户留言互动、个性化页面定制、定期提醒密码更新等服务	国内支付结算、国际结算、基金业务、企业理财服务、金融机构服务、电子银行服务、资产处置、投资银行	（1）主动付款：可由中国建设银行签约账户向全国任何一个商业银行的账户进行转账 （2）主动收款：经过对方授权，可以主动收取国内中国建设银行其他机构企业款项 （3）实现中国建设银行账户之间资金调拨实时到账 （4）实现网上批量代发工资 （5）实现企业电子商务，组建网上商城

续表

业务	招商银行	中国银行	中国工商银行	中国建设银行
资金管理	（1）离岸业务：银行吸收居民的资金，服务于为非居民的金融活动 （2）资产托管业务：托管业务产品已基本覆盖境内市场所有托管业务品种 （3）企业年金业务：致力于为公司、机构和用户提供企业年金及服务 （4）融资租赁业务：招银租赁为企业提供专业的融资租赁服务	轻松实现集团内部账户信息查询及汇总、主动归集下属公司资金、统一对外支付款项、定制自动归集时间和金额、定时自动补足下属公司备款、集团内外付款分权限控制、境外账户管理	网上国债业务是为企业网上银行客户提供的通过企业网上银行自助办理记账式国债申购、买卖和国债信息查询的业务。可通过网上国债进行查询、申购、卖出等	（1）对下级单位账户进行实时监控 （2）对下级单位账户的资金进行定时、定金额、定余额、零余额等各种方式的自动归集 （3）对自有账户资金对外支付时间进行预先定制 （4）集团理财功能为集团客户建立网上结算中心
财务内控管理	可以	可以	可以	（1）财务人员根据职责分配不同的角色和权限 （2）不同额度转账流程控制 （3）集团理财功能为集团客户建立网上结算中心

8.3 网上银行风险及应对措施

网上银行是一种虚拟银行，其安全性能等方面就需要我们多加注意。网上银行存在着怎样的安全风险，我们又该如何应对？下面将进行详细介绍。

8.3.1 网上银行典型风险

网上银行面临的风险主要由软硬件系统问题、交易风险问题以及终端用户问题等引起。

1. 软硬件系统问题

从整体看，网上银行的业务操作和大量的风险控制工作均由计算机软件系统完成。全球电子信息系统的技术和管理中的缺陷成为网上银行运行的最为重要的系统风险。

在整个网上银行业务处理过程中，网上银行服务器发挥着至关重要的作用，而很多针对网上银行服务系统的风险问题也正是出于此处。比较典型的有以下几种。

（1）系统漏洞带来的安全风险。系统漏洞往往会带来不可预计和不可控制的安全后果。目前，国内的网上银行系统往往架设在 Unix 操作系统上，采用 WebSphere 等中间件和 DB2 等数据库，也有部分网上银行采用了 Windows 系统。这些网上银行业务赖以运转的基础软件，都会不可避免地爆出一些系统漏洞，每个漏洞都可能被互联网上的攻击者所利用，造成网上银行账号失窃或数据篡改。例如，某银行的网上银行系统曾被黑客利用操作系统的系统漏洞入侵，并被窃取了网上银行用户的身份证号码、银行账号及密码等敏感信息，这直接造成了网上银行用户的资金被非法转移。

（2）Web 安全问题带来的风险。根据知名的开放式 Web 应用程序安全项目（Open Web

Application Security Project，OWASP）提供的报告，目前对 Web 业务威胁最严重的两种攻击方式是结构化查询语言（Structured Query Language，SQL）注入攻击和跨站脚本攻击。SQL 注入的攻击原理是，程序员在编写代码的时候，没有对用户输入数据的合法性进行判断，导致入侵者可以通过恶意 SQL 命令的执行，获得数据读取和修改的权限。跨站脚本攻击（Cross Site Scripting，XSS）是通过在网页中加入恶意代码，当访问者浏览网页时恶意代码会被执行；或者通过给管理员发信息的方式诱使管理员浏览，从而控制网上银行网站的一种网络攻击行为。

（3）数据库安全问题带来的风险。数据库是网上银行系统的核心，前两种安全风险最终也会危害到数据库的安全。但是针对网上银行系统，数据库的安全问题还有其特定的含义，那就是数据库的权限滥用所带来的安全问题，如违规越权操作、恶意入侵导致数据库里的敏感信息失窃，且事后无法有效追溯和审计。

（4）分布式拒绝服务攻击带来的安全风险。分布式拒绝服务（Distributed Denial of Service，DDoS）的本质是攻击者合法或非法地利用互联网上的大量其他机器（可能是"肉机"，也可能是合法的代理机器），对攻击目标发起多对一的攻击；并且，随着攻防对抗的发展，当前基于应用层的 DDoS 攻击方式逐渐成为了 DDoS 的主流。DDoS 攻击的危害体现在网络银行上，就是造成网上银行系统的服务器资源或者带宽资源被攻击报文占用，从而无法响应正常的网上银行业务。

2．交易风险问题

网上银行主要服务于电子商务，而电子商务在网络上的交易由于交易制度设计的缺陷、技术路线设计的缺陷、技术风险缺陷等因素，可能导致交易的风险。这种风险是电子商务活动及其相关网上银行独有的风险，它不仅影响交易各方、支付的各方，而且可能导致整个支付系统的系统性风险。

3．终端用户问题

从技术上讲，银行的网络是安全的，交易信息的传输采用的是 128 位加密算法，以现今的技术要破解该加密信息，必须耗费数百万年的时间。而用以验证用户身份的数字证书技术，到目前为止，全球范围内还没有破解的案例。因此，网上银行的风险点主要来自网上银行交易的用户端。主要涉及以下几类典型风险。

（1）网络犯罪分子的攻心术。该攻心术即以各种网络诈骗、中奖、网上银行升级、网络钓鱼等手段引诱用户将网上银行账户信息提供出来，如钓鱼网站就是典型的网络诈骗。犯罪分子一般通过电子邮件发送虚假信息诱骗用户单击，此类邮件中一个经过伪装的链接将用户联到钓鱼网站。"钓鱼网站"通常被伪装为银行网站，其页面与真实网站界面完全一致，不熟悉的用户很难分辨。它要求访问者输入账号和密码，从而达到窃取用户账号和密码信息的目的。在所有的网上银行风险中，这种诈骗手段是最为普遍，也是最让银行、执法机关头疼的。

（2）网上黑客与计算机病毒。网上黑客即所谓非法入侵计算机系统者，网上黑客攻击对国家金融业的潜在风险极大。目前，黑客行动几乎涉及了所有的操作系统，包括 UNIX 与 Windows NT。因为许多网络系统都有着各种各样的风险漏洞，其中有些是操作系统本身的，有些是管理员配置错误引起的。黑客利用网上的任何漏洞和缺陷修改网页，非法进入主机，进入银行系统盗取和转移资金、窃取信息、发送假冒的电子邮件等。

计算机病毒通过木马、恶意插件、后门程序等恶意程序或黑客技术窃取用户账号和密码等信息。灰鸽子就是一种攻击计算机实体的典型木马病毒。用户一旦中招，灰鸽子就会植入用户的计算机，运行后就在本地和对方机器之间建立点对点（Peer-to-Peer，P2P）连接，并修改网络探路者（Internet Explorer，IE）的关联，这时用户端的一举一动全部被远程控制了。用户一旦登录网上银行进行网上交易，输入的网上银行账户、密码、支付密码会统统被窃取。

下面，列举一些黑客常用的攻击网银系统的手段。

① 木马下载器让系统安全功能全失。

病毒代表：

- AV 终结者

专门与杀毒软件对抗，破坏用户计算机的安全防护系统，并在用户计算机毫无抵抗力的情况下，大量下载盗号木马的病毒。

- 机器狗

直接操作磁盘以绕过系统文件完整性的检验，通过感染系统文件（如 explorer.exe，userinit.exe，winhlp32.exe 等）达到隐蔽启动；通过底层技术穿透还原软件，可以下载大量盗号木马到用户计算机。

- 磁碟机

会关闭一些安全工具和杀毒软件并阻止其运行；并会不断检测窗口来阻止一些杀毒软件及安全辅助工具。

② 远程控制木马让你的计算机屏幕现场直播账号密码全过程。

病毒代表：

- 灰鸽子

一个中国制造的隐蔽性极强的木马，连续数年被反病毒厂商列为年度十大病毒。用户一旦被入侵，计算机将沦为肉鸡，任人宰割。攻击者可以对感染机器进行多种任务操作，如屏幕监控、键盘监控、强行视频等。

③ 网银专业盗号家族——专业就是生产力。

病毒代表：

- 网银隐身劫匪

它是一个针对中国工商银行网银的盗号木马。当用户使用 IE 浏览器登录中国工商银行网银系统进行网上交易时，病毒就会截取用户的支付卡号、接收卡号、密码、收款人姓名、收款人所在地、交易流水号、收款网点机构名、收款人所在网点机构、总金额等全部的敏感信息，窃取用户财产。

- 网银黑客盗号器 61440

它是一个黑客盗号程序。病毒特征：与以往的网银盗号木马不同，该病毒在对抗安全软件方面下了些功夫，运行后会替换掉系统桌面文件 explore.exe 和 beep.sys 文件，替换后，用户获知系统异常的机会将被降低，这让病毒能够躲避查杀。然后它记录用户通过 IE 浏览器上网时输入的类似银行账号和密码的数据，接着悄悄连接病毒指定的地址，将记录的数据发送出去，导致用户网银账号丢失。

- 网银大盗

一旦发现当前 IE 窗口与病毒体内所记录的银行登录页面相符，该病毒便立即开始记录用户在键盘上输入的所有键值，以从中窃取用户网上银行的账号、密码和验证码等。这类病毒工作时避开了其他键盘输入的情况，直指网上银行的登录信息，目的性非常强，也大量节省了后期从中提取有用信息的时间。

- 快乐耳朵

它是监控 IE 浏览器的病毒。当此病毒发现用户开启网上银行的登录窗口时，便将键盘敲击的内容偷偷记录下来，从而获得用户的账号与密码。快乐耳朵病毒先是通过邮件系统向外发送大量以偷拍电影网站为内容的诱惑性邮件，当用户信以为真地登录这些网站后，网站就会弹出提示观看本站的电影必须安装新编码器。事实上，这个编码器就是病毒，用户下载并运行之后，计算机就会受到感染。当用户在受感染的计算机中使用病毒所针对的网上银行服务时，用户的账号、密码和数字证书就会被窃取，并发往病毒指定的信箱。

- 网银小燕

该病毒利用邮件高速传播，邮件的标题为表哥你好吗？邮件的内容为表哥："你好！你这几年在上海过得好吗？身体好吗？知道我是谁吗？先不告诉你，看了我的相片你就知道了，嘻嘻。收到我的 E-mail 很惊奇吗？很高兴吗？我是从你的同学施华军那儿知道你的 E-mail 地址的，我和他是在倩倩的生日 party 上遇到的。他说你找了一个上海女朋友，是不是呀？真得好好祝福你哟！"

如果用户出于好奇，打开附件中的照片，那么，该病毒就会趁机感染用户的机器。病毒会监视用户窗口的标题栏，寻找与银行有关的字样，如果有，该病毒就会记录用户的键盘操作，窃取用户银行的账号和密码，并迅速把得到的信息发给木马种植者。该病毒可直接使感染用户产生经济损失。

（3）数字证书攻击。央视曾报道过的上海蔡先生账户上的 16 万元在网上银行被盗的案件，就是典型的网上银行数字证书被盗引发的网上银行盗窃案件。银行早期推出的数字证书是一种虚拟的证书，由用户下载并安装在 IE 浏览器中。这种软证书虽具备了 PKI 加密的特性，但不强制用户设置证书使用口令，其他人登录同一台计算机就能直接使用。软证书的私钥可以导出，这给了木马程序以可乘之机，很多新的木马病毒可以偷走证书文件，这样一来，用户账户信息就得不到有效的保障。

8.3.2 网上银行常用认证方法

1. 密码

密码是每一个网上银行必备的认证介质，用户记得要使用安全好记的密码。但是，密码非常容易被木马盗取或被他人偷窥。

安全系数 30%。

便捷系数 100%。

2. 文件数字证书

文件数字证书是存放在计算机中的数字证书，用户每次交易时都需要用到。如果你的计算机没有安装数字证书，在大多数情况下是无法完成付款的。已安装文件数字证书的用户只需输密码即可；数字证书在安装时需要验证大量的信息，因此，相对于没有安装数字证书的用户，安装了的用户的安全性会更高。

但是文件数字证书不可移动，对经常换计算机使用的用户来说不方便（支付宝等虚拟账户的验证方式是验证手机，而网上银行一般要去银行办理）；而且文件数字证书有可能被盗取（虽然不易，但是可能），所以不是绝对安全的。

安全系数 70%。

便捷系数 100%（家庭用户）/30%（网吧用户）。

3．动态口令卡

动态口令卡（见图 8-13）是一种类似游戏密保卡的卡。卡面上有一个表格，表格内有几十个数字。当进行网上交易时，银行会随机询问你某行某列的数字，如果用户能正确地输入对应格内的数字，便可以成功交易；反之则不能。

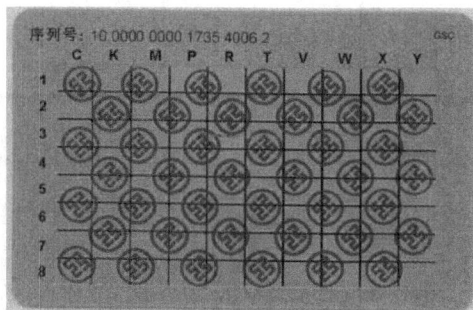

图 8-13　动态口令卡

动态口令卡可以随身携带，轻便，不需驱动，使用方便。但是，如果木马长期在客户的计算机中，可以渐渐地获取用户口令卡上的很多数字。当获知的数字达到一定数量时，用户的资金便不再安全，而且如果在外使用，也容易被人拍照。

安全系数 50%。

便捷系数 80%。

提供商：中国工商银行、中国农业银行。

4．动态手机口令

当你尝试进行网上交易时，银行会向你的手机发送短信。如果你能正确地输入收到的短信，则可以成功付款，反之则不能。动态手机口令验证不需安装驱动，只需随身携带手机即可，不怕偷窥，不怕木马。相对安全。但是必须随身携带手机，手机不能停机（手机停机，无法付款；无法付款，就会一直停机。就像给证明就给开箱，然后不开箱没有证件就无法证明一样），不能没电，不能丢失。而且有时通信运营商服务质量低会导致短信迟迟不到，影响效率。

安全系数 80%～90%。

便捷系数 80%（手机随身，话费充足，信号良好）；

30%～80%（手机不随身，经常停机，信号差，有时还会弄丢手机）。

提供商：招商银行、中国工商银行、中国光大银行、邮政储蓄银行。

5．动态口令牌

动态口令牌类似梦幻西游的将军令，一定时间换一次号码。付款时用户只需按动态口令牌上的键，就可得到编码。一分钟内在网上银行付款时可以凭这个编码进行付款。如果无法获得该编码，则无法成功付款。动态口令牌的编码一旦使用过就立即失效，用户不用担心付款时输的编码被外人看到。动态口令是根据特定算法生成不可预测的随机数字组合，每 30 秒随机生成一个动态口令，每个口令只能使用一次（见图 8-14）。动态口令牌是用来生成动态口令的终端设备，有硬件令牌和软件令牌两种形式。

硬件令牌从技术角度分析包括以下3种形式：基于时间同步，基于事件同步，挑战/应答方式。动态口令认证技术被认为是目前能够最有效解决用户身份认证的方式之一。使用动态口令主要有几个方面价值，一是用户可以防止由于盗号而产生的财产损失，且无须忍受定期修改各种应用系统登录密码带来的烦恼。二是可以达到保护账号隐私安全、身份识别和账号锁定等目的。

安全系数 80%～90%。

便捷系数 80%。

提供商：中国银行。

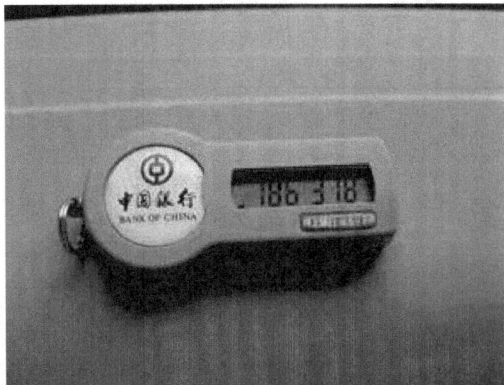

图 8-14　动态口令牌

6．移动数字证书

移动数字证书，中国工商银行称其为U盾，中国农业银行称其为K宝，中国建设银行称其为网银盾，中国光大银行称其为阳光网盾，在支付宝中称其为支付盾。它存放着你个人的数字证书，并不可读取。同样，银行也记录着你的数字证书。

当你尝试进行网上交易时，银行会向你发送由时间字串、地址字串、交易信息字串、防重放攻击字串组合在一起进行加密后得到的字串A，你的U盾将根据你的个人证书对字串A进行不可逆运算得到字串B，并将字串B发送给银行，银行端也同时进行该不可逆运算。如果银行运算结果和你的运算结果一致，便认为你合法，交易便可以完成；如果运算结果不一致，便认为你不合法，交易便会失败。

安全系数：95%。

便捷系数：50%（持有需要驱动的移动数字证书的网吧用户）。

80%（持有免驱的移动数字证书的网吧用户或家庭用户）。

提供商：中国工商银行、中国农业银行、中国建设银行、招商银行、中国光大银行和民生银行。

8.3.3　网上银行风险的应对

虽然网上银行有风险，但用户只要采取积极有效的防范措施、采用安全的操作策略、养成良好的使用习惯，是能够保证网上银行安全的。从技术层面上来说，主要可以在以下几个方面努力。

1. 建立网络风险防护体系

防范系统风险与操作风险。不断采用新的风险技术来确保网上银行的信息流通和操作安全，如防火墙、滤波和加密技术等。要加快发展更强的信息风险技术，包括更强的加密技术、网络使用记录检查评定技术、人体特征识别技术等，使正确的信息及时准确地在用户和银行之间传递，同时又防止非授权用户，如黑客对网上银行所存储的信息的非法访问和干扰。为了确保网上银行业务的安全，通常设有 3 种防护设施。第一种是装在用户上网用的浏览器上的加密处理技术，能够确保资料传输时的隐秘性，保障用户在输入密码、账号及资料后不会被人劫取及滥用；第二种是被称为"防火墙"的风险过滤路由器，能够防止外来者的不当侵入；第三种是"可信赖作业系统"，它可充分保护网上银行的交易中枢服务器不受外人，尤其是"黑客"的破坏与篡改。

目前，市场上已经形成了很多成熟的网银安全防御产品。针对来自互联网上的各种应用安全风险，人们可以通过主流的应用层安全产品实现对网银服务器区的安全加固，主要包括入侵防御系统（Intrusion Prevention System，IPS）、数据库审计设备和专业抗 DDoS 设备。

针对系统漏洞带来的安全风险，IPS 深入应用层的入侵检测防御引擎，可以对访问网银的每个数据报文进行全面深度分析，对具有利用系统漏洞特征的攻击报文进行实时阻断，从而使攻击者无法利用系统漏洞攻击网银系统。

针对基于 Web 的安全威胁问题，IPS 产品可以分析 B/S 架构的每一个 HTTP 请求，根据常见 Web 攻击（如 SQL 注入、CSS 跨站脚本的通用攻击）原理对每个用户端提交的 HTTP 请求进行攻击特征匹配，并将攻击报文实时阻断。

针对数据库安全问题带来的风险，IPS 产品提供了一类与安全策略相关的特征规则库。虽然触发这类特征规则的网络访问行为不能一定判断为是攻击事件，但肯定是存在一定安全风险的，如对网银数据库的一些重要操作的访问行为相关的特征规则就属于这一类。IPS 可以对这些访问行为进行检测，并进行告警。同时，根据网银安全策略，对于有些明确不应该发生的数据库操作行为，人们也可通过 IPS 设置直接进行实时阻断。

另外，通过数据库审计设备，人们可以对网银数据库的所有操作进行记录，数据库审计设备通过交换机镜像获得访问数据库的流量，并对访问流量进行分析，将访问行为进行记录审计，从而实现对数据库的违规操作等进行事后追溯。

针对 DDoS 带来的安全风险，人们通过专业抗 DDoS 设备可进行有效防御。专业抗 DDoS 设备部署在网银互联网出口路由器上，对来自互联网的访问流量进行抽样分析，获得正常的访问流量模型。当访问流量偏离正常模型过度之后，专业抗 DDoS 设备会认为这是一个异常事件并启动防御功能，通过发布动态路由，将有 DDoS 攻击嫌疑的流量牵引到专业抗 DDoS 设备上进行检测过滤，对确定为 DDoS 的攻击流量进行丢弃，而正常的访问请求则被重新回注到出口路由器上进行转发。

结合网银应用的特点，通过部署应用安全设备 IPS、数据库审计设备和专业抗 DDoS 设备形成的立体防御体系，将对网银服务器的应用安全形成有效的保障。

2. 加速对金融工程学科的研究、开发和利用

金融工程是在金融创新和金融高科技基础上产生的，运用各种有关理论和知识，设计和开发金融创新工具或技术，以期在一定风险度内获得较好收益的工程。目前，人们急需加强电子技术创新对新的电子支付模式和技术的影响，以及由此引起的法制、监管的调整问题的研究。

3．通过管理、培训手段来防止金融风险的发生

网上银行是技术发展的产物，许多风险管理的措施都离不开技术的应用。不过这些技术措施实际上也不是单纯的技术措施，技术措施仍然需要人来贯彻实施，因此通过管理、培训手段提高从业人员素质是防范金融风险的重要途径。《中华人民共和国计算机系统风险保护条例》《中华人民共和国计算机信息网络国际联网管理暂行规定》对计算机信息系统的风险和计算机信息网络的管理使用做出了规定，严格要求网上银行等金融业从业人员依照国家法律规定操作和完善管理，提高风险防范意识和责任感，确保网上银行业务的风险防范和良好运行。

以上从宏观层面以及专业技术层面阐述了如何保障网络银行系统的安全，其实，正如上文所述，网络银行风险很大一部分来自客户端，也就是用户方面。针对这方面问题，主要提出以下防范措施。

网上银行风险的
安全对策

（1）实体证书防御。尽快将"软"证书升级为"硬"证书。所有不带有身份认证令牌硬件设备的网上银行系统，都是不安全的。人们只有脱离用户的计算机系统，使用独立的身份认证硬件设备，才能构造出安全的网上银行系统。归根结底，网上银行要借助硬装备，才能御黑客于千里之外。

目前各家银行推出的网上银行数字硬证书，综合起来主要有3种类型：动态密码卡、动态口令牌和USB Key，如U盾、K宝、网上银行盾等都属于USB Key。网上银行硬证书的核心是将进入网上银行大门的钥匙牢牢攥在自己手上，而不是放在计算机的IE浏览器上，相对软证书而言，硬证书无疑是网上银行安全的保护神。

（2）账户保护多留心。有的用户为了省事，将所有的金融交易集中在一张银行卡上，用这张卡注册网上银行，用于购物、缴费和投资理财，这样将所有的资金风险集中到一个账户上是非常危险的。为了规避网上银行风险，可将自己的账户做一个功能划分。例如，开两个银行账户，一个账户（如工资卡）不注册网上银行，作为储蓄账户；另一个账户（如普通的借记卡）注册网上银行，作为消费账户，所有需要通过上网交易的活动都走消费账户。储蓄账户作为资金的蓄水池，根据需要随时向消费账户注资，消费账户上只存少量的现金。即使注册了网上银行的消费账户有风险，其损失也很有限。

（3）巧用电话银行转账。这只需要用户在银行柜台将需要转账的两张银行卡注册为电话银行签约用户，并设置转出账户和转入账户的卡号、密码，以及转账限额。在进行网上银行交易时，一旦资金不足，用户就可通过电话银行，足不出户实现储蓄账户向消费账户转账。另外，用户在申请电话银行转账功能时，还能申请绑定电话号码，将自己的手机号或家里的电话与电话银行的特服号绑定，如此非本人设定的号码拨打电话要求银行实施转账时都将被拒绝，这样安全性和便利性都得到了保证。

（4）密码设置要取巧。用户注册网上银行后，会涉及许多密码，如电子银行、网上银行登录、银行账户、支付宝、证书及电子邮件等，有的用户为了省事，将所有的密码设置成同一串数字，这是相当危险的。保护密码就是对网上银行安全的保护，建议采用如下几个原则设置密码，实现对重要密码的保护。

① 网上银行的登录密码一定要与常用网站，如淘宝网、视频网站、游戏网站的密码区别开来。网上银行的登录密码一般有长度限制（多为6～8位数字），用户必须按照银行的要求设置网上银行登录密码；而普通网站的登录密码没有限制，可以设置得长一些、复杂些，数字和字符混用。

② 网上银行的登录密码与银行账户的支付密码区分开，不要使用相同的密码。

③ 电子邮箱的登录密码经常被用到，也不要作为网上银行的登录密码。

④ 不要用生日、电话、车牌等号码设置密码，很容易被破解。

⑤ 注册在网上银行上的不同账户要设置不同的支付密码。

⑥ 对于不能将密码熟记在心的用户来说，建立密码文档是一种解决办法，这可避免因密码遗忘或混淆发生账户锁定、无法正常登录的事件。用户应将密码文档保存在家里安全的地方，保护好这个文档就保护了所有密码的安全。

（5）登录正确的网站。在登录网上银行或是通过购物网站使用网上银行支付时，网址的前缀应为"https"，而且浏览器上会显示一个"挂锁"图形的安全证书标识。如果使用的网上银行不符合这两个条件，用户就不该输入自己的银行账户和密码。

（6）网上银行升级要当心。如果遇到相关的"网上银行升级"或"银行系统升级"的短信，要及时拨打银行的客服电话进行咨询，不要轻易相信。同时要特别留意发送短信的端口，如果不是银行的专用端口而是个人的手机号码，诈骗的可能性就非常大。

（7）养成网上银行使用好习惯。要对网上银行转账功能进行一定的限制，如每天的最大转账额度以及转账次数等，这样即使网上账户被盗，由于有转账额度限制，也可以防止太大的财产损失。

设置网上银行登录欢迎信息，以便确认登录的是正式的官方网站，并养成定期查看网上银行余额的习惯，最好于月末或季末打印网上银行业务对账单。

开通一些短信提醒功能，如对网上银行登录、登录密码连续输错、转账汇款等及时进行短信提醒。避免在公共场所（如网吧、机场等）使用网上银行，因为你无法知道这些计算机上是否装有恶意程序进行监控。

（8）补丁杀毒不可少。及时升级计算机系统补丁和杀毒软件，使用防火墙等网络保护工具，采用正版可靠的杀毒工具并及时升级，定期对计算机进行杀毒处理，保证网上银行操作环境的安全性。

思 考 题

1. 什么是网上银行？与传统银行相比，网上银行有哪些特点及优势？

2. 简述网上银行系统的组成及每部分的功能。

3. 网上银行有哪些经营模式？

4. 网上银行的业务有哪些类别？

5. 网上银行对公业务和对私业务具体有哪些？

6. 开通网上银行的基础条件有哪些？

7. 中国工商银行网上银行主要有哪些功能？

8. 网上银行有哪些技术风险？

9. 从宏观和微观两个层面阐述网上银行的风险应对措施。

第9章 移动支付

【学习目标】

- 了解移动支付的定义及其分类。
- 了解移动支付主要业务类型。
- 掌握移动支付的几种技术支持。
- 了解移动支付在发展过程中面临的主要问题及解决方案。
- 了解移动支付的主要安全问题。
- 掌握移动支付的主要安全对策及其操作方法。

【引导案例】

德清：传统菜摊用上扫码支付

"一共 18 元，您是现金还是支付宝？"只见客户从包内掏出手机，对着摊位前摆放着的支付宝账号二维码扫描并进行了转账操作，随后拎着包装好的馄饨、春卷离开了摊位。这是记者近日在兴康农贸市场看到的一幕。

如今，扫二维码支付的方式在大街小巷随处可见，可是这一方式出现在传统的农贸市场内，还是让人有些稀奇。这家使用二维码支付的摊位是一个饺子摊，摊主赵阿姨主要售卖馄饨、春卷、油面筋、千张包等面点。

有了这个发现，记者尝试着走遍了兴康农贸市场的角角落落，除了几家有窗口的熟食摊有完备的微信及支付宝二维码之外，其余的活鱼等摊位前都没有贴出可以扫码支付的标志。

"平时来买菜的时候，经常有客户问我能不能微信或支付宝转账。我年纪大了，哪里懂这些。"赵阿姨说道。前不久，女儿章女士来摊位前帮忙，碰到客户提出用手机转账支付，才萌生了在摊位上摆二维码的想法。

章女士说，这样做不仅方便了没有带钱的客户，也解决了找钱难的问题。在淘宝里搜索"二维码支付牌"，便出来了一连串外形各异的付款牌。章女士花了 30 元制作了微信、支付宝的二维码塑料牌，摆放在摊位前，让原本传统的菜摊也与互联网接轨了。

几天下来，二维码支付的生意如何？赵阿姨告诉记者，扫二维码支付的客户真不少。"在摊位前设置二维码，主要是方便客户，并没有想着以此来招揽生意。"

记者走访发现，虽然也有摊位没有摆出二维码的牌子，但如果客户提出手机支付，一些年轻的摊主也会掏出手机，让客户扫码支付。菜场内的客户也都纷纷表示，十分期盼菜场里有手机支付的方式。"如果卖鱼的摊位前也有手机支付就好了，平时他们杀完鱼，湿漉漉地找钱给我，其实不方便也不卫生。"客户陈女士说道。

赵阿姨说，"这些支付宝和微信二维码的支付流程，其实自己根本不懂。但是我还是把它们都挂出来，既是为了方便大家，也是信任客户"。

9.1 移动支付概述

1. 移动支付发展现状

在当今中国，如果你说你出门不带钱包，大家不会觉得奇怪。但是你说你没用过微信、支付宝买东西，估计你是"歪果仁"。下面，我们通过一些简单的数据来看一下中国的移动支付现状吧。

2016 年我国移动支付业务笔数首次超过互联网支付，标志着我国零售支付市场移动支付时代的到来。2017 年 1 月，蚂蚁金服发布了支付宝 2016 年的全民账单，如图 9-1 所示。数据显示，移动互联网已经成为中国人生活方式的一部分，4.5 亿消费者在过去一年 71%的支付发生在移动端，超 10 亿人次使用"指尖上的公共服务"。

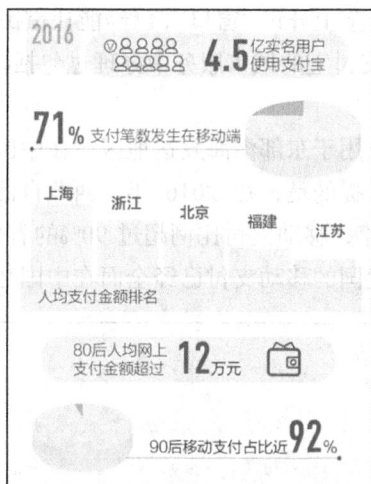

图 9-1　2016 年支付宝移动支付全民账单

从消费的分布上我们可以看出，消费逐渐从 PC 端转移到了移动端，并且这一趋势在 2017 年继续升温。图 9-2 所示为 2015—2017 年支付宝移动支付笔数占整体支付笔数的比例图。

从图 9-2 中可以看到，移动支付在支付宝的整体笔数的比例上升明显，从 2016 年的 71%提高到了 2017 年的 82%，提高了 11 个百分点。

而 2018 年，在电子支付方面，移动支付业务量快速增长。2018 年 8 月 20 日，央行发布的《2018 年第二季度支付体系运行总体情况》报告中的数据显示，第二季度，银行业金融机构共处理电子支付业务 437.68 亿笔，金额 584.99 万亿元。其中，网上支付业务 138.71 亿笔，金额 487.39 万亿元，同比分别增长 17.78%和 2.96%；移动支付业务 149.24 亿笔，金额 62.88 万亿元，同比分别增长 73.09%和 60.24%。

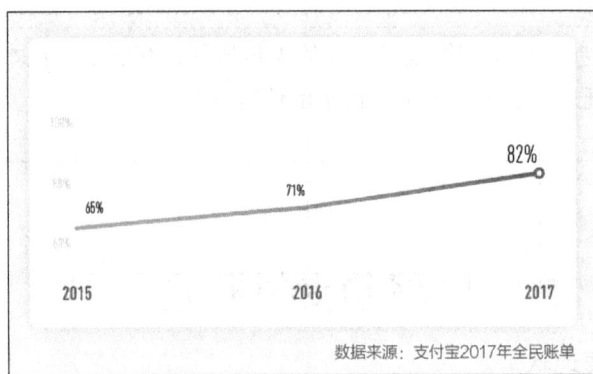

数据来源：支付宝2017年全民账单

图 9-2　2015—2017 年支付宝移动支付笔数占整体笔数的比例

同时，在关乎国计民生的方方面面，移动支付也在影响着我们。2017 年支付宝年度报告显示，截至 2017 年年底，共有超 4 000 万家小商户开通收钱码，一个小小的二维码成为了每一个支付环节中必不可少的"媒介"。当你走在街头，不管是在餐厅买单、商店购物，还是玩抓娃娃机和在烤红薯摊消费，都能用手机支付。公共交通是城市出行最重要的方式，但长期以来，因为对信号、时间的要求，一直是移动支付最难攻克的堡垒之一，国内外的惯例都是自备零钱或使用交通卡。随着技术的突破，2017 年，超过 30 个城市的公交、地铁都先后开始支持支付宝。而各地公共服务部门通过在支付宝上开设"窗口"，已经能让市民不用出行，坐在家中也能缴费、办事。2017 年，2 亿多市民在支付宝的城市服务中办理过包括社保、交通、民政等 12 大类的100 多种业务。

在我国，移动支付不仅被应用于东部沿海发达地区，在中国全境，移动支付都已经成为一种主流的支付手段。特别值得一提的是，在 2016 年，西藏自治区移动支付所占的比例超过了90%。如图 9-3 所示，在 2017 年，移动支付比例超过 90%的省份增长到 11 个，并且主要集中在相对中西部地区。这表明，我国的移动支付已经全面在中国普及。

数据来源：支付宝2017年全民账单

图 9-3　2017 年移动支付比例超过 90%的省份

移动支付不仅在国内全面开花，成为中国的标志之一，而且在全世界的范围内得到了推广。2017 年，支付宝加快了伴随中国人走出去的步伐，已在欧美、日韩、东南亚等 36 个国家和地区接入了线下数十万商户门店，范围涵盖餐饮、超市、百货、免税店、主题乐园、机场、退税等几乎所有消费场景。腾讯的财付通在 2012 年也开始走出国门，微信支付已登录超过 13 个国家和地区，覆盖了全球超过 13 万的境外商户，支持 12 种以上的外币结算。

简以概之：移动支付，兴于华夏，普惠世界。

2．移动支付的特点

移动支付具有以下一些特点。

（1）操作过程简单方便，各方面应用不断创新。只要客户拥有一部手机，并且可以上网，便可通过相关软件完成整个支付与结算过程。当前移动支付已渗透到我们生活的方方面面，为我们提供消费、娱乐、购物等多种服务。

（2）交易成本低廉，广大群体易接受。只要手指轻轻一点，不用长途跋涉，客户就能通过移动终端完成支付，这大大减少了往返商场和银行的费用和时间。

（3）客户多基于借记卡、信用卡和支付账户使用。与 2014 年相比，我国客户采用借记卡和支付账户进行移动支付的数量呈稳步增长态势。

3．我国移动支付的优势

随着我国移动支付技术的成熟和第四代移动通信技术（the 4th Generation Mobile Communication Technology，4G）手机用户的增加，移动互联网有了更加广阔的发展空间。互联网金融企业与移动支付方式融合后具有诸多优势。

（1）以方便、快捷和高效的方式参与交易。相对于传统的商业银行，互联网金融企业利用特有的互联网技术，以移动支付为平台，使资金供需双方、借贷双方不用专门跑到相关银行或交易所的柜台办理业务，而是通过相应的移动平台软件解决客户的需求，不用再排号，给客户以方便、快捷和高效的体验。我们只需坐在家里，动动手指就可以完成交易。

（2）节约交易成本，有利于完善客户个人信息。在互联网金融企业发展之前，客户的个人信用价值评估未得到很好的实践与推广。随着移动支付与我们的关系越来越密切，相关公司已利用客户的历次交易和数额的数据，针对客户个人信息和信用体系进行了完善。现在互联网金融公司更加注重数据的维度、广度和宽度，从而使得信用评估更加准确。通过电子数据库储藏和搜索技术，使信息运用于指尖，即通过移动支付完成交易，形成成本低廉的金融模式。这给小微企业带来了极大的便利，如阿里小贷，无须担保、抵押，就可以为小微企业提供纯信用贷款。

（3）覆盖面广，包括传统金融业盲区。在移动支付和互联网技术创新的基础上，客户可以突破时间和地域的限制。不论银行和商场是否关门，不论你在农村或城市，不论你是中大企业还是一个小摊位，都可以通过手机解决融资、消费等各种业务，这奠定了客户基础。传统的金融企业一般很少将资金提供给信用差的小微企业，而互联网金融弥补了这一不足。

（4）有一定的社会价值，满足社会小众的资金要求。如今，我们熟知的 P2P 理财平台就是移动支付背景下互联网金融的产物，它的社会价值主要体现在满足个人资金需求、发展个人信用体系、提高金融系统活力和提高社会闲散资金利用率等方面。

既然移动支付已经这么普及了，是不是我们对移动支付就一定很了解了呢？大家可以思考一下下面几个问题。

在我国，移动支付主要有几种方式？每种方式需要的主要技术和实现方法是什么？这些移动支付方式对手机或者支付的要求是什么？移动支付的风险都有哪些？如何更好地避免移动支付的风险？

在我国，其实移动支付存在的形式有很多种，除了微信、支付宝的扫码支付，还有很多其他的方式，如 ApplePay、三星 Pay、华为 Pay 等，还有闪付、云闪付等。除了基于手机的移动支付，移动支付还包括了移动 POS 机、手机刷卡器等其他类型的移动支付方式。

9.2 | 扫码支付

说起移动支付，在 2015 年之前，甚至在 2016 年年初，中国的移动支付还只是处于酝酿阶段，但是近几年，移动支付已经成了人们的一种生活方式。

在这方面，中国起到了创新的作用。不同于国外移动支付的道路，中国的移动支付是由支付宝和微信发起的，其借助一些优惠和补贴，让百姓体会到了移动支付的便利。然后通过充分利用微信和支付宝的客户优势，结合应用的创新，走出了一条中国移动支付的独特道路。其成功之处不是在于技术的高新，而在于对于现有技术的应用。

通过研究我国大众的消费习惯和心理因素，支付宝采用的技术一开始走的就是亲民的路线，通过简单的二维码的应用，在没有银行的支持下，率先普及了移动支付。

因此，与国外的移动支付走的 ApplePay 或者主机卡模拟（Host Card Emulation，HCE）的技术不同，我国的移动支付，其主流是扫码支付，也就是二维码支付。从一开始，就是结合着微信和支付宝的账号来实现的。然后，才发展到联合银行，实现各种其他的移动支付。扫码支付的主要表现应用有两种，分别为微信和支付宝，二者占据了中国移动支付的半壁江山。扫码支付是支付宝或者微信等支付平台针对线下传统行业的一种收款方式。对于扫码支付大家并不陌生，一般来说，扫码支付有两种方式，"被扫"（条码支付）与"主扫"（扫码支付）。

9.2.1 "被扫"——条码支付

"被扫"是商户使用扫码枪等条码识别设备扫描客户支付宝钱包上的条码/二维码，完成收款，客户仅需出示付款码，所有收款操作由商户端完成。图 9-4 所示为"被扫"的使用场景。

图 9-4 "被扫"的使用场景

业务流程：

被扫的业务流程如图 9-5 所示。

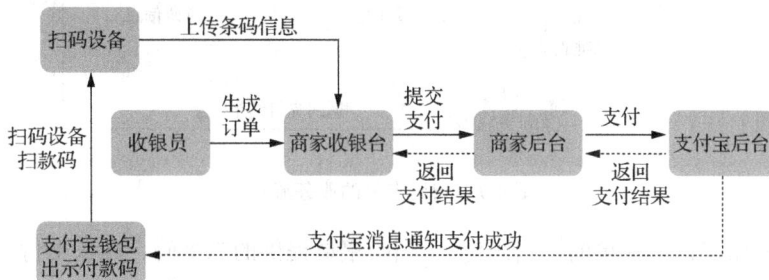

图 9-5　被扫的业务流程

（1）客户登录支付宝钱包，单击首页"付款"，进入付款码界面。

（2）收银员在商户收银系统操作生成订单，客户确认支付金额。

（3）客户出示支付宝钱包的"付款码"，收银员用扫码设备来扫描客户手机上的条码/二维码后，商户收银系统提交支付。

（4）付款成功后商户收银系统会拿到支付成功或者失败的结果。

9.2.2　"主扫"——扫码支付

扫码支付，指客户打开支付宝钱包中的"扫一扫"功能，扫描商户展示在某收银场景下的二维码并进行支付的模式。该模式适用于线下实体店支付、面对面支付等场景。

扫码付 VS 云闪付

很多加入支付宝的商户都已会通过软件或者向客户扫码收款，但部分客户不愿让商户扫他的付款二维码，担心商户把金额输多了。对于这种情况，有以下方法：商户出示自己的收款二维码，客户自己扫码输入金额，这样就放心了。

其使用场景，如图 9-6 所示。

图 9-6　扫码支付的使用场景

扫码支付的业务流程如图 9-7 所示。

（1）客户登录支付宝钱包，单击首页"付款—扫码付"，进入扫一扫界面。

（2）收银员在商户收银系统生成支付宝订单，让客户确认支付金额，并生成二维码。

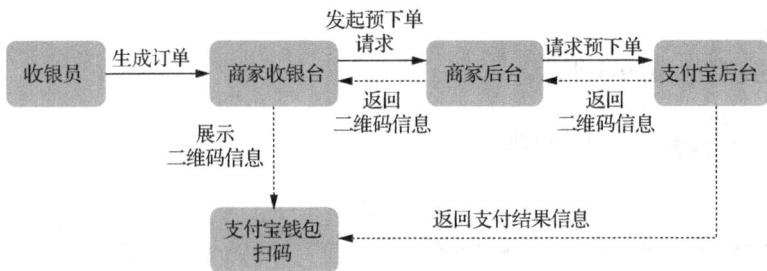

图 9-7　扫码支付的业务流程

（3）客户使用支付宝钱包的"扫码付"，扫收银员提供的二维码，确认支付。

（4）客户付款后商户收银系统会拿到支付成功或者失败的结果。

9.2.3　扫码支付的相关规范

目前市场上具有扫码支付功能的产品数不胜数，大大小小的公司都在做扫码支付的产品。第一梯队是具备专业能力的第三方支付公司：微信、支付宝、百付宝等，第二梯队是所谓的第四方聚合支付平台，第三梯队是中国银联与银行系。从出现扫码支付至今，为了规范扫码支付的发展，我国出台了以下文件。

（1）2014年3月13日，中国人民银行下发《中国人民银行支付结算司关于暂停支付宝公司线下条码（二维码）支付等业务意见的函》，紧急叫停支付宝的扫码支付产品。然而并没有起到什么作用，支付宝的扫码支付在2014年与2015年搞得如火如荼。反而是商业银行被镇住了，直到2016年中下旬，才有商业银行公开推出扫码支付产品。

（2）2016年8月，中国支付清算协会就已经发布了《二维码支付业务规范》（征求意见稿）。意见稿中明确指出支付机构开展条码业务需要遵循的安全标准。这是央行在2014年叫停二维码支付以后首次官方承认二维码支付的地位。

（3）2016年10月，中国人民银行办公厅发布了《网络支付报文结构及要素技术规范（V1.0）》的通知（银办发〔2016〕222号文）。

（4）2016年11月，中国人民银行下发关于《中国金融移动支付 支付标记技术规范》行业标准的通知（银发〔2016〕290号文）。

（5）2016年11月月底，中国人民银行下发《中国人民银行关于落实个人银行账户分类管理的通知》（银发〔2016〕302号文）。

（6）2016年12月，中国银联正式发布"银联二维码支付标准"，包括《中国银联二维码支付安全规范》和《中国银联二维码支付应用规范》两个规范。

（7）2017年7月11日，中国银联对成员机构发布了银联技管委〔2017〕1号文，文中表示中国银联技术管理委员会2017年第一次会议审议通过了《中国银联二维码支付应用规范》等九项技术标准。而本次的规范是对2016版的完善。

（8）2017年12月27日，央行印发《条码支付业务规范（试行）》的通知，要求扫码支付根据交易验证方式强弱确定是否限额以及限额多少。该规范适用于包括支付宝、微信以及中国银联在内的所有二维码支付业务，这意味着自二维码支付业务问世以来，首份监管规范细则出台。通知指出，银行、支付机构应根据《条码支付安全技术规范（试行）》（银办发〔2017〕242号）关于风险防范能力的分级，对个人客户的条码支付业务进行限额管理。

（9）2018 年 3 月，中国人民银行已经给所有国有商业银行、股份制商业银行，中国邮政储蓄银行、各非银行支付机构、中国银联股份有限公司、中国支付清算协会、网联清算有限公司等下发了《条码支付业务规范（试行）》。主要对条码支付做出限额要求，要求所有的静态扫码支付单日限额设置为 500 元，并且自 2018 年 4 月 1 日起实施。

9.3 | HCE 及其应用

9.3.1 HCE

1. HCE 概述

2012 年，SimpleTApp 的 Doug Yeager 和 Ted Fifelski 提出主机卡模拟（Host Card Emulation，HCE）概念，不再依赖安全模块（Security Element，SE）的安全存储和执行环境，由云端的服务器模拟完成 SE 功能，也称基于云的安全单元。HCE 方案无须依赖特殊安全硬件，应用厂商（如银行）可以独立完成业务流程，绕过手机厂商和运营商环节自行完成全部支付流程。最早支持 HCE 技术的智能平台是 2012 年发布的黑莓 OS7。

2013 年 10 月 31 日，Google 发布了最新的 Android4.4 系统，这其中提到了一个近场通信（Near Field Communication，NFC）的新技术，即 HCE 技术。在 2013 年 11 月，Android 4.4 版本支持 HCE 功能，引发将 HCE 技术应用于移动支付、会员管理等广泛领域的联想。微软也在最新 Windows10 系统中支持 HCE。

自诞生起，HCE 就引起了极大的关注，这不仅是因为这项新技术令人耳目一新，更因为它让业界的所有人看到了一种脱离安全载体而部署 NFC 的可能性。HCE 技术对第三方的服务提供商（Service Provider，SP）意义重大，它使得 SP 们可以将自己的服务在更短时间内以更低的开发成本推向市场，而用户也可以更方便地使用多个 SP 提供的服务。

在一部配备 NFC 功能的手机实现卡模拟，目前有两种方式：一种是基于硬件的，被称为虚拟卡模式；另一种是基于软件的，被称为主机卡模式。

在虚拟卡模式下，实现 HCE 需要提供安全模块 SE，SE 提供对敏感信息的安全存储和对交易事务提供一个安全的执行环境。NFC 芯片作为非接触通信前端，将从外部读写器接收到的命令转发到 SE，然后由 SE 处理，并通过 NFC 控制器回复。

而在主机卡模式下，实现 HCE 不需要提供 SE，而是由在手机中运行的一个应用或云端的服务器完成 SE 的功能，此时 NFC 芯片接收到的数据由操作系统发送至手机中的应用，或通过移动网络发送至云端的服务器来完成交互。两种方式的特点都是绕过了手机内置的 SE 的限制。图 9-8 所示为基于安全模块的卡模拟。

当使用安全模块（SE）来提供卡模拟时，安全模块通过 NFC 芯片中的非接触前端与外部读写设备进行通信，数据的存储和处理都在安全模块中。用户将手机放入 NFC 终端的识别范围，NFC 控制器将从外部读写器接收到的所有数据直接转发到手机内部的安全模块，由安全模块处理，然后再通过 NFC 控制器将响应数据发送给外部读写终端。在整个事务过程中，手机上的应用程序完全没有参与其中。待事务过程完成后，手机端的 Android 应用程序可以查询安全模块的事务状态然后通知客户。

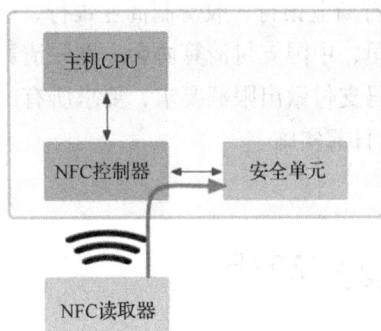

图 9-8　基于安全模块的卡模拟

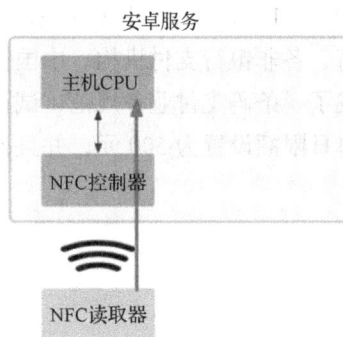

图 9-9　基于主机的卡模拟

使用基于主机卡模拟时（HCE），NFC 控制器从外部读写终端接收到的数据将直接被发送到主机系统上，而不是安全模块上，如图 9-9 所示。

Android 系统上的 HCE 技术是通过系统服务实现的（HCE 服务）。使用该服务的一大优势是它可以一直在后台运行而不需要有用户界面。这个特点就使得 HCE 技术非常适合像会员卡、交通卡、门禁卡这类的交易，用户使用时无须打开程序，只需要将手机放到 NFC 读卡器的识别范围内，交易就会在后台进行。当然更推荐为用户提供配套的 HCE 应用 UI 界面，这样用户除了可以像普通的智能卡片一样刷卡使用以外，还可以通过 UI 界面享受更多的在线服务功能，包括查询、充值和信息推送等。

当用户将手机放到 NFC 读卡器的识别范围时，Android 系统需要知道读卡器真正想要和哪个 HCE 服务交互，这样它才能将接收到的数据发送给相应的 HCE 应用。HCE 参考 ISO 7816 规范，定义了一种通过应用程序身份标识（Application IDentification，AID）来选择相应应用的方法。因此，如果商户要为自己的新的读卡设施部署 NFC 应用，就需要定义自己的 AID。

2. HCE 技术实现 NFC 模拟

在手机上用 HCE 技术实现 NFC 卡模拟，首先要创建一个处理交易事务的 HCE 服务，Android4.4 为 HCE 服务提供了一个非常方便的基类，可以通过继承基类来实现自己的 HCE 服务。如果要开发已存在的 NFC 系统，则只需要在 HCE 服务中实现 NFC 读卡器期望的应用层协议。反之，如果要开发自己的新的 NFC 系统，就需要定义自己的协议和应用协议数据单元（Application Protocol Data Unit，APDU）序列。一般而言，我们应该保证数据交换时使用很少的 APDU 包数量和很少的数据量，这样用户就不必花很长时间将手机放在 NFC 读卡器上，其流程如图 9-10 所示。

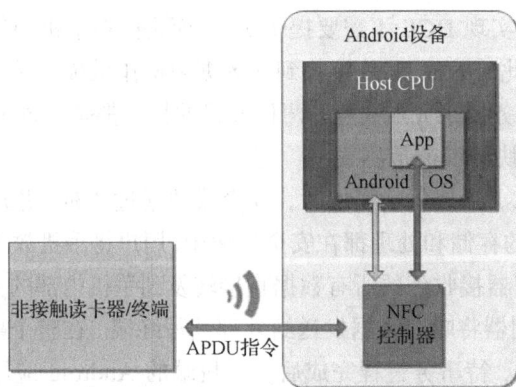

图 9-10　HCE 卡模拟的处理流程

HCE 技术只是实现了将 NFC 读卡器的数据送至操作系统的 HCE 服务或者将回复数据返回给 NFC 读卡器，而对于数据的处理和敏感信息的存储则没有具体实现，所以说到底 HCE 技术是模拟 NFC 和 SE 通信的协议和实现。但是 HCE 并没有实现 SE，只是用 NFC 与 SE 通信的方式告诉 NFC 读卡器后面有 SE 的支持，这是以虚拟 SE 的方式完成 NFC 业务的安全保证。既然没有 SE，那么 HCE 用什么来充当 SE 呢？解决方案要么是本地软件的模拟，要么是云端服务器的模拟。负责安全的 SE 如何通过本地化的软件或者远程的云端实现，并且能够保障安全性，需要 HCE 厂商自己考虑和实施。

3. HCE 方案与 SE 方案的路由和兼容

支持 HCE 功能的 Android4.4 手机，很多也同时支持 SWP-SIM（Subscriber Identification Module，用户识别模块）或者 SWP-SD（Secure Digital，安全数字卡）之类的 SE 模式，以实现手机支付功能，因此存在一个应用 AID 路由的问题。通常其是由 CLF 芯片中的 AID 路由表来负责进行相关的路由工作，由手机生产厂商负责开发实现具体的规则。具体系统架构和指令流向如图 9-11 所示。

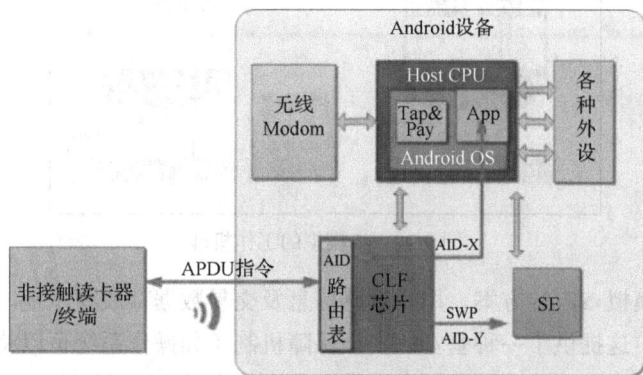

图 9-11　AID 路由表的系统架构和指令流向

因为 CLF 芯片的路由表是通过读卡终端发送的 Select 指令中的应用 AID 来进行区分和路由的。因此对于 SE（SWP-SIM）和手机 Host CPU 中的 HCE 应用，如果各自支持的具体智能卡应用的 AID 均不相同，则不会出现任何路由和兼容性的问题，所有的应用均能够被正确识别和分别路由到 SE（SWP-SIM）或者 HCE 应用，并正常完成交易的实现和处理。

如果 SE（SWP-SIM）和手机 Host CPU 中的 HCE 应用，支持的智能卡应用中有相同的 AID，则存在一个路由优先级的问题，同时涉及支持 SE（SWP-SIM）的设备升级到 Android4.4 之后，对于 SWP-SIM 中原有的应用的兼容问题。

按照 Google 提供的 Android API 的要求，HCE App 的路由优先级更高，即如果存在相同的 AID 的应用，则会被优先路由到 HCE 应用来处理。那么 SWP-SIM 中的相同 AID 的应用将无法被调用和使用，会出现系统升级到 4.4 版本后，无法兼容既有应用使用的问题，除非不安装 HCE 应用。

因此，运营商的定制手机通常会要求修改一下路由的优先级，使 SE（SWP-SIM）的路由优先级更好，即如果存在相同的 AID 的应用，则会被优先路由到 SWP-SIM 来处理，确保对于以前发行的支持 SE 的设备，在系统升级到 4.4 版本之后的兼容性。

4. HCE 的安全风险

为了加强安全性，卡模拟中使用了 SE。在移动设备中存在着 NFC 控制器芯片。该芯片的作用是根据 NFC 应用的模式来做数据路由的决定。在读卡器和点对点模式中，信息被路由到主机 CPU 中，而在卡模拟模式中，数据被路由到 SE 芯片，实现数据的鉴权和加解密。HCE 的出现改变了这种传统的路由方式。卡模拟模式中的数据可以被路由到 CPU 的 HCE 服务上，这就脱离了传统的 SE 芯片载体的限制，使得安装一个具有可以调动 HCE 服务的软件就能够作为 SE 存在。各类应用的卡密钥被存储在云端服务器，当交易进行时，Host CPU 将从云端调用相应密钥进行鉴权，其工作机理如图 9-12 所示。

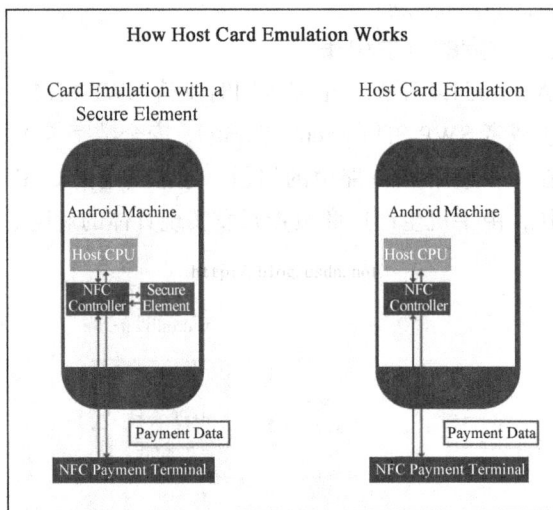

图 9-12　卡模拟的工作机理

对于本地软件模拟 SE 的方案，用户敏感信息及交易数据存放在本地。交易过程和数据存储由操作系统管理，这提供了一种基本的安全保障机制（如操作系统可以将每个程序运行在一个沙箱里，这样可以防止一个应用程序访问其他应用的数据）。但是 Android 系统的安全性本来就很差，所以这种安全保证是非常脆弱的。当一部 Android 手机被 Root 之后，用户可以取得系统的最高权限，这样基本上就可以为所欲为了。

相较于传统的基于 SE 的 NFC 方案，HCE 技术可能面临以下的风险。

（1）用户可以对终端进行 Root 操作，通过 Root 用户可以取得所有储存在应用中的信息，包括类似于支付凭证之类的敏感数据，这些都是服务提供商所不愿看到的，因为这也给了恶意软件获取敏感信息的可乘之机。从统计数量上来说，只有很少一部分的安卓终端进行了 Root 操作，但是这仍然意味着数百万级别的终端数量。

（2）恶意软件可以自行 Root 操作系统。对于前期安卓系统来说，由于存在着一些漏洞，这导致不少的恶意软件可以直接 Root 系统。虽然这些漏洞看起来影响范围不是特别大（例如，如果用户不安装未知来源的安卓软件就不会有这个问题），但是这仍然是一个需要考虑的问题。安卓系统的一个已知漏洞的弥补是很难的，这是因为安卓系统更新过程冗长，需要花费很长的时间才能使得市面上的大部分终端都更新到最新的系统版本。如果在支持 HCE 的系统版本中也出现了缺陷，那就需要花费足够长的时间去解决现有终端上的缺陷问题。

（3）如果手机丢失或者被盗取，一个恶意用户可以 Root 终端或者通过其他方式访问终端的存储系统，并且获取各种存储于应用中的信息。这可能带来致命的问题，如恶意用户可以使用这些敏感数据完成一些伪卡的交易。

可见，Android 系统提供的安全保障机制非常有限，一旦被 Root，这种机制就荡然无存。

5. HCE 的安全对策

提高 HCE 技术的安全性可以从两个方面来考虑：一是提供一个更安全的存储敏感信息的位置，二是提供更安全的机制来保证这个位置的信息的安全性。

SE 服务虽然运行在 Android 系统上，但 SE 可以要求将敏感信息存储和处理放在一个更安全的位置。这里有 4 个位置可以选择，它们都在安全性和使用代价之间有不同的平衡作用，如图 9-13 所示。

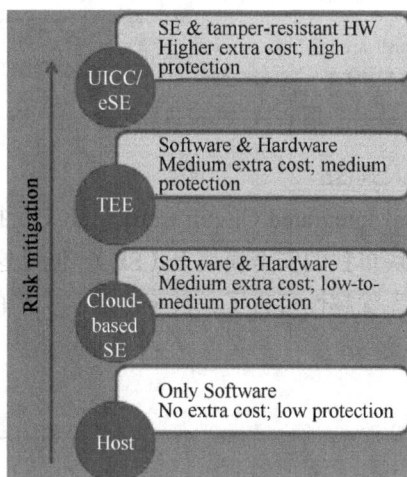

图 9-13　HCE 服务存储敏感信息的位置

（1）主机。这是最简单但是安全性最差的实现方式，即直接将数据的存储和处理放在主机的应用上进行。除了操作系统提供的非常基本的安全机制外，没有其他附加的保护。实现起来也最容易，但是对于 Root 的系统没有任何防范。

（2）云端 SE。使用这种方式时，HCE 服务将请求通过移动网络发送至云端，敏感信息的存储和处理都在云端服务器。安全性方面比直接在主机的应用上处理和存储要高，但是此时移动网络就变得更加重要了。网络覆盖和网络延时都会成为很大的问题，在网络没有覆盖或信号差的地方，这种方式就无法使用了。一次移动支付交易的时间都在一秒以内，云端 SE 的方案在速度上并不能保证这点。另外云端 SE 还有一个认证的问题，如果将设备到云端 SE 的认证证书放在 HCE 服务里，那么云端 SE 方案的安全性就大打折扣了。这个问题可以通过用户去完成（如登录）认证，但是用户体验就很差了。也可以用一个单独的硬件 SE 去处理认证问题。目前来看，对于安全性较高的移动支付服务，这个方案还是最适合的。

（3）可信执行环境。可信执行环境（Trusted Execution Environment，TEE）是指独立于操作系统的一个执行环境，专门用于提供安全服务。TEE 有自己独立的软件和硬件资源，对外提供安全服务接口，用户敏感信息的存储和处理都在这个环境里进行。由于 TEE 运行自己独立的系统，因而 Android 主系统被 Root 不会影响自己。TEE 提供的安全性总体上要比云端 SE 高，但是还是没有达到 SE 提供的安全性，因为它没有 SE 的反篡改机制。TEE 方案很像传统的基于 SE 的方案，所以其实现起来要更复杂，另外其标准也没有最后敲定。其原理如图 9-14 所示。

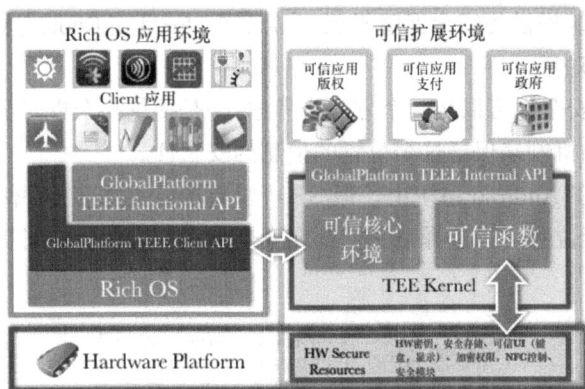

图 9-14　可信执行环境

（4）通用集成电路卡或嵌入式 SE

通用集成电路卡（Universal Integrated Circuit Card，UICC）提供最高级别的安全保证，将敏感信息的存储和处理放在一块单独的安全模块上（SE）。但是这样做，HCE 技术与传统的基于 SE 的卡模拟方案相比就毫无优越性可言了，甚至增加了实现的复杂度（传统的方法是直达SE，现在是经过操作系统再到达 SE）。

9.3.2　闪付和云闪付

1．闪付

中国银联成立于 2002 年 3 月，是中国政府许可的国内唯一的银行卡转接清算组织，处于我国银行卡产业的核心和枢纽地位，借助于人民币清算网络的专营权，经过 10 多年的发展，已经发展成为在国际上有影响力、在国内有公信力的世界第三大卡组织。中国银联在境内设有 36 家分公司，拥有银联国际、银联商务、银联数据等 11 家全资或控股子公司，成员机构包括中国工商银行、中国农业银行、中国银行、中国建设银行、中国交通银行、花旗银行、汇丰银行、渣打银行等 400 多家境内外重要银行。中国银联主要负责银行卡跨行交易业务规范和技术标准的制定、跨行交易信息的转接和处理，创建并经营"银联"品牌，致力于为社会提供优质、高效、安全的银行卡跨行电子支付服务，将"银联"品牌打造成国际主要银行卡品牌。

截至 2017 年 3 月，持卡人已经能在非洲 48 个国家方便地使用银联卡，其中，南非 ATM 和商户的银联卡受理覆盖率近 90%，肯尼亚 90% 的 POS 终端和超过 85% 的 ATM 支持银联卡。除毛里求斯外，肯尼亚、塞舌尔和刚果（金）等国家已发行多款银联卡产品。截至 2017 年 6 月，银联卡已可在境外 160 多个国家和地区实现受理。银联卡在我国和新加坡等国已成为境内持卡人境外用卡首选品牌。

2010 年至 2011 年间推出的"闪付"是中国银联的产品线品牌之一，用于中国人民银行（The People's Bank of China，PBOC）PBOC 2.0 非接触式 IC 卡等支付应用。

普通闪付支付方式分为脱机闪付和联机闪付两种。

（1）脱机闪付。脱机闪付是中国银联的非接触式支付产品及应用，具备小额快速支付的特征。用户选购商品或服务，确认相应金额，用具备"闪付"功能的金融 IC 卡或银联移动支付产品，在支持银联"闪付"的非接触式支付终端上，轻松一挥便可快速完成支付。一般来说，单笔金额不超过 1 000 元，无须输入密码和签名。用户进行脱机闪付首先需要在银行完成从银行卡主账户向电子现金账户进行"充值"（即圈存），之后再从具有闪付标识的 POS 上挥卡支付电子现金里的款项。

作为移动支付的一个过渡产品，这个方案仍是保守的。其早期的设计理念是"双卡三账户"，由一张标准磁条卡和一张手机卡组成，捆绑个人信用卡账户、借记卡账户和电子现金账户。脱机闪付的优势在于可以不依赖网络，POS 商户即使在信号不良或没有信号时也能完成支付。由于圈存金额的使用有额度限制，支付无须密码且免签，因此非常适用于小额快速支付。但与此同时，脱机闪付的缺点也极为明显：一是圈存的过程对于众多普通持卡人来说很难理解。二是 POS 操作流程烦琐，不便于收银员操作。三是用户持该联名卡"闪付"的同时，也要承担丢卡损失的风险。由于手机卡是电子现金账户，采用不记名、不挂失的方式，一旦联名卡丢失则无法补办，卡里的金额也没法找回，如此客户就会丢失圈存的金额（1 000 元以下）。四是持卡人会出现误扣款现象，商户也会遇到未收到款项的情况，而且处理错账的流程也相对烦琐。这些不利因素都一定程度上制约了脱机闪付的应用。

（2）联机闪付。联机闪付与正常使用信用卡支付的时候类似。通常我们使用银行卡的时候，在 POS 机上刷卡或者插卡就可以完成支付，款项也会在我们银行卡的主账户内扣除。联机闪付就是不再需要刷卡，只需要将含有闪付标识的银行卡在 POS 机上挥卡，然后和以往一样，在键盘上输入密码或直接按确定即可，它同样用于主账户支付。它的好处在于：消费金额不受脱机金额限制；收银员无须接触卡片；支付体验与往常一致。目前 VISA 和万事达在国外就使用这种方式支付，这也是目前国际主流的非接触感应式支付方式。

2．云闪付

在 2015 年"双 12"之际，中国银联联合 20 余家商业银行共同发布了移动支付创新方案"云闪付"。它以非接触支付技术为核心，涵盖 NFC（近场通信）、HCE（基于主卡的卡模拟）、可信服务管理（Trusted Service Management，TSM）和令牌等各类领先的创新技术应用，被业界称为是传统商业银行在支付宝钱包、微信支付等第三方支付的迅猛攻势下所做出的正面回应。云闪付是中国银联专为移动互联网打造的统一品牌，围绕云闪付，中国银联建立了完整的产品体系，为四方模式生态系统下的发卡、收单、商户以及持卡人提供全方位的服务。2017 年 12 月 11 日，中国银联携手商业银行、支付机构等产业各方共同发布银行业统一 App"云闪付"。"云闪付"App 实现老百姓衣食住行线上线下主要支付场景的全面覆盖，可在铁路、民航、全国 10 万家便利店商超、30 多所高校、100 多个菜市场、300 多个城市水电煤等公共服务行业商户使用，并在不断拓展应用场景。"云闪付"App 的银联二维码扫码支付已在新加坡等国实现受理，后续将向东南亚、中东等地区拓展；银联手机闪付已可在境外超过 60 万台 POS 终端使用，覆盖俄罗斯等 10 个国家和地区。

简而言之，"云闪付"是让手机替换了银行卡，使人们直接使用手机进行消费。在通过智能手机终端申请云闪付卡（空中发卡）后，用户手机中便储存了这样一张虚拟卡。我们可以将其视作持卡人手中银行卡的替身。它借助云端存储虚拟卡片的关键信息，并进行动态更新，防止主卡信息的外泄，保障持卡人的用卡安全。而配备了"云闪付"卡后的手机，便可以代替银行卡，在实体商店的 POS 机上进行快速"云闪付"（非接触闪付）。

"云闪付"具有"多、快、好、省"4 大特点。

（1）"多"指的是适配机型产品以及受理终端数量越来越多。只要你的手机具备 NFC 功能，且满足对应的版本要求，便可以使用"云闪付"。

（2）"快"体现在使用者支付时不需要解锁，不需要打开任何 App，不需要进行扫码而直接挥手机进行支付操作。

（3）"好"强调的是"云闪付"的安全性能。首先，使用者的真实卡号得以保护，隐私不会遭到泄露。因为你的所有交易信息仅仅保留在发卡行以及银联网络内，手机终端制造商并不会获知你的交易信息。其次，云端不断更新卡片信息，交易的次数、时间以及具体金额都受到监控。即使交易凭证外泄，其也可以保证非法交易失败，将欺诈风险大幅度降低。

（4）"省"则是在说使用"云闪付"的时候不需要连接移动网络。现有的扫码支付方式都需要使用流量，必须在有数据流量或者 Wi-Fi 的情况下才能进行。而"云闪付"不需要使用任何流量，只要手机还有电，就可以进行支付操作。

3. 云闪付的使用方式

"云闪付"有两种使用方式，即线下使用（见图 9-15）和线上使用。

（1）线下使用。

Setp1：轻触手机，点亮屏幕。

Setp2：靠近支持非接触支付功能的 POS 机。

Setp3：输入银行卡密码。

Setp4：完成支付。

图 9-15　云闪付的线下使用场景

（2）线上使用（见图 9-16）。

图 9-16　云闪付的线上应用场景

Setp1：在支持云闪付的商户 App 内选择银联在线支付（支付控件的版本为 3.2 及其以上

版本）。

  Setp2：在支付页面中选择"云闪付"。

  Setp3：选择需要使用的云闪付卡。

  Setp4：输入密码，完成支付。

  （3）云闪付的开通流程（手机银行 App 内示例）

图 9-17　云闪付的开通流程

  图 9-17 展示了云闪付的开通流程，相对比较简单。这也是云闪付的一个优势。

9.4

ApplePay

  随着苹果产品的发展，越来越多的人熟悉并使用 ApplePay。本小节为大家介绍一下 ApplePay 的开通方法及主要功能。

9.4.1　ApplePay 概述

  Apple Pay，是苹果公司在 2014 苹果秋季新品发布会上发布的一种基于 NFC 的手机支付功能，于 2014 年 10 月 20 日在美国正式上线。

  2014 年 10 月 20 日，苹果公司的"苹果支付"（ApplePay）服务正式在美国上线。使用者需要先将设备的操作系统升级到最新的 iOS 8 版本。支持该功能的手机只有 iPhone 6 和 iPhone6 Plus。苹果支付功能也仅限于美国境内使用。

  截至 2015 年 3 月，美国有超过 2500 家银行已支持 ApplePay，接受 ApplePay 的网店多达 70 余万个，而且每天都有更多的商户和 App 在加入这个行列。

  2015 年 3 月 7 日，苹果支付服务采用近场通信技术，使用户可用苹果手机进行免接触支付，免去刷信用卡支付步骤。用户的信用卡、借记卡信息事先存储在手机中，用户将手指放在手机的指纹识别传感器上，将手机靠近读卡器，即完成支付。

  2015 年 3 月 7 日，有犯罪分子利用苹果移动支付验证系统的漏洞，借用盗取的信用卡信息，用 ApplePay 进行交易诈骗。

  ApplePay 自上线来，已经占据数字支付市场交易额的 1%。2/3 的 ApplePay 新用户在 2015

年多次使用这项服务。AppletPay 用户平均每周使用 ApplePay 1.4 次。

2016 年 2 月 18 日凌晨 5:00，ApplePay 业务在中国上线。

2017 年 6 月 6 日，苹果 iOS 11 发布，ApplePay 支持好友转账。

2017 年 9 月 26 日起，广州地铁可使用 ApplePay 刷卡乘车。

2018 年 1 月 3 日起，上海地区超过 10 000 辆强生出租车将陆续全面支持 ApplePay，乘客可以通过绑定 ApplePay 的 iPhone 和 AppleWatch 支付车费。

2018 年 3 月 30 日，苹果官方推送了 iOS 11.3 系统版本，支持在 ApplePay 中添加北京一卡通和上海交通卡。

2018 年 5 月，ApplePay 网页支付技术宣布正式进入中国，人们在购物时不再需要输入账单、送货地址和联系人的详细信息，通过指纹识别或者面部识别即可直接完成支付。与此同时，苹果公司不会存储或共享信用卡或借记卡卡号，这在增强用户安全度的同时也缩减了结账时间。

9.4.2　ApplePay 如何开通

ApplePay 使用起来十分方便，但是用户需要先将信用卡关联到手机上。网上有很多关于如何关联信用卡到手机上的介绍，笔者测试了一下，感觉还是挺方便的。以下是如何关联信用卡到苹果手机上的步骤，如有变动，请参考苹果公司网站。

1．在 iPhone 手机的设置里找到 Wallet 与 ApplePay

进入手机的设置界面，向下拖动屏幕，找到"Wallet 与 ApplePay"选项，即图 9-18 中方框框住的部分，单击进入。

图 9-18　选择 Wallet 与 ApplePay

2．添加信用卡

用户进入后，显示图 9-19 所示界面，如果已有添加过的卡片，则卡片会显示在上面。单击"添加信用卡或借记卡"，即图 9-19 中方框框住的部分，进行信用卡或者借记卡的添加。

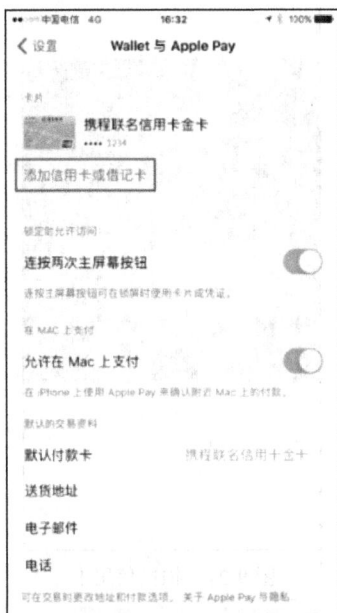

图 9-19　添加信用卡或借记卡

3．添加卡片提示信息

这时，手机中会弹出一个添加卡片的提示信息。单击"下一步"按钮，进行卡片的添加，即图 9-20 中方框框住的部分。

图 9-20　添加卡片信息

4．将信用卡或借记卡放入框中

ApplePay 支持两种添加方式，一种是自动识别方式，就是将卡片放入屏幕的框中，即图 9-21 中框住的部分，手机会自动识别卡号。

图 9-21　拍摄信用卡

5. 手动输入信用卡卡号

另一种是手动输入卡片的详细信息，单击"手动输入卡片详细信息"后，即图 9-21 所示的蓝色框框住的部分，系统会弹出图 9-22 所示的手动输入卡号的界面。

在方框框住部分输入卡号，单击"下一步"按钮。

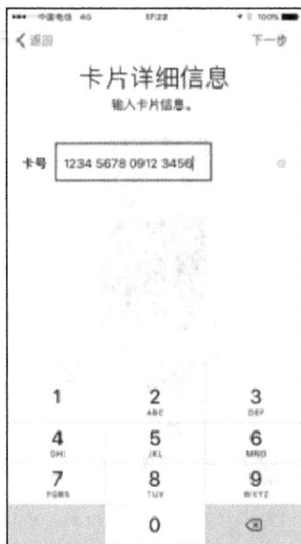

图 9-22　手动输入信用卡信息

6. 确认信用卡卡号

卡号识别或者输入完成之后，系统会弹出确认卡号的界面，单击"下一步"按钮，如图 9-23 所示。

7. 填写卡片的有效期和安全码

在卡片详细信息录入界面，通过控件，输入卡片的有效期。在"安全码"处输入安全码，就是卡片背后的三位数的 CVV2（Card Verification Value 2，信用卡安全码）。这个安全码是必须录入的。如图 9-24 所示，录入完成之后单击"下一步"按钮。

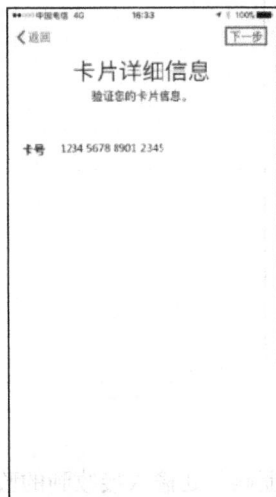

图 9-23　确认信用卡信息　　　　图 9-24　录入信用卡有效期和安全码

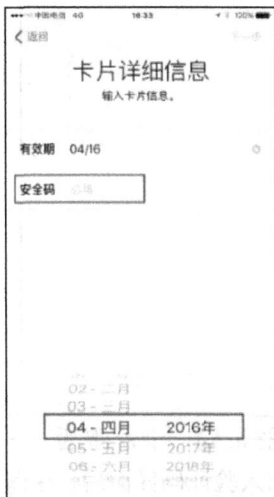

8．银行协议确认

这时，根据不同的银行，手机会弹出相应银行进行 ApplePay 的业务申请须知，阅读之后，单击"同意"按钮，参见图 9-25 所示的红色框内的部分，进行下一步操作。

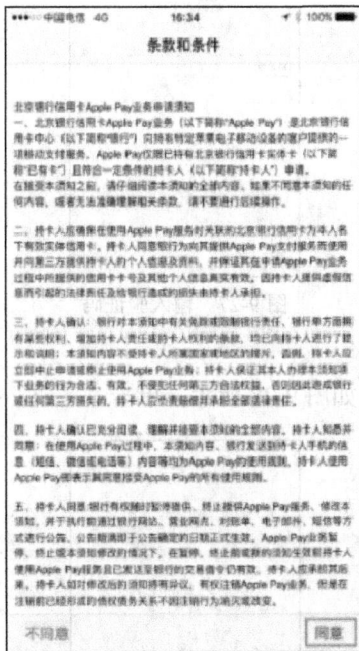

图 9-25　银行协议确认

9．添加卡片验证

这时，系统会要求你进行验证方式的选择，一般是短信验证（系统会将你在银行预留的手机号码的后四位显示出来，以便确认）。单击"下一步"按钮，即图 9-26 中方框框住的部分，继续操作。

图 9-26　验证卡片

10．输入验证码，卡片激活

系统弹出输入验证码界面后，在图 9-27 所示的"验证码"处输入接收到的验证码后，单击"下一步"按钮。

图 9-27　输入验证码

11．完成卡片激活

系统显示卡片已激活界面，如图 9-28 所示，单击"完成"按钮，结束信用卡的添加操作。

图 9-28　完成卡片激活

12. 完成添加新卡

操作完成之后，回到 Wallet 与 ApplePay 界面，可以发现新加入的信用卡已经存在，如图 9-29 所示。

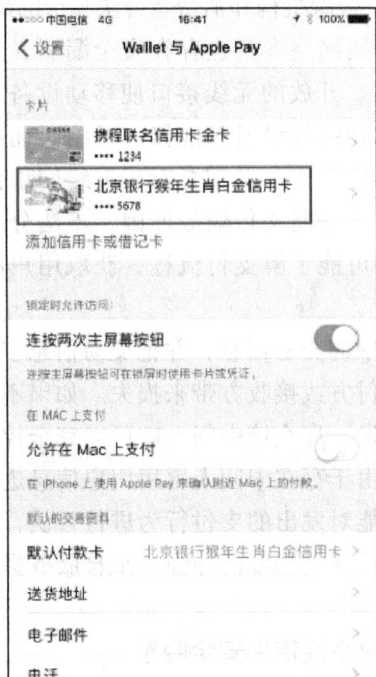

图 9-29　完成新卡片的添加

9.5

移动支付的安全问题

作为一种新兴的电子支付方式，移动支付拥有传统支付方式无法比拟的优势，但是其安全性也引起人们更多的关注。由于目前发生移动支付行为是基于手机号上绑定的银行卡、信用卡以及与商户合作完成的，或者是基于手机 SIM 卡与 POS 机近距离完成的，因此，密码破解、信息复制、病毒感染等都有可能对移动支付造成重大的影响。

9.5.1　移动支付面临的主要安全问题

作为一种迅猛发展的新型支付形式，移动支付在带给广大用户快捷、方便体验的同时，也存在着很多不容忽视的问题，其中可能隐藏的安全问题如下。

1. 移动终端和无线网络的安全问题

移动终端的不安全因素主要表现为用户身份、账户信息和认证密钥丢失，移动设备被攻击和数据遭破坏，SIM 卡被复制，RFID 被解密等。现有的移动支付方式，主要采用银行卡和手机号的绑定来完成支付，但由于移动终端技术的限制，支付过程中所发送的信息缺少安全保护手段，普遍缺乏对 RSA，AES 等加解密算法的支持，信息的完整性和安全性难以保证。当手机作为支付工具时，普通手机通常没有加密技术，在支付过程中往往会造成信息泄露，这已成为移动支付发展的一大难题。在用户个人重要信息无法得到安全保障的前提下，对参与移动支付交易各方的身份识别问题就更加凸显。用户的账户信息、身份信息甚至密码信息等均可能已经暴露在外，不法分子就可能冒用用户的信息和身份来实施消费或转账等操作。因此，移动支付必须解决的一大问题就是商户、金融机构和消费者合法身份的确认问题。

由于技术因素的限制，无线网络本身也存在安全漏洞。无线网络在给用户带来通信自由的同时也存在许多安全隐患。开放的无线接口使移动设备互联十分简便，但在这样开放的网络环境中，任何适当的移动终端设备都能接入网络。而在移动支付的过程中，窃听是最简单的获取非加密网络信息的形式，尤其是对于无线网络而言，由于无线网络本身的开放性，以及短消息等数据一般都是明文传输等原因，不法分子通过无线空中接口进行窃听便成为了可能。其通过窃听有可能了解支付流程，获取用户的隐私信息，甚至破解支付协议中的秘密信息。

如果不法分子截获了传输中的交易信息，并把交易信息多次传送给服务网络，则被多次重复传送的信息就有可能给支付方或接收方带来损失。如果不法分子设法使用户和服务提供商之间的通信变成由攻击者转发，那么该中间人就可以完全控制移动支付的过程，并从中非法牟利。从另一个角度分析，由于存在中间人冒用用户信息进行交易的情况，移动支付还可能存在交易抵赖行为，用户可能对发出的支付行为进行否认，也可能对花费的费用和业务资料来源进行否认。随着移动支付开放程度的加强，来自服务提供商的抵赖的可能性也会有所增加。

2. 移动支付信息传递的复杂性带来安全隐患

移动支付的跨行业特征明显，产业链上的通信运营商、金融支付机构、电子商务平台等主要参与方需要协作配合才能成功开展移动支付活动。整个支付过程融合了通信、金融、互联网等相关技术，支付指令由消费者发起后，支付机构经信息检验后执行支付操作，商户对支付结果进行确认，最后反馈交易信息，完成交易。活动过程中支付信息在不同机构的多个环节传递，安全隐患较大。

对于参与交易各方的身份识别，手机支付须解决的一大问题就是商户和消费者合法身份的确认。由于移动支付将银行、商户紧密联系，涉及现金转账的往来，如何解决合法身份认证问题就显得尤为重要。目前虽然各参与方在一定程度上已建立起协作关系，但不同主体所采用的技术方案、业务模式、安全控制手段差别很大，这也使得人们对国内移动支付全流程的安全防护水平仍缺乏足够的信心。

移动支付过程中可能存在的另一个安全问题就是拒绝服务攻击。恶意分子可以通过破坏移动支付服务网络，使得系统丧失服务功能，影响移动支付的正常运行，阻止用户发起或接受相关的支付行为。

3. 移动支付方案的设计缺陷

近年来，社会上发生的电信诈骗案件大都围绕"验证码"这个关键词，现行的很多移动支付手段都是通过用户的验证码来加强交易的安全强度，以及增加支付过程中口令的随机性和时效性。但是，验证码本身就存在安全隐患。支付系统在向用户发送交易验证码时大多以明文传输至用户手机，但由于存在上述讨论的通信过程中的安全问题，验证码很容易被不法分子拦截，从而安全性降低。

弱口令问题是另一个制约移动支付安全的关键因素，由于银行卡的交易密码大部分都为简单的 6 位数字，因此容易被破解。网银或支付 App 的交易密码虽然限制使用弱口令，但是其要求的密码强度基本上也是通过增加密码的位数和复杂度来实现的，以现阶段计算机的计算能力，破解这类的交易密码并非难事。

随着智能手机的发展，大多数智能手机都已具备指纹识别功能，相应地，移动支付应用 App 也随之增加了指纹支付的功能。使用指纹这一生物特征作为交易口令，在一定程度上提高了破解的复杂度，但是指纹支付并不是绝对安全的，国外一些黑客组织试图破解指纹解锁，最终成功。但是，这种方法的操作难度大且针对性强，因此，采用指纹技术进行移动支付还是相对安全的。

4．手机丢失会给移动支付用户带来损失

手机丢失会给移动支付用户带来巨大的损失。广泛使用的智能手机难以避免的一个情况就是手机的丢失问题，由于使用了移动支付功能的手机通常已经把手机卡与银行卡、信用卡相关联，加上现在的移动支付方式越来越趋近于操作便捷，但对应的安全措施却略显薄弱，由此可能造成用户在丢失手机后自己的移动支付账户被他人冒用的风险。

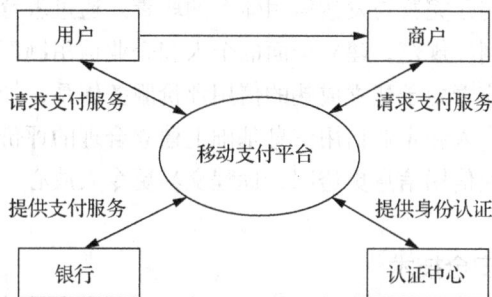

图 9-30　移动支付参与方

移动支付由银行、商户、平台认证中心、用户等多元素组成，如图 9-30 所示。该系统还与移动网络运营商、移动网络内容服务商，信用卡服务等其他机构产生业务往来，这样一个庞大而复杂的移动支付产业链，其安全问题不仅涉及其技术本身的安全防范能力，还涉及和其他系统之间的信息安全传递问题。

9.5.2　移动支付安全对策

用户只需带上手机就能完成支付，确实很方便，省去了出门随身携带现金的麻烦，但扫码支付真的安全吗？个人信息是否因此而泄露？银行卡会不会被盗刷？如何提高移动支付的安全性，是我国移动支付发展必须面对的问题。总体来说，可以从以下几个方面来提高移动支付的安全性。

1．消费者要提高自我保护意识和安全防范意识

首先，由于网络环境复杂，各种信息充斥其中，其中不乏钓鱼网站、欺诈短信、中奖信息等容易使消费者轻信上当的内容。在移动支付中，在运营商不断规范自身建设的同时，消费者也应该具有一定的防范意识和辨别能力，切莫贪图便宜或者贸然进入一些没有任何安全认证的网站，从而给诈骗分子任何机会。

其次，在移动支付交易发生前，消费者对商户信息的甄别确认非常必要，应通过了解对方经营信息、查看过往交易等手段对商户进行考察，做出能否交易的初步判断。在交易过程中，

消费者要对涉及交易的信息加强保护，如交易密码、支付验证码，要防止被他人窃取，并尽量选择具有公信力的支付平台进行操作。

另外，为了提高消费者防范风险的意识和能力，相关部门要有重点地开展消费者安全教育，加强对移动终端安全方面的风险提示，如提醒消费者购买符合安全标准的手机终端产品、安装杀毒软件并及时杀毒等，以保护移动支付使用者的合法支付权益不受侵害。

2．移动支付产业链各参与方应通过协作形成合力以确保支付安全

移动支付产业链涉及通信运营商、应用提供商、设备提供商、支付服务商、系统集成商等多个参与方，没有一家机构能主导整个产业链的格局。在运营模式、安全标准、技术方案等方面，相关各方应加强沟通协作，采取合作的态度共同致力提高移动支付的安全度。在支付环节，银行、电信公司及第三方支付公司等主体应在统一的安全架构下设计安全支付流程，提高支付终端设备、加密认证、应用程序等软硬件方面的兼容性，整合安全管理体系，完善应对移动支付安全事件的协同处理机制。

3．建设和发展统一的信用制度

第一，政府应担当起构建完善与发达信用体系的职责。通过教育提高人们的诚信观念和意识，健全完善信用体系的制度规范，建立全面的个人和企业信用制度。

第二，信用服务部门应着力于建立成熟的信用评价服务体系，加快信用数据库建设，充实和共享信用基础信息，在个人和企业信用信息基础上建立合理的评价机制，提供企业和个人信用信息查询和公示服务，使信用信息更透明、远程交易更令人放心、监管指标更明确，为移动支付的发展提供信用支持。

4．完善移动支付的安全技术

除了以上在意识、制度等方面的建设来保证移动支付的安全性外，从技术手段入手，来提高移动支付的安全性，是最直接也是见效最快的手段之一。

移动支付安全在技术层面的实现，也可以从智能终端、通信协议和安全支付机制3个方面进行。

（1）加强移动终端本身的安全性。从前面的安全分析可知，指纹支付是相对而言较安全的一种方法，如果用户使用的智能手机具有内置指纹传感器，同时支付应用又支持指纹验证的话，那么开启这项功能可以在一定程度上提高移动支付的安全性；（现在，人脸识别在一些特定应用中也在使用，但仍未达到一定的广度和深度。它一方面需要一些设备的支持，如商户安装的人脸识别装置，另一方面人脸识别的操作步骤要比指纹的相对复杂，这也限制了人脸识别的应用。）如果不支持则需要设置锁屏密码。另外，就是注重手机的安全设置问题，用户可通过设置手机的隐私及其相关访问功能，保障应用程序访问权限的合理性。

移动支付存在的安全隐患可能来自非官方验证的应用，这一问题对于使用安卓系统的智能手机的用户尤其突出。例如，用户从任意非官方应用商店下载安装的支付App，都可能存在携带可盗取用户信息的恶意代码，用户使用这样不确定安全性的应用程序，就存在重要信息泄露的风险，进而增加移动支付的安全风险。

（2）加强通信网络的信息安全。如果用户在公共区域进行移动支付，则建议不要连接使用公共Wi-Fi。因为一些不法分子往往喜欢潜伏于此，通过侵入并攻击安全性较低的公共无线网络来获取用户的信息。在这种情况下，即便用户的支付信息是加密的，也有可能被不法分子破解，从而造成用户的支付账户、卡号和密码等重要信息被泄露。

移动支付系统与用户之间的通信，如果采用端到端的安全模式则可以大大地提高移动支付的安全性。在移动用户终端与移动支付系统之间，用户可以直接建立安全传输层协议（Transport Layer Security，TLS）的安全连接，在交易事务链的两端对数据进行加密处理，中间环节不解密，全部传输过程为密文传送，这样即便传输的信息被恶意分子截获，其破解的难度和成本也会较高。

从移动支付系统安全的角度分析，为了保证移动支付交易过程中数据在网络传输中的安全，移动支付系统须建立完善的网络安全机制。例如，在网络边界部署防火墙、病毒防范系统和入侵检测系统等设备并配置相关的安全选项和规则等；在系统的关键节点和链路采用双链路的方式，防止单点设备故障和链路故障，从而保证整个网络的畅通；系统硬件双备份，具有设置冗余和负载均衡机制，以提高网络的可用性和可靠性；通过数据校验和保密等措施来保证数据传输过程和存储过程的安全；对接入支付系统的各银行、移动通信网元等实体做网段隔离处理。

（3）用户身份认证与支付确认的机制。支付系统采用双重身份验证可以提高支付的安全性。除了使用用户名口令这种方式以外，增加使用生物特征、数字证书或其他有效的方式，可以增加冒用的难度。现阶段广泛使用的双因子认证的方法是验证码机制，由于验证码本身的简易性和易泄露等特点，用户需要提高信息安全防范意识，妥善保管收到的验证码信息。

基于公钥密码的数字签名技术，需要 CA 证书机构向移动支付中心、商业机构、支付平台运营商和支付用户终端发放数字证书、CA 证书机构作为验证数字证书的可信实体，通过使用数字签名等技术，一方面可以实现身份验证，另一方面可以保证商业机构、支付平台运营商、支付用户和银行等对支付行为的不可否认性，以避免各个实体拒绝承认交易而使运营商面临被欺骗的风险出现。

思 考 题

1. 为什么支付宝和微信会成为我国移动支付的主要表现形式？
2. 为什么 ApplePay 在美国运行得很成功？
3. 移动支付在我国经历了哪几个发展阶段？其与世界移动支付发展有什么必然联系？
4. 移动支付面临的主要安全问题有哪些？
5. 移动支付的安全对策都有哪些？如何在日常生活中更好地应用这些对策来保护自己？

参考文献

[1] 祝凌曦. 电子商务安全[M]. 2 版. 北京：北京交通大学出版社，2014.

[2] 于秀丽. 电子商务中第三方支付的安全问题研究[J]. 宏观经济管理，2017（01）：67.

[3] 李虹燕. 电子支付的安全问题及对策[J]. 电子技术与软件工程，第 4 期（2018 年）：208.

[4] 王琳. 电子支付存在的安全问题及解决对策[J]. 中小企业管理与科技，2018 年第 9 期：176-177.